責任能力の現在

Nakatani Yoji
中谷陽二 編

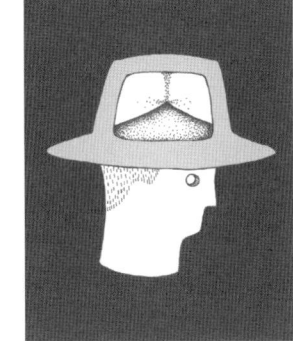

法と精神医学の交錯

Ψ 金剛出版

責任能力の現在――法と精神医学の交錯 【目次】

責任能力の根本問題
責任無能力制度の将来　　中谷　陽二 ……………………………… 9
「精神の障害」と法律的病気概念　　安田　拓人 …………………… 25
精神鑑定と刑法39条の乱用　　井原　裕 …………………………… 41

責任能力と精神鑑定
わが国の責任能力判定の行方　　吉川　和男 ……………………… 65
起訴前簡易鑑定における責任能力評価　　平田　豊明 …………… 87

裁判員制度・医療観察法
裁判員制度と刑事責任能力鑑定　　五十嵐　禎人 ………………… 107
刑事責任能力と裁判員制度　　岡田　幸之 ………………………… 120
医療観察法鑑定―司法の立場から―　　鈴木　秀行 ……………… 135

人権・保安・処遇
医療への保安的要請と責任能力　　前田　雅英 …………………… 149
精神障害者の人権と刑事責任　　川本　哲郎 ……………………… 164
少年犯罪―処遇と責任能力―　　奥村　雄介 ……………………… 182

訴訟能力・死刑適応能力
刑事裁判と訴訟能力　　北潟谷　仁 ………………………………… 197
死刑適応能力および再審請求能力が問われた事例　　中島　直 … 209

海外の動向
アメリカにおけるInsanity Defense　　横藤田　誠
　―合憲性の問題を中心に― ………………………………………… 231
ドイツにおける責任能力鑑定と触法精神障害者の処遇　　山中　友理
　―人格障害者対策を中心に― ……………………………………… 253

　　あとがき ……………………………………………………………… 299

──責任能力の現在──
法と精神医学の交錯

責任能力の根本問題

責任無能力制度の将来

中谷陽二 ● Nakatani, Yoji

はじめに

　精神障害者の刑事責任能力は過去2世紀にわたって法と精神医学が密に交錯する課題であった。法の学説と制度、精神医学の疾病概念のみならず、国民の法意識や精神障害に対する認識も責任能力の定義や基準に影響を及ぼす。日本では、2009年に始まった裁判員制度および2005年に施行された「心神喪失等の状態で重大な他害行為を行った者の医療及び観察等に関する法律（以下、医療観察法）」と連動して責任能力問題をめぐる状況が大きく変化することが予想される。

　本稿では、精神障害を理由に刑罰を免除あるいは軽減する制度を「責任無能力制度」と呼び、近年のアメリカの動向も参照しながら歴史と現状を分析し、制度の近未来を展望してみたい。

I　責任無能力制度の古層と新層

　日本の刑法39条は「心神喪失者の行為は、罰しない。心神耗弱者の行為は、その刑を減軽する」と責任能力を規定している。法律の定義では、責任とは「構成要件に該当する違法な行為をしたことについて、その行為者を道義的に非難しうること」を指し、責任を負う能力が責任能力である[3]。「責任なければ刑罰なし」は近代刑法の基本原則の一つとされる。西洋の責任無能力制度は、フランスでは1810年刑法のデマンス（démence）の規定、英米では1843年のマ

クノートン・ルール（M' Naughten rule），ドイツでは 1871 年の帝国刑法典での「自由な意思決定の阻却」などによって近代的に整えられた。

西洋の責任能力の源流は別の機会に論じるとして，ここでは日本での歴史を一瞥しておきたい。江戸時代まで日本の法思想には中国の影響が圧倒的に強かった。責任能力の法律思想は中国の刑法で顕著に発達したとされる。小野[5]によると，漢律では，8 歳未満と 80 歳以上の者はいっさい刑事責任を問わず，その背景には儒教・王道思想の憐憫，敬老の観念が推察されるという。次いで 7 世紀中庸の唐律では高齢者，幼少者，廃疾の者に対する刑の規定が細かくなった。これは道徳感情と再犯の可能性の乏しさを考慮したものである。ここで言う「廃疾」は精神病者を含んだ。日本の大宝・養老の律はこの唐律の規定をほとんどそのまま継受したという。

将軍吉宗の時代の刑法典として知られる『公事方御定書下巻』（いわゆる『御定書百箇条』，1742 年）では「乱心」の者と 15 歳未満の者について刑の減軽が定められた。明，清の律の影響が考えられるが，小野はオランダの医学，法学の臭いも感じられると述べている。江戸時代の威嚇的な刑法を前提としている。江戸時代の乱心者処罰の規定や実際の裁判例については山崎の論文[18]に詳しい。

明治初期は移行期である。1868 年の仮刑律（公布されず）では，「狂疾ニヨッテ人ヲ殺傷スルモノ」は過失の規定に準じるとされ，新律綱領（1870 年）では，「瘋癲」で殺人をおかした者は終身鎖錮，2 人以上を「連殺」した者は「絞」とされ，親族も「看守厳」でなかった場合は罰せられた。新律綱領は中国律刑の刑法で，老小不具者や女性など社会的弱者を恤むという儒教的思想に基づくとされている[11]。

旧刑法（1882 年施行）は責任能力に関して「罪ヲ犯ス時知覚精神ノ喪失ニ因テ是非ヲ弁別セサル者ハ其罪ヲ論セス」と定めた。同法では，12 歳未満の者は罪を論じない（79 条），12 歳以上 16 歳未満の者では審議のうえで弁別なく犯したとされる時は罪を論じない（80 条），16 歳以上 20 歳未満の者は罪を「宥恕」して一等を減ず（81 条），瘖唖者は罪を論じない（82 条）という年齢等に応じた刑の減免の規定もある。旧刑法は法制度の近代化，西洋化という大きな流れの一環であるが，ここで責任無能力の規定も一変したことが特筆される。

旧刑法が編纂される過程で中国の律系統から西洋近代法への転換がはかられたのである[1]。小野[5]によると,「知覚精神ノ喪失」はピネル（Pinel, P.）のaliénation mentaleがフランス刑法で言い替えられたdémenceに由来し,また「是非ヲ弁別」は同じくフランス刑法のdiscernementを訳したものという。

その後,ドイツ刑法を典拠にした改正作業を経て1907年に制定された現行刑法が39条で「心神喪失者」,「心神耗弱者」を定めた。これらの用語は,先だって制定されていた旧民法から借りたものである。1931年の大審院判決「（心神喪失は）精神の障礙に因り事物の理非善悪を弁識するの能力なく又は此の弁識に従て行動する能力なき状態を指称し（後略）」は当時のドイツにおける刑法改正の諸草案や学説を参考にしたものという[5]。

以上のようにわが国で責任能力の規定が確立された過程をながめると,法制度全般の近代化の中で外来の制度や思想が持ち込まれ,そのためにある種の断絶,不連続が生じたことが想像される。すなわち,精神障害者を含む弱者の刑事責任を減免することについての日本古来の観念や慣習とは別の流れで西洋法思想にもとづいて制度がつくられた。その結果,責任能力の古層には伝統的な観念,新層には西洋近代法という二重構造が生じたように思われる。後述するように,今日,責任能力の規定は市民感覚には馴染みにくいものであるが,そのもとを辿れば明治期の西洋の思想・制度の移入の問題につながる。

II　俎上の責任無能力制度

責任無能力制度は歴史が古く,世界各国に行き渡っている。しかし決して盤石ではなく,一面で脆さを抱えた制度である。平常は社会の関心の外に置かれているが,一朝事あるときは大きな論議の的になる。精神障害が関わる重大事件,とりわけ政治家を標的とした犯罪が発生すると,責任能力制度はしばしば攻撃の矢面に立たされ,世論のみならず政治の介入も招く。

マクノートン・ルールのもとになった有名な事件は,当時の与党であるトーリー党から迫害されるという妄想を持ったマクノートンが,党首と誤認してその秘書を殺害したものである。今日であれば妄想型統合失調症と診断されるマクノートンは陪審の評決で無罪とされ,精神病院に収容された。その一方,評

決は激しい反響を呼び，公判の数日後には貴族院がこれを取りあげた。新聞には「喜べ，イングランドの人々よ，汝らは無慈悲な狂人の思うがままだ」という評決を皮肉る記事が載った[2]。ヴィクトリア女王は貴族院に対して責任能力の基準を明確にするように命じ，それに対する回答が後にマクノートン・ルールと呼ばれるものとなる。

　1981年に発生したレーガン大統領狙撃事件の裁判もマクノートン事件に匹敵するインパクトを与えた。加害者の青年 Hinckley JW の名を取ってヒンクリー事件と呼ばれる。無罪の評決はインサニティ抗弁（精神障害〔insanity〕を理由とする被告人の防御）の廃止や改革を求める大合唱を招き，大統領や政治家から40以上の法案が提出された。マスコミ報道にはインサニティ抗弁を「罪を逃れるベストの手段」とみなす声や，インサニティであるにしても「彼はそれをやったじゃないか」という声が載った[7]。アメリカ精神医学会（American Psychiatric Association）は長文のステートメントを発表してインサニティ抗弁の維持を訴えた。ステートメントは「遥か昔，精神医学があり，インサニティ抗弁があった」という文で始まるが，ここにはインサニティ抗弁とその守護者であるべき精神医学の存立への危機感が読み取れる。

　幸いにして日本はこれに匹敵するような事例を経験していない。しかし精神障害が疑われる加害者による重大事件が発生するたびに責任能力と精神鑑定のあり方が懐疑的な論調で報道される。このように脆弱さを抱えた責任無能力制度であるが，裁判員制度のもとではどのように問われて行くのであろうか。

Ⅲ　裁判員制度と責任能力

　「裁判員の参加する刑事裁判に関する法律」が制定され，裁判員制度が2009年5月からスタートする。裁判員裁判の対象事件は殺人，傷害致死など重い犯罪であり，一定数の事件で精神鑑定結果と責任能力が争点になるであろう。精神鑑定の時期や方法，証拠の扱い，公判での証言のあり方などについてはすでに検討がなされている。これらは技術的なバリアであり，仮にすべて解決されたとしても，裁判員を含む合議体が責任能力をどのように取りあげて判断するかという最大の問題が残る。

和田[19]によれば裁判員裁判の中で責任能力は次のように扱われる。裁判官と裁判員による合議体で決する事項は，事実認定，法令の適用，量刑であり，法令解釈や訴訟手続に関しては裁判官のみで決する。刑法39条の心神喪失を1931年の大審院判例「精神の障害により事物の理非善悪を弁識する能力がなく又はこの弁識に従って行動する能力のない状態」と解するかは法律解釈の問題であり，裁判官のみで決する。被告人がこのように解釈された心神喪失の状態にあったか否かは事実認定に属し，裁判員が裁判官とともに判断する。

　しかし，これはあくまで手続であり，与えられた心神喪失の解釈や説明を裁判員がどのように受け止めるかは別の次元の問題である。従来，刑事裁判で責任能力が争点となる場合，それを定めた法令である刑法39条は大前提として存在し，39条そのものに疑義を差し挟むことは，個人の意識の中ではともかく，公にはあり得なかった。野球に喩えて言えば，試合のグラウンドはルールの是非をあげつらう場ではない。しかし裁判員裁判では法令つまりルールそのものについて疑問が発せられることは避けられないであろう。精神障害だからといって他人の身体や財産を侵害した者がなぜ罰を免れたり軽くされたりするのか。裁判員つまり一般人はこれを理不尽と感じ，不公平感を抱くであろう。法律や精神医学の用語が難解であるという以前に，責任無能力制度は国民のコモンセンスや生活実感と簡単には馴染まない。アプリオリな真理であるかのように法律の規則や概念を説き聞かせられても，裁判員にはフラストレーションが残るのではないか。法廷外のさまざまな機会に時間を費やしてオープンに議論し，社会的な合意を形成していく努力が必要である。

Ⅳ　責任能力と処遇

　裁判員制度で浮上することが予想されるもう一つの問題は責任能力と処遇の関係である。たとえばドイツでは刑法が責任能力と保安処分を定めており，刑事裁判で両方を決するかたちになっている。他方，日本では刑法39条が心神喪失，心神耗弱について「罰しない」「刑を減軽する」とのみ規定しており，被告人のその後の処遇は刑事裁判の射程外にある。精神保健福祉法に基づいて検察官が措置入院のための通報を行った場合，措置の要否の判断は言うまでも

なく裁判とは別個の手続と基準でなされる。

　責任能力と処遇の非連結は裁判員裁判でも何ら変わらない。この点についても必要に応じて裁判官から説示がなされるのであろう。しかし，ここでも法の規定と国民の常識の間に齟齬が生じる。心神喪失・心神耗弱を理由に無罪判決を受けるか実刑を免れた場合，「その人がどうなるのか，どこへ行くのか」という疑問を持つのは当然なのではないか。そして，岡田[4]の言う「処遇判断からの遡及的な判断」，つまり予測される処遇を考慮して責任能力を判断する事態が起こり得る。これは法の趣旨には合致しないが，裁判員の意識から排除することは無理である。現実問題として，司法関係者や鑑定人でさえも遡及的判断を免れているかは甚だ疑問である。

　アメリカでは裁判官による陪審員説示（juror instruction）についてこうした問題が起きている。スロート（Sloat, L.M.）ら[9]によると，精神障害を理由とする無罪（not guilty by reason of insanity）の評決により被告人が強制収容などの処分を受けることについて，多くの裁判所は説示を行っていない。なぜなら，この説示が陪審員の注意を事実認定者（trier of fact）という彼らの役割から逸脱させ，決定に影響を与えてしまうからである。しかしスロートらが陪審員有資格者を対象に行った調査では，84％の人が評決に続く処分の結果について知りたいと欲し，評決でそのことを――裁判官から考慮しないように説示されても――考慮するだろうと答えたという。

　スロートらは調査結果などを踏まえて，予想される処分について，陪審の評議に先だって正確な情報を与えるべきかは議論する価値があると述べている。日本の制度においても，責任能力判断に処遇の問題を滑り込ませるべきではないとする考え方が法律論としては正論であろう。しかし先に述べたように，判決後の処遇に裁判員が関心を持つことが避けられない以上，責任能力と処遇が連結しないことを十分に弁えたうえで，処遇のオプションについて裁判員に情報を提供すべきであろう。

V　裁判員制度と医療観察法

　その場合，重要なオプションは医療観察法による処遇である。本法について

は2005年の施行以来，すでに医療の実際面を中心に多くの議論が交わされている。ここでは医療観察法それ自体よりも，裁判員制度との接点に着目して検討したい。

医療観察法は，その第1条で，心神喪失等の状態で重大な他害行為を行った者の病状の改善，同様の行為の再発防止，社会復帰の促進を目的に掲げている。検察官が地方裁判所へ申立てを行わなければならない要件は，殺人等の「対象行為」を行ったこと，心神喪失者もしくは心神耗弱者と認めて公訴を提起しない処分をしたか，心神喪失者として無罪の確定裁判または心神耗弱者として刑を減軽する確定裁判（執行すべき刑期がある者を除く）を受けたことである。裁判所は医師に鑑定を命じるとともに，合議体を設置して審理し，次の決定を下す。①医療を受けさせるために入院をさせる，②入院によらない医療を受けさせる，③この法律による医療を行わない。

本法の大きな特質は，触法精神障害者に対する法的判断が「責任能力」と「医療の必要性」という二層の構造をなしていることである。行為時に心神喪失か心神耗弱の状態にあったことが申立ての要件であり，その判断は申立て以前つまり医療観察法のレールに乗る手前で決定される。申立てを受けて，裁判所の審判において本法による医療の必要性が判断される。その際に責任能力もチェックされるが，審判の主たる目的ではない。行為時の責任能力と医療の必要性は不可分と思われるが，申立てを挟んで別個に判断されるわけである。現状では「心神喪失者もしくは心神耗弱者と認めて公訴を提起しない処分」を経て医療観察法の申立てがなされた事例が9割近くを占め，確定裁判を経た申立ての事例は少数である。しかし少ないとはいえ裁判を経て医療観察法のレールに乗る事例が存在する以上，裁判員裁判で医療観察法の処遇がどのように認知されるかについても考えなければならない。

医療観察法は，条文の上では，触法精神障害者の医療と社会復帰を優先しており，運用実態もおおむねその方向にある。すなわち，入院決定が対象者の6割弱にとどまり，入院が長期化しないことが奨励され，治療可能性が重視され，他害行為のリスクが高く治療可能性がとぼしいパーソナリティ障害者などは対象にほとんど含まれていない。欧米の保安処分ないし類似の制度に較べると格段にソフトで優しい制度であり，おおかたの認識では医療と刑事司法の中間と

いうよりも医療内部の特殊な分野というものであろう。しかし他方で，連続児童殺傷事件を契機とした制定経緯や，対象行為を「重大な」他害行為に限っている点などは，社会の安全への配慮が医療観察法と無縁ではないことを示す。医療的色彩が強いとはいえ，医療観察法は刑事司法的な性格も併せ持つ二面的あるいは折衷的なモデルである[12]。このような性格の曖昧さは，裁判員が責任能力を判断するにあたって処遇に思いを致すとき，浮き彫りにされる。

　この点でアメリカの動きは参考になる。患者の権利擁護や治療法の進歩により，インサニティを理由に無罪とされて州立病院に収容された患者が早期に退院するようになると，インサニティ抗弁に対する公衆の風当たりが強くなった[7]。つまり，公衆が精神科施設に触法精神障害者の隔離的な受け皿を強く期待する現実がある。裁判員制度においても，医療観察法が目的として社会復帰を優先していることが裁判員に強く印象づけられると，裁判員は医療観察法の申立てにつながるような責任能力判断を躊躇するのではないであろうか。

VI　心神耗弱者はどこへ行くか

　責任能力と処遇の連結の問題を考える上で特記されるのは心神耗弱者の位置づけである。心神耗弱者は限定されていても責任能力を有する者であり，刑罰を科すことができる。他方，刑事訴訟法248条は「犯人の性格，年齢及び境遇，犯罪の軽重及び情状並びに犯罪後の情況により訴追を必要としないときは，公訴を提起しないことができる」と定めている。この起訴裁量（便宜）主義のもとで心神耗弱者も起訴猶予の処分を受けることがあり，起訴猶予とされて始めて医療観察法の申立てがなされる。公訴を提起するか起訴猶予とするかは検察官の裁量に委ねられている。その判断基準は外部からはうかがいにくいが，検察官の職務上，病状の重さや治療の必要性よりも社会的重大性や再犯の危険性に重点が置かれると思われる。

　この点で示唆を与える最近の事例は2006年6月の高松地裁の判決[10]（以下，高松事件）である。被告人は30代後半の男性で，10代前半から8カ所の精神科病院に入院や通院を続けた。開放病棟からの外出中に付近の駐車場で無関係の男性を刺殺した。鑑定では「慢性鑑別不能型統合失調症及び反社会的人格障

害」の診断で心神耗弱相当とする意見が出され，これを裁判所，検察官，弁護人が一致して認めた。懲役30年の求刑に対して判決は25年であった。

　高松事件の加害者は医療観察法に載る可能性はなかったであろうか。統合失調症の長い治療歴があり，精神障害は明白である。心神耗弱の状態で重い他害行為を行ったとされ，犯行時も入院中であることから治療の必要性も明らかである。従って，検察官が起訴猶予として医療観察法の申立てを行うことが制度上は可能である。検察官が起訴を選択した理由はおそらく通り魔という犯行の罪状や被害者感情への配慮であろう。

　高松事件で注目されるのは懲役25年という刑の重さである。1986年に精神科に入院中の患者が離院して起こしたいわゆる北陽病院事件でも心神耗弱と認定された[6]。金員奪取を目的として通行人を殺害した行為であり，その点で高松事件よりむしろ罪状は重いように思われるが，懲役13年の刑であった。浜井[15]によると，検察における公判請求人員の増加と裁判所での言い渡し刑期の長期化など，積極的な刑罰の運用が最近の傾向であり，その背景には厳罰化による犯罪抑止への期待があるという。厳罰化の流れの中で，精神障害の罹患が明白であっても，いったん起訴されると長期の実刑判決を受ける傾向が進むことが予想される。

　同じように心神耗弱と認定されても，ある者は受刑者として処遇され，ある者は医療観察法の指定医療機関で社会復帰に向けた手厚いケアを受ける。提供される医療の質は天地の差であるが，いずれに振り分けられるかは医学的判断ではなく起訴か起訴猶予かの検察官の裁量に委ねられている。

　問題をより一般化し，限定責任能力が持つ意義について考えてみたい。限定責任能力の概念は一様ではなく，国によって位置付けが異なっている。また，ドイツで限定責任能力の規定と保安処分が同時に制定された歴史が示すように，触法精神障害者に対する「治療か刑罰か」の問題とも深く関わっている[13]。

　英米など諸外国では限定責任能力（diminished responsibility）は特殊で例外的な規定であるのに対して，日本では心神耗弱の認定はかなり広く行われている。犯罪白書[16]によれば，1994年〜2003年の累計7,260名のうち心神喪失の認定3,755件に対して，心神耗弱は3,505件とほぼ伯仲している（不起訴，

確定裁判の双方を含む)。心神耗弱は，大審院の判決が示したように，是非善悪の弁識能力または弁識に従って行動を制御する能力が「著しく」低下していることを要件とする。しかし実際の事例で心神耗弱という認定が持つ意味合いは一義的ではない[13]。心神耗弱者は，ある場合は〈完全責任能力者に準じる者〉，またある場合は〈心神喪失者に準じる者〉という意味を持つ。前者は「刑事罰の対象であるが精神障害も考慮しなければならない」，後者は「精神障害者であるが刑事罰の対象である」という認識が背後にある。つまり，状況によって重点の置き方も変えることができる規定なのである。

統合失調症の罹患を明確に認めた上で厳しい実刑を科した高松地裁の判決は後者の意味合いを持つと思われる。刑罰と治療の二者択一ではなく，〈刑罰も治療も〉である（ただし，治療の必要性については直接触れていない）。しかしこうした判断方法が拡大されると，心神耗弱の認定が精神障害者に刑罰を与えるための便法とされ，ひいては責任無能力制度そのものが形骸化，空洞化されないであろうか。筆者は日本の責任無能力制度がこの方向に向かうことを危惧している。このような趨勢は近年のアメリカにも見出されるので，次に検討してみたい。

VII アメリカの近年の動向

アメリカでは，精神障害者に対する人道主義的な権利擁護から社会の安全重視という風潮の変化にそって，触法精神障害者の法的な処遇が興味深い変遷を示している。まずアメリカでのインサニティ抗弁の歴史と現状について，APA[2]，スロベンコ（Slovenco, R.）[8]，スティードマン（Steadman, H.J.）ら[7]その他の記述をもとに概観し，特に近年の主要動向である「有罪ただし精神疾患」の立法に注目したい。

アメリカの多くの州は「インサニティを理由とする無罪」の基準としてマクノートン・ルールを採用した。マクノートン・ルールは，行為の性質とその邪悪さを知り得たかという認知面に限った狭い基準である。それに対していくつかの修正が試みられた。

1954年にコロンビア特別区の控訴裁判所が示したダム・ルール（Durham

rule）は，疾患・欠陥・所産テスト（disease-defect-product test）とも呼ばれ，「被告発人は彼の不法行為が精神的な疾患または欠陥の所産であるときは刑事責任を負わない」とする。この場合，行為が精神疾患・欠陥の所産（product）であればよいわけで，行為の性質の認識を問うマクノートン・ルールよりもインサニティと判断する条件ははるかに緩い。ダラム・ルールは多くの精神科医から歓迎され，アメリカ精神医学会は考案者の判事を「精神医学と法のバリアを取り除いた」として賞賛した。しかし，疾患，欠陥，所産という語の解釈をめぐって裁判を混乱に陥れ，コロンビア州の外で広まらなかった。ダラム・ルールを精神医学会が後押ししたことは，当時のアメリカ精神医学のヒューマニスティックな風潮をうかがわせ，興味深い。

他方，アメリカ法律協会（American Law Institute）は1962年に模範刑法典ルール（ALIルール）と呼ばれるモデルを公表した。マクノートン・ルールとの相違は，善悪の認識のみでなく，抵抗不能の衝動（irresistible impulse）を取り入れた点にある。すなわち，精神的な疾患または欠陥の結果として，行為の犯罪性を弁識（appreciate）する，または行為を法の要求に合致させる実質的な能力を欠く場合，責任を負わないとする。善悪を弁識できても行動の制御を失っていればよいことになり，俗に「肘の警察官（policeman at the elbow）」つまり腕の暴発を監視する力の有無を問うテストとも呼ばれた。ただし，ここで言う「精神的な疾患または欠陥」が，異常性が犯罪の反復や反社会行動としてのみ現れる場合は含まない，という条項が盛られている。反社会性人格障害者などをインサニティ抗弁の対象としないための配慮である。

1970年代終わりから多くの州でインサニティ抗弁に対する批判的な動きが強まり，それは1960～70年代のアドボカシー運動の時代に起きた行き過ぎへの反動の意味を持った[7]。その背景には犯罪全般に対する世論の硬化があった。また，かつてはインサニティを理由とする無罪放免者（insanity acquittee）は，長期あるいは終生，州立病院の施設に隔離され，公衆の心配の種になり得なかった。ところが，薬物療法の進歩や，無罪放免者も犯罪と無関係の民事収容（civil commitment）患者と同様に扱うことを命じる司法判断などにより，患者が早期に退院する傾向が現れた。その結果，インサニティ抗弁は犯罪者が罪を免れる手段とみなされ，その廃止や修正を求める世論が高まった。ただしスティー

ドマンらの実証的研究[7]で示されたように，インサニティ抗弁が用いられる事例は少なく，華々しく報道される有名事件によって歪められた公衆や立法者の認知は実態とかけ離れていたようである。

インサニティ抗弁の緩い基準であるダラム・ルールへの批判が強まり，1972年にコロンビア特別区でダラム・ルールが削除された。他方でALIルールは多数の州で採用され，APAもこれを推奨した。しかし，その結果，ALIルールの意思的 (volitional) な要素である「抵抗不能の衝動」の概念が難題となった。つまり，行為が実行された場合，衝動が抵抗不能（irresistible）であったのか，単に抵抗しなかった（not resisted）のかという識別の問題である。

このようにインサニティ抗弁への風当たりが強くなっていたところに，1982年，コロンビア特別区での大統領狙撃犯ヒンクリー（Hinckley）に対する「インサニティを理由とする無罪」の評決が激震を招いた。インサニティ抗弁の「濫用」が叫ばれ，その廃止か修正を求める政治家の発言や法案の提出が相次ぎ，それは1843年のマクノートン裁判後の騒動に匹敵するものであった。

1980年代から1990年代初頭にかけてのインサニティ抗弁の改革は，各州さまざまであるが，スティードマンらによれば，次のような項目にわたった。①インサニティ基準の厳格化。アメリカ精神医学会とアメリカ法律家協会は，制御の項目を除外して，認知が損なわれている場合のみを基準とすることを提案し，多数の州で採用された。②証明責任（挙証責任，burden of proof）の変更。多数の州で，健常さ（sanity）を証明する責任を検察に負わせるのでなく，インサニティの証明を被告人の側に負わせるようになった。それだけ，インサニティによる無罪の評決は狭き門となった。③インサニティによる無罪放免者の解放条件の厳格化。④インサニティ抗弁それ自体の廃止。⑤「有罪ただし精神疾患」の導入。このうち，広汎な影響力のある⑤について次項で詳しく検討したい。

Ⅷ 有罪ただし精神疾患

「有罪ただし精神疾患（guilty but mentally ill；以下，GBMI）」は，インサニティ抗弁を法から削除するのではなく，それを代替するかたちの評決である。

陪審は，被告人が精神疾患であることを認めながら，有罪の評決を下す。有罪であることにより，精神疾患の治療は州立病院ではなく刑事施設で施されることが想定されている。

　GBMI はミシガン州の 1975 年の立法に始まって他の州に広がり，ヒンクリー評決がそれに拍車を駆けた[7,8]。2002 年のメルヴィユ（Merville, J.D.）報告[17]によると，14 州が GBMI を採用している。導火線はミシガン州最上級裁判所の 1974 年判決であった。判決は，インサニティによる無罪放免者を自動的に収容する州法を否定したもので，評価のための 6 日間の収容を超える拘禁は民事収容患者と同じ基準と手続きでなされるべきだとした。その結果，1 年以内に 64 人が解放され，うち 2 人が 1 年以内に暴力的な再犯をおかした。公衆の怒りがミシガン州の立法府を動かし，「インサニティを理由とする無罪」評決の魅力ある代替として GBMI が構想された。

　1982 年のヒンクリー評決後に『ニューヨークタイムズ』誌に掲載された記事は GBMI を歓迎する声の代表であろう[8]。「有罪ただし精神疾患という評決は広く採用されるべきだ。世の中のジョン・ヒンクリーら，つまり部分的に気が狂った者のうち，責任を免除されることにも，通常の犯罪者として扱われることにも馴染まない者たちのために」。

　他方，専門家の間では GBMI 対して，むしろ批判的，懐疑的な見解が多い。まず論理上の問題である。精神疾患（mentally ill）であることとインサニティは意味的にオーバーラップするはずで，精神疾患と有罪を同時に認定することには矛盾がある。Guilty and mentally ill ではなく guilty but mentally ill と言っていることから，陪審には，あたかもそれが中間的な解決であるかのように映る。陪審はそれだけ被告人を助けたのだという満足感を持ち，なおかつ，「インサニティを理由とする無罪」の評決に伴って懸念される問題を回避することができる。しかし GBMI 評決の結果は実質的に有罪評決と変わらない。スロベンコ[8]は，これを水を濁らせ，事態を曖昧にすることで解決する手法とみなしている。

　GBMI への疑義として挙げられるもう一つの重要な点は，「精神疾患」という認定が実際には刑罰の軽減や治療を保証しないという点である。メルヴィユら[17]は GBMI を採用する 14 州について実態を明らかにした。それによる

と，GBMIの場合に刑が必ず減軽されるとする州はなく，死刑判決すら阻まれていない。逆に，公衆の保護を理由に，保護観察の条件に治療が義務づけられることになる。GBMI評決を受けた者の多くは，民事収容患者と異なって，無能力の認定を受けないまま刑務所の拘束度の高い精神科病棟に隔離され，しばしば刑の終了に伴って引き続き民事収容の対象とされる。精神科医の立場からメルヴィユらは，GBMIがインサニティ抗弁がもたらす倫理的葛藤を回避するショートカットで，陪審を欺くものとみなし，その廃止を強く主張する。

GBMIの判例としてスロベンコ[8]はデュ・ポン（John E. du Pont）事件を紹介している。あらゆる場所に敵がいるという妄想に支配され，地下トンネルに潜む敵を発見しようとして所有地を掘削するなど，奇異な行動の募った末に殺人をおかした事件である。評決では，精神病が明らかであったにも拘わらず，「インサニティを理由とする無罪」ではなくGBMIと判断され，懲役30年から35年の判決を下された。

さて，以上で紹介したように，アメリカではインサニティ抗弁への風当たりが強く，その一環としてGBMIという新しい評決方式が，法律，精神医学双方の専門家からの批判に曝されながらも，有力となっている。その主な理由は，責任能力をめぐって拮抗する2つの力を折り合わせる便利な仕組みだからであろう。2つの力とは，精神障害を理由に免責することに対する不公平感および再犯の懸念と，精神障害というハンディキャップに配慮しなければならないという弱者保護の感覚である。GBMIは，「有罪」とすることで前者を，「ただし精神疾患」とすることで後者を満足させる。言い換えれば〈刑罰も治療も〉であるが，矯正施設での治療は実質的に保証されていない。

おわりに──現代の「寛恕」を求めて──

これまでの議論を次のように要約することができる。責任無能力制度は，触法者でもあり障害者でもあるという触法精神障害者の二面性に応じた〈処罰〉と〈保護〉の緊張と葛藤の上に成り立っている。この葛藤はこれまで一般に意識されなかったが，国民参加の裁判員裁判のもとで前面に押し出されることは避けられない。葛藤を回避する一つの方法は，精神障害について一定の配慮を

与えながら刑罰を科す方式である。アメリカの「有罪ただし精神疾患」の評決方式がその顕著な例である。

　法制度の違いを超えて，日本においても，心神耗弱の規定の運用にはアメリカのGBMIと似た意味合いがある。すなわち，精神障害の罹患を明確に認定しつつ刑罰を科す方式，〈刑罰も治療も〉である。さらに裁判員制度では，判断に迷った裁判員が間を取って心神耗弱を選択する可能性もあるであろう。限定責任能力者が基本的に「責任能力者」であることを考えると，心神耗弱の認定の多用は精神障害者の刑事責任を広く認めることになり，ひいては責任無能力制度の空洞化につながるであろう。突き詰めれば，「精神障害であることは認める。それはさておいて，刑罰を科す」という乱暴な論法となる。

　筆者は刑法39条廃止論ではなく，基本的に責任無能力制度を堅持する立場に立つ。ただし，〈初めに39条ありき〉というドグマを主張するものでもない。これまで法と精神医学の専門語で語られてきた問題を，いったん一般市民の日常語の次元に据えて議論し直すことが必要と考えている。そのさい，抽象的な公式ではなく人間社会の歴史や文化に根ざした具体性を持つ観念として責任能力を捉え直すところから出発すべきである。

　それでは文化に根ざした責任能力の原理とは何であろうか。前述のように，明治の初めに西洋の法思想が移入される前から，すでに儒教の憐憫などの観念にもとづく刑の減免の慣習や制度が存在した。それは日本人の感覚に受け入れられやすいものであったのではないか。もちろん，21世紀の今日，責任能力問題に儒教思想を持ち込むことは時代錯誤の誹りを免れない。現代の国民の法意識や人権意識，精神障害に対する認識などに調和した新しい〈赦し〉の原理を探さなければならない。

　この〈赦し〉の原理を表す言葉として，たとえば〈寛恕〉が考えられる。広辞苑[14]によれば，寛恕とは，①度量広く，おもいやりの深いこと。②とがめずにすておくこと。ひろい心でゆるすこと，である。精神障害者の触法行為に対して寛恕を持って臨むことについてのコンセンサスがまず必要なのである。コンセンサスを土台として始めて，弁識能力と制御能力，生物学的要素と心理学的要素，法的疾患概念などの概念が判断の基準として意味を持ってくる。

　裁判員制度を機縁にして，開かれた議論の中で現代的な寛恕のあり方を模索

していくことを提案したい。

文　献

1) 浅田和茂：現行刑法典成立までの展開──限定責任能力を中心として──．刑事責任能力の研究〈下巻〉，3-53，成文堂，1999．
2) Insanity Defense Work Group : American Psychiatric Association Statement on the Insanity Defense. Am J Psychiatry 140, 681-688, 1983.
3) 大谷實：新版刑法講義総論．成文堂，2000．
4) 岡田幸之：裁判員制度における精神鑑定．司法精神医学 4，88-94，2009．
5) 小野清一郎：責任能力の人間学的解明（一）．ジュリスト 367，87-95，1967．
6) 最高裁平 8．9．3 三小法廷判決．判例時報 1594 号，32-35，1997．
7) Steadman HJ, McGreevy MA, Morrissey JP, Callahan LA, Robbins PC and Cirincione C : Before and After Hinckley. Evaluating Insanity Defense Reform. The Guilford Press, 1993.
8) Slovenco R : Criminal responsibility. In : Psychiatry in Law. 211-245, Brunner-Routledge, 2002.
9) Sloat LM, Frieson RL : Juror knowledge and attitudes regarding mental illness verdicts. J Am Acad Psychiatry Law 33, 208-213, 2005.
10) 高松地判平成 18 年 6 月 23 日（未掲載）
11) 高鹽博：新出の『刑法新律草稿』について──「假刑律」修正の刑法典──．松尾浩也増補解題　倉富勇三郎・平沼騏一郎・花井卓蔵監修　高橋治俊・小谷二郎編集：増補刑法沿革総覧．日本立法資料全集別巻 2（増補復刻版），巻末 1-64，信山社，1990．
12) 中谷陽二：医療観察法の本質を問う──折衷モデルの行方──．日本精神科病院協会雑誌 25，16-20，2006．
13) 中谷陽二：限定責任能力──法と精神医学の交錯点──．中谷陽二・丸山雅夫・山本輝之・五十嵐禎人・柑本美和編：精神科医療と法．3-22，弘文堂，2008．
14) 新島出編：広辞苑第 3 版．岩波書店，1983．
15) 浜井浩一：再犯防止に向けた犯罪者処遇のあり方．犯罪学雑誌，73-79，2007．
16) 法務総合研究所：犯罪白書平成 16 年版．
17) Merville JD, Naimark D : Punishing the insane : The verdict of guilty but mentally ill. J Am Acad Psychiatry Law 30, 553-555, 2002.
18) 山崎佐：精神病者処遇考．神経学雑誌 33，591-602，1931．34，75-85，234-246，399-414，1932．
19) 和田雅樹：裁判員制度における精神鑑定について．司法精神医学 2，87-92，2007．

「精神の障害」と法律的病気概念[注1]

安田拓人 ● Yasuda, Takuto

I 責任能力制度と責任主義

　責任能力は，近代以降の理性的人間の他行為可能性を前提とした，法的非難としての刑罰にとっての本質的な基礎をなすものであり，その制度は，18世紀以降の精神医学の発展を経て，19世紀のヨーロッパにおいて，とりわけドイツの刑法学によって定立されたものでり，現在のわが国の刑法39条の基礎をなしているものである。

　刑罰は法的な非難を含んだ制裁であり，それを科すためには，刑罰法規にふれる違法な行為を行った者に対し，そのような行為に及んだことが非難可能でなければならず，そのためには，当該行為者が，自らがまさになそうとする行為が法的に許されないことを認識可能であったこと（違法性の認識の可能性），及び，それが違法だと認識したときに，その認識に従って当該行為を思いとどまることができたこと（行為の制御可能性）が前提要件となる。これを刑法学では責任主義と呼んでいるが，これは，近代刑法の基本的原則であり，わが国でも憲法上の位置づけを与えられるべき原則である。

　刑法学では，責任能力に関する刑法39条が，責任阻却事由（責任を例外的になくす事情）・責任減少事由（責任を例外的に減らす事情）を規定したものだという限りでは，見解の一致がみられるものの，それが，①「精神の障害」

注1）本稿は拙著『刑事責任能力の本質とその判断』（2005，弘文堂）を基礎にしたものであり，そこで扱った議論については文献引用などを省略しているので，同著を併せて参照しながらお読み頂ければ幸いである。

に基づいて，違法性の認識の可能性ないし行為の制御可能性に問題が生じた場合を規定したものなのか，それとも，②「精神の障害」に基づく「実定法によって特権化された責任阻却事由」なのか，については争いがある。

②の見解の代表は町野教授であり，「刑罰の賦課によらずに行為者の犯罪を防止しうるときには責任無能力を認めるべき」であり，「特に，非刑罰的な精神医療による処遇が適切と思われるときには，そちらを選ぶべき」だとの前提から，「精神障害による責任阻却は一般的な責任阻却事由より格段に広いものなのであり，まさにこの点に責任（無）能力制度の存在意義がある」とされている。

しかし，ここでの問題は，当該行為者に法的非難としての刑罰を科すことができるか否かであり，刑罰以外の処遇が可能か否かではない。当該行為者につき刑罰以外の処遇方法があるかという外在的な要因により，刑罰を科しうるかが決まるとする見解は，刑罰とたとえば精神科医療の目的がまったく同じであり，処遇の形態が異なるだけだと考えるなら成り立つであろうが，刑罰は応報的非難を本質的特徴としており，その点で精神科医療とは大きく異なっているのである。

また，町野教授は，激痛に耐えかねて鎮痛剤を盗んだ行為者につき，それが治まればそうした犯罪は犯さないから，刑罰ではなく治療を優先すればよいとはされないのだから，そうした主張を精神の障害の場合に限って行うのでは，精神障害者を精神の障害のゆえにのみ，それ以外の者とは有利に扱うもので，平等原則に反する結果となろう。

こうみれば，①の見解が支持されるべきであろう。刑法39条は，責任主義を体現した規定であり，その規制内容は，理論的には，同条がなくても確保されるべき，責任主義からの当然の帰結として理解されるべきなのである。

近時，町野教授の高弟，水留講師は，「精神の障害」の概念を，特別予防の観点から基礎づけるべきだとされ，「精神の障害」により適切な動機づけができなかった場合には，再び彼が同様の違法な行為に出ないように再教育するための手段としては刑罰は適さず，精神障害の治療によるのが妥当だとされている（水留2007b：222-）が，これは，①の見解をとった上で，その結論を「刑罰適応性」の観点から再構成するものと解され，②の見解とは距離を置くもの

であって，その限りで妥当な方向にあるものと思われる。

II　医学的病気概念とその批判

1．K. シュナイダーの見解

さて，刑法39条の規定が，「精神の障害」に基づいて，認識能力（違法性の認識の可能性）ないし制御能力（行為の制御可能性）に問題が生じた場合に適用されるのだとすれば，「精神の障害」の要件はいわば篩の役割を果たし，それに該当しない場合には刑法39条の適用は排除されることになるため，これをどのような根拠に基づき，どのように確定するかは，刑法39条の適用範囲を画するに際して決定的に重要な問題となる。

この点については，ドイツにおける医学的病気概念・法律的病気概念をめぐる議論から有益な示唆を得ることができる。この議論は，精神の障害に基づく責任無能力に関する規定である，旧ドイツ刑法51条が，精神の障害として限定的に挙げていた，「意識障害，精神活動の病的障害，精神薄弱」のうち，「精神活動の病的障害」をどのように理解するかをめぐるものである。

医学的病気概念は，精神医学者クルト・シュナイダーによる，精神異常の二分論に基づくものであり，ドイツの学校精神医学においては，遅くとも第二次世界大戦終了以降には定着するに至ったものとされる。これによれば，精神異常は，身体的な病気の帰結であるものと，「精神的本質の単なる変種」であるものに分けられ，前者のみが，「病気」あるいは「病的」であるとされる。

こうした病気概念は，純粋に生体学的（somatologisch）なものであり，「病的」であるのは，「心的異常の原因が身体器官のプロセス（病変）に帰せられる場合」であり，「器官のプロセス（病変）やその機能上の結果や局部的残留症によって引き起こされた心的障害」に限られる。こうした意味での病気にあたるものとしては，たとえば，急性のものとして，脳損傷とその他の急性の直接・間接の脳疾患，急性薬物中毒，感染および毒素性中毒など，また，慢性のものとして，外傷の続発症，初老性・老人性・退行性過程，そのほか，さらに相当数のてんかん患者のもうろう状態があるとされている。

こうした病気の身体的な原因が知られている精神異常のほか，シュナイダー

の図式によれば、精神分裂病（統合失調症）や双極性障害（躁うつ病）も医学的・精神医学的な意味での精神病に含められる。こうした内因性精神病の場合には、これまで、それを引き起こす身体的な病気は知られていないが、精神医学者にとっては、内因性精神病の場合にも身体的な病的基礎があると想定するだけの十分な理由があり、それは、その原因が知られている精神病との対比、及び、内因性精神病の経緯及び発生の確実な観察から導き出されるのである。こうした病気は、措定された病気と呼ばれる。

以上の真正の精神病、すなわち、病気の帰結としての精神異常と厳格に区別されるのが、「精神的存在の変種（abnorme Spielart seelischen Wesens）」としての精神異常である。これには、異常知能素質、異常人格、異常体験反応が挙げられる。そして、こうした精神異常の場合には、身体的な病的基盤は確認されえず、それゆえ、「病気」「病的」という言い方をすることはできないということになるのである。

シュナイダーによれば、病気と精神的存在の変種としての精神異常とは、さらに、心理学的にも区別される。すなわち、前者の場合には、完全に動機なく生じ、生活展開の意味法則的連続性を寸断するのに対し、後者の場合には、これはみられないとされている。そして、認識能力および制御能力は、経験的研究の対象外であって、確認できないものであるとする彼の立場においては、意味連続性が保たれていれば帰責能力が認められるのに対し、意味連続性が破壊されていれば、帰責無能力が考えられることになるのである

2．医学的病気概念の問題点

もっとも、こうしたシュナイダーの理論に基づく医学的病気概念は、本来的には、医学的概念であり、医学者と法律家では問題関心が異なる以上、医学的な観点からの分類・概念が法律家にとっても意味をもつためには、相応の実質的根拠が必要となるはずである。

また、こうした医学的病気概念は、刑事政策的にみて歓迎すべき結論を確保しうるという実際的理由によって支えられているように思われる。医学的病気概念によれば、精神的変性によっては、人格の核心は、病的な精神障害の場合におけるようには障害されないということになり、危険な犯罪者を正常者とし

て処罰することが可能となる。そこで，あまりに多くの犯罪者が責任無能力の規定の適用対象となり，それによる保護を受けることに対する懸念が，医学的病気概念を支える医学的論拠を選ぶ決定的理由にもなっていたのではないか，すなわち，その医学的論拠が精神医学者によって選択されたのは，刑事政策的意図に下支えされてのことだったのではないかと考えられるのである。

そして，医学的病気概念の妥当性については，①人格の完全性が，身体・脳の生物学的経過に瑕疵がないことだけに依存しているのではないことを看過し，人格を構成する決定的部分を隠蔽してしまっている，これにより，人間は，実際にはそうでない，身体的経過のみに依存するまったく生物学的な存在とされてしまっている，②身体論的基礎をもつ精神病が，神経症や情動よりも，人間の行動に強い影響を与えるのだという，科学的証明はなされておらず，むしろ，身体的基礎をもつ，いわゆる外因性精神病のほかにも，精神医学的にみれば，部分的には，そうした精神病よりも，人格や行動に対してはるかに大きな影響をもつ多くの病的状態が存在するとの批判が強いのである。

そうすると，身体論的基礎をもつ精神病の場合には原則として責任無能力を認める一方で，そうでない場合にはごく例外的にしか認めない理由は，実は医学的なものではなく刑事政策的なものなのではないか，精神医学的病気概念とは，「医学的・精神医学的に粉飾された刑事政策的学説」なのではないかが問題となる。仮にそうなのであれば，そうした刑事政策的考慮の妥当性が正面から論じられるべきであり，精神医学の装いに惑わされて，それをそのまま刑法上の見解として採用することは適切ではないものと思われる。

III 法律的病気概念

1．ドイツ判例による法律的病気概念の形成

ドイツの判例は，RG（ドイツ帝国時代の最高裁判所）の時代には医学的病気概念と法律的病気概念の間を行きつ戻りつしていたが，最終的には医学的病気概念は放棄された。

この流れは，BGH（現在のドイツ連邦最高裁判所）の判例において，よりはっきりした形をとる。BGH は，精神医学的な病気概念から相当に離れた，法律

的病気概念を展開してきた。BGH NJW 55, 1726 によれば，「精神活動の病的障害」の解釈に際しては，より広い病気概念から出発されるべきであり，それは，「医学的な意味での精神病の範囲を超えて，正常な精神的に成熟した人間にも存在し，意思形成の能力を与える表象や感情を阻害する，あらゆる傷害を包摂するのであり，その際，理性活動の障害が問題なのか，意志・感情・欲動生活のそれが問題なのかは，どうでもよいことである」とされている。

より明確なのは，BGH の 1955 年の判決であり，「[旧] 51 条に属する異常の範囲は，臨床的・精神医学的に承認されている状態より包括的である」とする。すなわち，BGH は，精神障害の身体的原因は，「精神活動の病的障害」にとって重要でないとすることにより，精神医学的な立場とははっきりと距離を置いているのである。このことは，原因ではなく，現象形態，すなわち，精神障害の重さこそが，決定的な基準でなければならないとする理解を背景にもつものであるといえよう。こうした BGH のとる精神の障害の理解を，法律的病気概念と呼ぶことができるとすれば，これは，精神医学的病気概念を超え，これに明確な拒絶を示すものであるということになろう。

2．法律的病気概念の妥当性

結論的には，やはり，法律的病気概念がとられるべきであろう。狭い医学的病気概念を適用することは，責任原則違反になりうるからである。そのことは，とくに，精神病と同じように人格の核心が障害されているわけではない者が，一定の事例において，同様に自制できないことが否定できないとすれば，明らかであろう。そうだとすれば，精神病ないしそれと同様の障害の場合にのみ責任無能力を認めるという，厳格な Konvention は，正義の原則に反する可能性を常に含むことになる。フェルマンが言うように，平等原則によれば，医学的病気概念によるよりも法律的病気概念による方が多くの事例が責任無能力にならざるをえないとしても，そのことだけでは医学的病気概念は正当化されえない。むしろ，医学的な意味で病気ではないが，医学的病気と同じように動機づけられる犯罪者を同じように扱う可能性が認められるべきであろう。医学的病気概念は，精神医学の体系学にとっては最適のものかもしれないが，刑法上の責任能力の判断にとっては，あまりに狭すぎるのである。

刑法39条の適用にあたり，「精神の障害」の判断が第一段階で求められる理由が，一定のコントロール機能を満足する生物学的要素を考慮せずに判断した場合にもたらされるであろうカオス状態を避けることにあり，その主たる理由が，具体的事案における行為者心理に関するわれわれの判断能力が限られていることにあるのだとすれば，このことには実際上の説得性は認められる。しかし，レンクナーも言うように，規範的責任概念の考え方に照らせば，こうした行き方をする場合に，体系的純粋性が維持されるのは，法律に掲げられた「生物学的」要素が，「他行為不可能性」の基盤として問題となる唯一のものだということが言える場合に限られるのであり，そうでなければ，混合的方法は，要請と実際的な可能性，実質的正義と法の実践可能性及び法的安定性の妥協であるにすぎないということになり，「責任なくして刑罰なし」の原則に違反することになるのである。

　こうして，結論的には，「精神の障害」の要件は，概念上，他行為不可能性の基盤として問題になりうるあらゆる状態を把握するものでなければならない。言い換えれば，「精神の障害」に該当しない場合には，認識・制御無能力（ないし限定認識・制御能力）の場合はもはや考えられないということが確認されなければならないのである。

　もっとも，このように言うことは，「精神の障害」が精神医学的・心理学的判断から切り離されることを意味するものではない。近時，箭野（2007：192，2008：296，307-）は，本稿の見解に対し，それでは，医学的－心理学的知見を確実に経由することを担保しえず，「その内容をおよそ無限定なものとし，原因となる前提条件の法による指定を否定し，実質的に心理学的方法をとることになる」との論難を加えているが，出発点こそ異なれ，結論的には本稿と異なることを主張するものだとは思われない。精神医学的病気概念と法律的病気概念の対立点の一つは，ドイツにおける立法時の議論からもわかるように，「心理学的」な障害でもよいかを巡るものでもあった。「医学的―心理学的」というときの「―」は「もしくは」の意味だと解されるが，そうだとすれば，論者は「精神の障害」が専ら心理学的なものでありうることを承認されており，その限りで伝統的な精神医学的病気概念から離れられている。そして，「精神の障害」が心理学的なものである場合には，結局は，伝統的に心理学的要素とさ

れる，認識・制御能力に問題が生じるような精神状態か否かにより責任能力を判断することと，ほとんど違わないものと思われるのである。また，精神医学的判断に際しても，DSMの診断基準による場合には，精神症状からの操作的定義が用いられていることには十分な注意が必要であり，過度の対比は必ずしも有益ではないように思われる。さらに，本稿の見解が，Ⅳでみるように，「認識能力ないし制御能力に影響を与え得る精神状態像あるいは精神症状」を「精神の障害」と捉え，これを精神医学ないし心理学的専門知識に基づいて判断するものであることには，誤解の余地はまったく残されていない。

3．病気以外の場合における責任能力規定適用の限定

法律的病気概念による場合には，「ダムの決壊」，あらゆる精神異常がすべて考慮され，政策的に妥当でない結論がもたらされるのではないかが，深刻な問題とされているが，この点についてもドイツの対応策が参考になる。

1975年より妥当しているドイツ刑法20条・21条においては，「病的な精神障害」が精神医学的な病気概念の意味における精神病を把握しており，精神薄弱を別とすれば，病気ではない障害は「根深い意識障害」および「その他の重大な精神的変性」のもとで把握されている。そして，これらを総合すれば，それ以前より妥当している，法律的病気概念をとるのと同じ結論が確保されることになる。

クリュンペルマンは，刑法20条・21条の解決を，「水平方向での率直さ・垂直方向での限定」であると特徴づけている。すなわち，立法者は，責任原則を優先し，一般予防を考慮せずに，あらゆる種類の精神障害に際して免責を許容したが，障害の程度においては，根深い・重大なという公式により，一般予防的関心を貫徹させ，個々の事案における責任能力の損傷を無視するような尺度を打ち立てているというのである。

この点に関する検討の軸となるのは，BGHの判例にも散見され，学説でもその理解をめぐって争いのある「病気と等価」(krankheitswert)の概念である。この概念は，責任原則を維持しながら，答責の考え方の弛緩を防ぐという2つの要請を調和させる際の，最も重要な要素として位置づけることが可能である。本稿では，その他の精神的変性に関する，刑法20条・21条に規定された「重大」

性による限定に絞って概観を試みる。

　BGHは，人格障害が重大であるのは，それが，行為者の規範にかなった行為への能力に対する負荷的作用において，病的な障害の程度に達している場合に限られるとし，また，「人格障害が，その全体性において，その程度において病的な精神障害に相応し，その全体性において，被告人の生活を，病的な精神障害と比較可能にも重大に，また，それと――社会的にも――同様の帰結でもって障害し，負荷し，狭くするような徴候を示したか」，あるいは，病的な障害の程度に達したか，を問題としている。もっとも，他方で，事実審裁判官が，被告人の状態が「病気と等価」でないとして重大な精神的変性を否定したのを，退けた例もみられる。病的でない動機も，病的なものと同様に，抑制可能性を強く阻害することがありうるというのである。

　こうみれば，ここで重要なのは，障害の重大さ・程度及びそれが行為者の行為構造に及ぼす影響であり，病気と等価かを基準とする場合でも，判断対象は，障害が行為者の行為構造に及ぼす影響の重大さ，行為者の規範遵守能力に及ぼした影響の程度であることには注意が必要である。そうでなければ，病理学的ではなく純精神的な障害を捉えた法規定の趣旨が損なわれてしまうのである。

　もっとも，そうだとすれば，クリュンペルマンも言うように，「病気」というものが，軽いものから重いものまであり，それは，精神的変性の重大さとは何ら関係のない観点に従って段階づけられているのである以上，病気との対比にはあまり実益はないものとも考えられる。しかし，典型的な病気の場合には，精神医学において，精神症状と認識・制御能力への影響の関連性が，かなりの程度解明されており，その場合を基準とし，それとの対比において判断すること自体は否定されるべきではないであろう。

4．正常性との対概念としての「精神の障害」

　他方において，精神の障害の概念は，刑事責任を負いうるという意味における正常性と対をなす概念でもある。それゆえ，精神の障害は，正常性という概念との対比においても検討されなければならない。

　このことは，とりわけ精神遅滞の概念を想定すれば，容易に理解されうる。精神遅滞は，一般的な理解によれば，知能の低さと社会的適応性の欠如という

2つの要件がそなわったときに認められるものであり，主に知能指数の数値により，伝統的には，軽愚，痴愚，白痴，最近では，軽度，中等度，重度，最重度に分類されているが，その算出法から明らかであるように，被験者の知能が標準とどれだけ異なっているかを示すものである。

　ここでは，正常者・標準人として，一定のレベルの知能年齢をもった人々が想定され，そこから一定程度以上劣った知能しか有しない者が精神遅滞者というカテゴリーに含まれ，刑法39条の適用対象である「精神の障害」をもった者となるのである。すなわち，精神遅滞は，正常者という国民の大多数が含まれる集団を想定し，そこから知能レベルの劣り具合によって定義されているものといいうる。

　もっとも，どこまでを正常とみるべきかの判断は，精神遅滞が以上のようなものである以上，数値として表現しうるような連続的な違いのどこかでの線引きにならざるをえないであろう。この判断に際して考慮されるべき一つの視点として参考になるのが，精神医学の内村博士の見解である。博士は，知能検査による正常（多数）知能がいかに低いものであるかを指摘され，「正に国民の多数を占めるものは軽い精神薄弱である」とするヤスパースの言葉を引用される。その上で，博士は，「われわれは，精神的正常性がはなはだ広い幅をもった概念である上に，その下方限界が思いのほかに低劣なものであることを知る」のだとされている。この記述が妥当なのだとすれば，法の立場からすればなおさら，正常とみられるべきかどうかは，精神的機能に問題があるかどうかだけでは決まらないであろう。国民の大多数が，精神遅滞だとするような正常概念は採用できないのであり，国民の大多数は正常なのだという前提がとられざるをえないのである。

　もとより，正常者にも刑法39条の適用がありうるとする本稿の見解からは，こうした正常の判断の仕方は，刑法39条の適用を直接に左右するものではありえないが，最終的な刑法39条の適用を決するのは，どこまでを異常とみるかに関する法的・規範的な価値的判断であることも否定されえないであろう。

　すべての精神の異常をその重大性を考慮することなく同じように考慮しようとするならば，ほとんどすべての犯罪者が責任無能力とされざるをえないことになるが，これでは，責任刑法の基盤は実際上失われてしまう。それゆえ，免

責が認められるのは，一定の重大な事例に限られるべきである。そして，その程度に関しては，フェルマンが言うように，実際に『障害された』人間という言い方ができる程度に，同人の行為を動機づけた精神機能や経過が，それ以外の『正常な』人間のそれとはもはや対比不可能であるほど異なっていなければならないのである。

Ⅳ　DSM 基準と法律的病気概念

　シュナイダーの理論に基づく医学的病気概念を退け，法律的病気概念をとることは，わが国の精神医学的診断において，アメリカ精神医学協会の作成した DSM が広く用いられるようになっていることとも整合的である面がある。以下では精神科医の森博士（医学・法学）の研究に依拠して検討を試みる。

　DSM は，アメリカ精神医学協会（APA）が作成した精神疾患の分類であり，現在Ⅳ版テキスト改訂版が用いられている（DSM-Ⅳ-TR）。これによる分類は，カテゴリー分類であり，精神疾患を，それを定義する特徴を示した基準の組み合わせに基づいて分類している。シュナイダーの理論が，疾病概念の定義を利用して精神疾患を分類しているのに対し，DSM は，疾病概念による分類を行っていない。そして，シュナイダーの理論における「病気」に相当するような，精神疾患全体にあてはめるべき共通した分類標識が存在しておらず，それぞれの診断カテゴリーの特性を示す標識が存在するだけであると言われている。

　すなわち，シュナイダーの理論においては，まず，病気かそうでないかが区別され，そのいずれに分類されるかにより，責任能力判断が変わってくることになるが，DSM では，そうしたことにはならないということである。また，こうした相対化は，分類においてそうだというにとどまらず，精神医学においても，分子生物学的手法の著しい進歩により，これまで原因が明らかにされていなかった精神疾患，あるいは，身体的原因が存在せず，単なる精神機能の異常な反応とされていた精神疾患の身体的原因が明らかにされつつあるという事実によっても促されることになろう。

　森博士によれば，DSM-Ⅳにおいては，たとえば，従来わが国で「覚せい剤中毒後遺症」とされる疾病概念が存在せず，覚せい剤依存と統合失調症の合併

と判断されることになる。ところが，従来の判例の基準であれば，前者であれば心神耗弱が認められる可能性が高いのに対し，後者であれば心神喪失まで認められる可能性がありうる。そこで，森博士によれば，「同一の病態に対して，それぞれの診断基準が採用する疾病概念の相違により疾患名が異なり，その結果，責任能力判断の結論に相違が生じるというのであれば，ある病態に対して精神疾患名を与えるというプロセスそのものは，責任能力判断において決定的な意義は存在しないことにな」るがゆえに，「精神疾患名は，生物学的要素の内容の本質ではない」ことになる（森 2006：210）。

また，森博士は，統合失調型人格障害と統合失調症のように，病因として共通の基盤を有するが，病状の程度や軽重により精神疾患名が異なる場合には，「責任能力判断の基準として，身体的原因の存在は決定的でない」とし（森 2006：209），さらに，これらが継時的に合併する場合には，責任能力判断にとっての価値を評価する過程において，「精神疾患名という外形的事実だけを重視するのではなく，それらの精神疾患を持つ人の行為時における具体的精神状態像，或は精神症状の評価が必要となろう」とされている（森 2006：211-）。

こうして，「精神の障害」として捉えられるべきであるのは，「認識能力と制御能力という心理学的要素にに影響を与え得る精神状態像，或は精神症状」だという結論が導かれるのである（森 2006：212）。精神疾患名は，「症候論に基づく特徴的症状を例示することはできるが，その精神疾患名を持つ当該行為者が具体的に呈していた精神状態像，或は精神症状は明らかとはならない」（森 2006：221-）。もっとも，精神疾患名に，責任能力論において何らの意義も認められないというわけでもない。精神疾患名は，「『認識能力と制御能力に影響を与え得る精神状態像，或は精神症状』の程度や質といった症候論的な情報を提供するという機能」があるのである（森 2006：222）。また，これと同様の見解は，精神医学説においても有力化しているように思われる（岡田 2005：921-．西村 2006：135- など）が，こうした見解は，「精神の障害」概念を診断名とは切り離し，その意義を，認識・制御能力の有無・程度を類型的かつ安定的に判断することを可能にする基盤を提供するところに求める，本稿の立場とも完全に整合的なものだと思われる。

こうして，「精神の障害」の要件は，法律的病気概念に基づいて再構成され，

その内容は,「認識・制御能力に影響を与えうるような精神症状あるいは精神状態像」だということになる。従来の議論は,シュナイダーの理論を基礎にした上で,「精神の障害」として精神疾患名を想定し,法律的病気概念による場合でも,それを拡張するという仕方で行われてきたように思われるが,本稿の帰結は,これとはまったく異なる。

すなわち,精神疾患名には,せいぜい,そうした精神症状ないし精神状態像を評価する際の情報的価値しか認められない。そして,法律的病気概念の適用に際しては,シュナイダーの理論により病気かそうでないかを判断し,病気でなければ病気と等価的かにより精神の障害に含めていくのではなくて,認識・制御能力に影響を与えうるものであれば,ダイレクトに精神の障害に含めて考えていくことになるのである。

ここにおいて,法律的病気概念は,最も純粋化された形で,完成されたことになるのである。このような枠組みは,認識・制御能力に影響を及ぼしうる精神状態の中で,責任主義あるいは平等原則の観点からみれば到底正当化されえないような区別を避け,同じ精神状態には同じ法的結論を導くことを可能とするとともに,精神障害者をそのことのみを理由にして不当に有利に扱うことの反面において生じる偏見や差別を解消することにもつながり,これを避けるために主張されている,ややも安易な刑法39条廃止論に対する歯止めにもなるであろう。

近時,水留講師は,診断論と症状論を対比的に検討され,本稿のような見解を症状論だとして排斥された上で,診断論を採用される。もっとも,「責任能力判断にとって決定的に重要なのは,判断者が捉えた病態と,そこから推論される行為者の精神状態が高い説得力を持って語られること（妥当性）」だともされ,「ここで問題となるのはむしろ診断の内容であって,診断の名前だけなのではない」とも言われている（水留 2007b：230）。この記述は,DSM基準の診断の本質的特徴から診断論が成り立たないとする批判に対するものではあるが,結論的には,診断名は必ずしも重要ではなく,「病態」「診断の内容」が決定的に重要だとされる限りでは,本稿の見解と軌を一にするものと思われ,その限りで支持されてよいものと思われる。

V わが国の判例における「精神の障害」

　最後に，わが国の判例において「精神の障害」がどのように捉えられているかを，ドイツ刑法にいう「その他の重大な精神的変性」に対応する場合を素材に，概観しておく。

　結論から述べれば，わが国の判例は，そうした場合を心神喪失・心神耗弱たりうる「精神の障害」からおよそ排除しようとしているわけではなく，「精神病質は精神病と正常の中間状態であり，精神病質と精神病の違いは量的なものであるという前提の下，いわば『どの程度病気に近く，どの程度性格的なものか』という観点から，精神病質者の責任能力を検討するというクレッチマーらの理解を暗黙のうちに基礎においている」と解されている（内藤 1991：826-．島田・島田 1999：391-など）。しかし，多くの場合には，そうした者の行動は了解可能であり，刑法39条の適用を認めうるのは，精神病者とほとんど区別がつかない程度のもの，または，意識障害や精神遅滞など他の症状が合併するなどの特別な事情を伴う場合に限られることになるとされている（島田・島田 1999：392）。

　これを具体的にみると，たとえば，大阪教育大附属池田小事件判決（大地判平15.8.28判時1837・13）は，鑑定に基づき，「被告人は，妄想性，非社会性及び情緒不安定性（衝動型）の複合的人格障害者ないしは他者に対して冷淡，残忍，冷酷な情性欠如を中核とする人格障害者であって，しかも，他罰性，自己中心性，攻撃性，衝動性が顕著で，その人格障害の程度（人格の偏りの程度）は非常に大きいと認められるところであるが，……このような人格の偏りがなんらかの疾患を原因とするものではないことも明らかである。そうすると，被告人に認められる人格傾向の著しい偏りそれ自体は，責任能力に直ちに影響を及ぼすものではない」としつつ，犯行態様およびその前後の行動が合理的合目的的であったこと，犯行時の意識が清明で，見当識になんらの障害もなく，少なくとも捜査段階においては記憶もよく保持されていたこと，さらに，「常人にはおよそ理不尽で突飛としか考えようのない動機ないしその形成過程」も，被告人の人格を前提とすれば被告人の人格の延長上にあり，被告人の本来の人

格からも逸脱した，まったく了解不可能なものとは到底認められないと判示し，完全責任能力を認めている。このように，裁判所は，人格異常の背景に病的なものがあるかどうかを見極めると同時に，犯行動機などが正常者の心理の動きからどれだけかけ離れているかを判断しているが，多くの場合には，動機が了解可能であるとして完全責任能力が肯定されている（こうした例として名地岡崎支判平 12. 5. 15 判時 1720・171；東高判平 12. 1. 24 判タ 1055・294 など）。他方で，2人の鑑定人等が完全責任能力を示唆する判断を示したにもかかわらず，動機が了解不能で訂正不可能な妄想に基づくもので，その妄想の本件犯行に対する支配力が極めて大きかったとして，心神耗弱を認めた例もある（広高松江支判平 18. 9. 25 判タ 1233・344）。このケースでは，人格障害の場合には責任能力に著しい影響は生じ得ないとする立場に基づいて鑑定がなされているが，裁判所が，そうした場合でも，上記の観点から刑法39条の適用の可能性を検討し，心神耗弱を認めていることには，十分に留意されるべきものと思われる。

　いずれにしても，精神医学者に求められているのは，「生物学的要素である精神障害の有無及び程度並びにこれが心理学的要素に与えた影響の有無及び程度」（最判平 20. 4. 25 刑集 62・5・559）を専門家として報告することであり，刑事政策的にみて，あるいは，鑑定対象者の福祉の観点からみて，望ましいと自らが考える結論から遡って鑑定意見を書くようなことがなされれば，裁判所が精神鑑定に期待するところからは大きく外れたものとなってしまう。わが国には人格障害者を対象とする強制治療処分の制度がないとして刑罰を受けるべきだとの前提をとることも，発達障害者等につき社会の偏見を招かないよう認識・制御能力におよそ問題はないとの前提をとることも，いずれも精神医学の領分には属さない政策的考慮に基づくものであって，鑑定にはあるまじき夾雑物だと言わなければならない。もとより，そうした意見を，一専門家として民主主義的フォーラムの中で述べて頂くことはまったくの自由であろうが，精神鑑定に際して科学性・客観性を装った形で述べることは，本来あるべき法的結論を恣意的に歪め，大きな不正義を招くものであり，刑法171条の虚偽鑑定罪にあたる可能性も否定できないものと思われる。

文　献

1) 岡田幸之：刑事責任能力再考――操作的診断と可知論的判断の適用の実際――．精神神経学雑誌107(9)，920-935，2005．
2) 箭野章五郎：精神病質者（人格障害者）の刑事責任能力判断について．大学院研究年報・法学研究科篇（中央大学）No.36，179-200，2007．
3) 箭野章五郎：刑事責任能力における「精神の障害」概念．法学新報（中央大学）115(5-6)，285-331，2008．
4) 島田仁郎・島田聡一郎：第39条．大塚仁ほか編：大コンメンタール刑法第二版(2)．青林書院，366-432，1999．
5) 内藤謙：刑法講義総論（下）Ⅰ．有斐閣，1991．
6) 西村由貴：精神鑑定と疾患分類・診断基準．松下正明編集代表：刑事事件と精神鑑定（司法精神医学2）．中山書店，135-141，2006．
7) 水留正流：責任能力における「精神の障害」――診断論と症状論をめぐって（1）――．上智法学論集50(3)，137-173，2007a．
8) 水留正流：責任能力における「精神の障害」――診断論と症状論をめぐって（2・完）――．上智法学論集50(4)，195-235，2007b．
9) 森裕：責任能力論における精神の障害について．阪大法学56(3)，199-228，2006．
10) 安田拓人：責任主義と刑法39条．司法精神医学3(1)，79-82，2008．

精神鑑定と刑法39条の乱用

井原　裕　● Ihara, Hiroshi

はじめに

　刑法学者の浅田[2]は，「狂人はただ彼の狂気によってのみ罰せられる（furiosus solo furore punitur）」という法諺を引用している。ここで浅田は，私ども精神科医には抵抗があって使いづらい，差別的呼称をあえて使っている。刑法39条は，まさにその浅田の用いた差別的呼称に該当する行為者のための，特殊な規定である。

　「狂人」という呼称は，今日の人権感覚からいって適切な表現ではない。私どもは，法諺のような直截な表現はせず，「二級市民」[3,4,5]という婉曲表現を用いているが，その意味するところは同じである。しかし，小論では，「医と法の対話」という趣旨にかんがみ，刑法学者の引用する法諺の古典性を尊重して，文脈によってカギ括弧つきで使用することとする。読者の御寛恕を賜りたい。

I　刑法39条と「疑わしきは被告人の利益に」原則

1．差別的条文としての刑法39条

　刑法は，成熟した正常な成人を刑事責任の担い手として想定している。39条はこれに該当しない稀な例外に対する条文である。したがって，本来は，重度の精神障害，もしくは，重度の知的障害を伴う行為者のための「二級市民特別枠」とみなすべきである。その場合，人を差別的に遇することの倫理的問題

を，つねに念頭におかなければならない。

　この規定の適用に際して，かくも混乱を生じている元凶は，刑法39条と「疑わしきは被告人の利益に」原則や「無罪の推定」原則との混同にある。たしかに，これらが，刑事訴訟において一般論として要請されることは間違いない。しかし，ことが「精神の障害」となると話は複雑になる。

　「狂人はただ彼の狂気によってのみ罰せられる」，この刑法39条の根底にある乱心者免責の意義については，誰も疑わない。しかし，いったい，刑法39条は，例外なく「被告人の利益」か。よく使われる法格言に刑法39条をあてはめてみると，滑稽な世界ができあがる。「疑わしきは心神喪失」，「行為者は，まず責任無能力であることが推定される」，「合理的な疑いを超える高度の証明がなされるまで，人は『狂人』とみなされる」，「たとえ十人の健常成人を『狂人』と誤診しようとも，ただ一人の『狂人』を見逃すなかれ」などである。これでは，法廷は心神喪失の狂い咲きである。

　浅田[2]は，(鑑定の評価も)「最終的には『疑わしきは被告人の利益に (in dubio pro reo)』の原則に従ってなされなければならない」と述べている。ここで浅田は，刑法39条が一般的にいって「被告人の利益」となると考えているようである。

　しかし，ひかえめにみても，刑法39条は，「被告人の利益」とは，いえないであろう。人を安易に「心神喪失」とみなし，「狂人」のレッテルを貼ることが，倫理的に正当化されるだろうか。さらには，被告人に「狂人」のレッテルを貼ってまでして免責することにより，利益を受けるのは誰か。被告人か，弁護人か，司法官か。

　さらにいえば，医療観察法の時代にあって，刑法39条はその玄関口をなす。「疑わしきは心神喪失」とは，「疑わしきは医療に」(町野[16])，「疑わしきは医療観察法入院へ」となりかねない。しかし，場合によっては無期限の勾留の可能性すらある医療観察法の，どこが「被告人の利益」なのか。本当に利益を受けるのは誰か。精神科医か，刑法学者か，国民か。

2．実定法の解釈の問題ではない

　「ただ彼の狂気によってのみ罰せられる」ところの「狂人」とは誰か。それは，

刑法39条という一実定法の解釈の問題ではない。「誰を心神喪失とみなすか」も，純然たる精神科診断学の問題ではない。ここには，保護・免責のみならず，障害者差別というデリケートな問題が含まれている。これらは，専門家が発言権を独占すべき次元の話ではない。むしろ，法律家が「学説」と称する解釈論の迷路に逃げ込んだり，鑑定人が診断体系の煩瑣な議論で韜晦したりすることが，許されない種類の問題である。法解釈を超えた倫理的な議論に踏みこむ勇気もなく，良識ある一般市民と同じテーブルにつくつもりもない者には，いささかの発言権も与えられない問題なのである。

刑法39条は，精神鑑定人の専権事項ではなく，法律判断であり，そのかぎりで法の支配の下にある。しかし，その場合，法の支配とは，法律家の支配のことではない。むしろ，法律家や鑑定医のような知識エリートが，専門知識を悪用し，みずからの恣意的な解釈で個人の尊厳を踏みにじることのないよう，法によって統制することこそ，法の支配のはずである。専門家がみずからの判断によって，一個の成人に「二級市民」の烙印を押す場合，そのマイナスを補って余りある倫理的な根拠がなければならない。法技術上の便宜のみを理由として，「精神の障害」概念を都合よく利用し，刑法39条を拡大解釈することは許されない。39条適用は，まずもって良識ある国民こそがそれを判断する権利をもつ。司法判断は，それを反映することが求められる。

3．障害者差別の最小化

刑法40条（瘖唖者に対する免責規定）は，差別的との理由ですでに削除されている。かつては，聴覚障害者，言語障害者は，知能の発達が悪く，刑事責任を負うべき一般市民並みの能力はないとみなされていた。今日の観点からすれば，差別的・侮蔑的のきわみだが，かつてはこれが障害者を保護する規定とされていたのである。今では，聴覚・言語障害者の多くは，手話・筆談等で市民社会のなかに溶け込んでいる。法律上の規定により，一刀両断に免責することはいきすぎである。

心神喪失・心神耗弱の成年後見制度における等価カテゴリーたる後見・保佐の場合，その認定に際しては，補助，任意後見の際のような簡単な診断書だけでは不十分で，詳細な鑑定書も必要とされる。成年後見制度には，「パターナ

リズムの名の下での権利剥奪」という側面がある．したがって，適用にあたっては，権利剥奪の程度に比例して，慎重さが求められる．成年後見制度においては，人を「二級市民」とみなすことにおいて抑制が働いているといえる．

これらと比較すれば，刑法39条は明らかに乱用されている．「二級市民特別枠」の乱用は，市民の精神障害者に対する嫌悪感を助長する．それは，触法行為の当事者に対してだけではない．善良な一般市民患者すら，「おまえは『マル精』だから人を殺しても罰せられない」などといわれるのである．

刑法39条を拡大解釈する人は，その根拠を刑法謙抑原則におくであろう．しかし，ことは「精神の障害」という人の尊厳に関わる．刑法謙抑主義は，違法性，構成要件該当性も含めた犯罪成立要件，さらには量刑判断の資料としての情状などを，総合的に勘案して実現すべきものにすぎない．謙抑主義の大義の下に，刑法39条を拡大解釈し，本来「乱心者」ではない行為者を「心神喪失」「心神耗弱」という屈辱的範疇に押し込めることは，倫理的に正当化されない．

4．精神医学の節度

精神医学は，心病む人を援助するための学問であって，差別するための学問ではない．精神科医の本来の仕事は対人援助であって，レッテル貼りではない．小論は「刑法39条の乱用」に関するものだが，そもそも「精神鑑定自体が精神医学の乱用である」という批判もある．反精神医学の長い論争を経た私どもは，精神医学的判断が社会的ラベリングとして乱用される危険について警戒している．

刑法39条は，重度精神障害者の保護に関するものであるとはいえ，それは差別と引き換えに与えられる．したがって，その適用については，精神鑑定人としては抑制的とならざるを得ない．すなわち，刑法39条については，「精神医学的に疑わしきは適用せず」「精神医学的に合理的な疑いを超える高度の証明がなされるまで，行為者を『心神喪失』『心神耗弱』とみなさない」である．

この点については，法律家からの「医学的な『精神障害』と法的概念としての『精神の障害』とは違う」との異論も提出されよう．そのような「精神の障害」を認定するのであれば，精神科医の手を借りることなく，法律家が独自に判断すればいい．精神科医としては，これ以上社会的ラベリングに関わりをも

ちたくない。

　私どもを含めて，大部分の精神科医は，精神鑑定という仕事に絶望している。司法官と弁護士と刑法学者のそれぞれが，「法律家の代表」と称して「刑事法の世界の常識」を説くべく，「法のしろうと」たる精神科医に注文をつけてくる。しかし，『医者の常識』を棚に上げてこういう言い方も僭越だが，「刑事法の常識は世間の非常識」と思える場合も少なくない上に，この三者の主張は，それぞれかみ合っておらず，精神科医はそのはざ間で翻弄されていると感じている。

　最近，中谷[12]は，「医師である鑑定人にできるのは病気の診断まで」との衝撃的な発言を行っている。発言の主体はもっとも影響力のある司法精神医学者であり，媒体は発行部数世界一の新聞である。この意見のインパクトは絶大である。鑑定人が責任能力判断から一斉に撤退すれば，現在の刑法39条の混乱は，加速されよう。しかし，精神医学の節度という視点からみれば，このような中谷の意見こそ，正しいのかもしれない。責任能力は法律判断であり，そうである以上，刑法39条をどう適用するとしても，それは司法官の権限である。精神科医の視点からすれば，いささか乱用されているようにみえるのだが，司法官からすれば適切な判断なのであろう。精神科医は，責任能力判断から撤退するべきなのかもしれない。それどころかあらゆる精神鑑定から撤退して，精神障害者の治療という本来の仕事に専念するべきなのかもしれない。

5．人を見て刑法を説く

　絶望しきれていない私どもは，依然，精神鑑定への関与をやめない。なぜなら，「刑法39条は被告人の利益か」の問いに対する私どもの回答は，けっして「百パーセント・ノー」ではないからである。

　ただ，裁判員制度の開始に伴って，刑法39条による免責について，裁判員の理解を得られるかどうか，いささか危惧している。これからの刑事法廷には，被害者や遺族も参加する。精神障害者に家族を殺された人の悲しみを，マスメディアがことさらに強調して伝えることもあり得る。

　いうまでもなく，責任能力の判断の主体は裁判体である。しかし，私ども精神鑑定人は，精神障害者の治療に責任を負う立場として，重度精神障害者，重度知的障害者に限定して，今後も刑法39条の適用に裁判体の理解を求めてい

くことになろう。

　私どもは，これまでも精神鑑定を通して，このカテゴリーに該当する行為者の免責については，司法官の理解を懇願してきたつもりである。その際，行為者の人格の尊重，精神障害者一般に対する偏見，被害者の怒りと遺族の悲しみ，被害者に共感する市民の思いなどに配慮しつつ，微細なガラス細工を作るような慎重さをもって，39条の適用範囲を考えようとしてきた。

　今後は，この慎重さは，ますます必要となろう。法廷に立つ者には，「人を見て法を説く」ことが求められる。刑事法廷とは，憎悪と敵意と憤怒とが交錯する修羅場である。事件の凄惨な状況も語られるし，死体損壊のグロテスクな映像すら映し出されるかもしれない。一般人の裁判員がはいれば冷静ではいられない。こういう状況で，感情に流されない合理的な判断を求めていこうとするならば，少なくとも激情に駆られる人々の神経を逆なでするようなことは，厳に慎まねばなるまい。

6．一国厳罰主義の危険

　精神鑑定をめぐるあらゆる言説は，大衆民主主義の磁場の下にある。刑法39条にせよ，医療観察法にせよ，国民の精神障害者に対する理解と精神医療への協力があってはじめて成り立つ。しかし，国民の感情というものは，専門家の思慮を欠いた言動があれば，一斉にサディスティックな厳罰化へと向かう。

　私どもは，刑法39条の乱用に批判的であるといっても，それは，障害者に厳罰を加えよといっているわけではない。刑罰権力の制約原理は，刑法39条だけではないはずだと主張しているに過ぎない。酌量減軽などの，刑法39条によらずしても減軽が可能なのであれば，そちらを優先すべきである。障害者差別と表裏一体の刑法39条は，減軽の最後の手段に留めるべきである。

　死刑廃止が国際的潮流であるなかにあって，日本は厳罰化の一途をたどっている。改正刑法により，有期懲役の上限も性犯罪・暴力犯罪の法定刑も引き上げられた。死刑適用も含め，従来の「相場」より重い量刑判断をする判決も続出している。このままでは，裁判員制度が，荒々しい報復感情を直接量刑に反映させる制度と化すおそれがある。この，いわば，「一国厳罰主義」ともいうべき現状は，わが国の国家の品格を損ねている。精神障害者の触法行為につい

ても，人道的な視点から寛大な対応が必要な場合もある。免責すべき行為者を適切に免責しなければ，今後，矯正施設は障害者であふれることとなろう。

　刑法39条は，死守されなければならない。そのためには，その適用を厳格にし，裁判員の理解を得られ，国民に支持される範囲に留めなければならない。現状のような乱用が続くなら，精神鑑定は，すでにかなりの程度失ってきた国民の信頼を，完全に失うことになり，結果として厳罰化は加速されるであろう。

II　精神科医から弁護士へ

1．刑事弁護における刑法39条乱用

　私どもは，日ごろから刑事弁護という労多くして得るところの少ない仕事に真摯に取り組む弁護士の皆様の活動に，深い尊敬を抱いている。しかし，刑法39条をめぐっては，残念ながら一部の弁護士の活動には疑問を感じる。彼らは，被疑者・被告人の精神状態を真剣に把握するつもりもなければ，精神医学の診断概念を理解する気もなく，ましていわんや精神鑑定をめぐる一般市民の不信感など意に介さない。単なる法廷戦略の一環として精神鑑定を申請してくる。

　被疑者・被告人は，みずからの人間としての価値が損なわれているとは知らない。彼らは，刑事責任能力の減免と通常の酌量減軽との違いなど，知るよしもない。実際には，前者においては「狂人」として減軽され，後者においては「市民」として減軽される。しかし，彼らはただ寛大な処分を願うだけである。争点が精神状態にあると察すると，その屈辱的含意についての理解もないまま，ときには，みずから精神障害者の役割を演じようとする。「これ見よがし」の露悪のパフォーマンスを繰り広げるケースすら珍しくない。

　この茶番劇と化しがちな精神鑑定について，一般市民が疑問をもつとしても，不思議はない。「刑法39条は削除せよ！」[9] と叫ぶ人がいれば，精神科医としてはそのような極論に与するつもりはない。しかし，少なくともこれを「素人のたわごと」として黙殺する気にはなれない。むしろ，「専門家」と称する人の感覚のほうが，偏倚していると思われる場合も多い。

2. 刑事裁判における弁護人

　私ども精神科医は，弁護人の役割を一定程度理解する努力はしているつもりである。刑事司法機関が強大な捜査権限に支えられているのに比して，被告人はまことに脆弱な地位にある。そこで，法律の専門知識を有する弁護人が，検察官に相対して，当事者抗争的に被告人を防御する。その際は，被告人に不利な証拠を提出する必要はないし，検察官の立証の弱点をついて無罪の弁論を行ってもいい。しかもそれらを，被告人の事件への関与を知っている場合にすら，敢行してかまわない。刑事弁護人が被疑者・被告人の不利益処分に対し，異議と弁明を唱えるべき唯一の存在であることも理解できる。

　しかし，刑事弁護は，被告人の私的利益を擁護することではない。刑事事件においては，弁護人は，弁護活動を通じて刑事司法の公正な運営に協力する者とされる。したがって，健康な被告人に精神障害のふりをするよう教唆することもできないし，たとえ精神の障害を有する被告人であっても，実際以上に重症に見えるよう促すことも許されないはずである。健常者を精神障害とみなすことも，真正の精神障害者を実際以上に重症とみなすことも，どちらも公正な刑事裁判の進行を妨げることになる。それは，たとえ被告人が心神喪失と見なされることを望んでいたとしても，同じことである。精神障害の診断を専門とはしていない弁護人にとって，刑法39条で争うことには，本来，かなりの障壁がある。

3. 争点としての責任能力

　弁護人がこれほどの困難を犯してでもあえて責任能力を争点にしてくるのには，理由がある。それは，心身喪失なら無罪，心神耗弱なら「法律上の減軽」を勝ち取ることができるからである。

　弁護士の内嶋[6]は，率直にも，「従来の起訴前刑事弁護において，被疑者に刑事責任能力に問題がある場合には，早期に勾留が解除される措置入院は，弁護活動の有力な選択肢となっていた」と述べている。これによって，心神喪失者は，重大犯罪を犯しても無罪となり，社会保安上の脅威となるが，この点については，「『措置入院』の曖昧さが，そのような考え方の問題性をベールに包んできた」（前田[14]）のである。「ベールに包む」とは，私ども精神保健の現

場の担い手にとっては,いささか不快である。ベールに包んできた事実とは,要するに,刑事司法当局が本来担うべき責任を医療に転嫁してきたということであろう。

すなわち,医療観察法以前においては,心神喪失さえ勝ち取ることができれば,その後に待っているのは,行政処分たる措置入院であった。本来保安目的ではないこの入院形式であれば,すみやかに被告人を自由の身にすることができる。弁護人は,刑法39条の向こうに「無法地帯」がある事実を知悉していて,早期の勾留解除を唯一の目標として,法の不備を突いてきた。その際に弁護人は,被告人に対する「二級市民」扱いという負の側面に顧慮することもなく,その後の治療の効果などの精神保健上の配慮もなく,弁護活動の便宜上の理由においてのみ,「精神の障害」を主張してきたといえる。

今日,刑事弁護を専門とする弁護士の間では,精神障害のなかでも,刑法39条の対象者はその一部にすぎず,とりわけ心神喪失はごく一部だということは知られている。しかし,弁護人によっては,被告人が心神喪失には該当しないことを知っていて,それでもわずかな可能性に賭けて,果敢に心神耗弱を主張してくる。それは,心神耗弱ならば,量刑において「法律上の減軽」を勝ち取ることができるからである。

心神喪失に至らないが,何らかの精神障害を有する被告人の場合,行為の情状に酌むべきところがあり,裁判所の裁量による「酌量減軽」の可能なケースも少なくない[6]。法廷で関係者の心情を明らかにし,被告人の贖罪意識を醸成し,悔悛の情を表明させることができれば,裁判官の温情判決を得ることができる。しかもその場合,被告人に「二級市民」のレッテルを貼らなくてもすむ。

しかし,弁護人としては,これらの手間のかかる戦略を採るかわりに,刑法39条で争い,「法律上の減軽」を勝ち取ろうとする。その際,被告人の人格を損なう可能性を真剣に考えてはいない。

4. 医療観察法時代の刑事弁護

医療観察法の導入後は,弁護人も多少の戦略変更を余儀なくされている。刑法39条で争うと,たとえ心神喪失を勝ち得たとしても,医療観察法の手続きに乗る。そうなると,医療観察法入院にくわえ,審判手続きで2カ月以上は拘

束される。指定病院への入院となれば，さらに長期にわたる入院となる上，退院までのプロセスも措置入院のようなわけにはいかない。場合によっては，責任能力を争わなかった場合の有期懲役の刑期を上回る入院を強いられる。したがって，医療観察法の施行は，刑事弁護における刑法39条の乱用に一定の歯止めをかけると期待された。

ところが，今度は，「刑法39条心神喪失，医療観察法不処遇」を狙う弁護戦略が採られるようになった。もちろん，刑法39条と医療観察法の適用基準は異なっており，後者においては治療反応性や社会復帰要因といった要素も考慮される。しかし，弁護士が，一人の対象者に対して，あるときは弁護人として心神喪失を主張し，次には，付添人として精神障害を否定するというご都合主義では，とても良識ある国民の理解を得られない。

5．司法と医療の右往左往

医療観察法にとって，「刑法39条心神喪失，医療観察法不処遇」狙いの弁護戦略は，立法趣旨に対するあからさまな挑戦である。常態化すれば，制度は骨抜きにされる。

さらには，「心神喪失」で司法から医療へと移されると思いきや，「医療観察法不処遇」の決定後，再び刑事司法に差し戻されるとすると，その際に対象者は，刑事司法と医療観察法との間を右往左往させられる。一人の行為者に対し，検察官，裁判官，弁護士，精神科医など多職種が関与し，それぞれの恣意的な都合で，別々の処分を主張し，まさしく「船頭多くして船山に登る」観を呈する。

医療と司法の交通ルートが確保されたことは，制度上大きな進展である。対象者の利益になるのなら，このルートを踏むべきであり，実際そのようなケースもある。しかし，それも程度問題である。多職種がそれぞれの言い分を主張し，対象者のキャッチボールを続けている事態では，国民の失笑を買う。対象者にとってはいい迷惑である。ただでさえ，精神障害で認知機能にハンディキャップを負っている身が，このような弁護ゲームに翻弄されることは，人道上問題をはらんでいる。

内嶋自身も，「不起訴処分から，医療観察法の手続に移され，さらに医療の必要なしとして刑事裁判に付された精神障害者が，混乱のあまり刑事裁判の弁

護人となった弁護士との間で意思の疎通が図れない」例を紹介している。

　対象者にしてみれば，判事が正しいのか，検事が正しいのか，精神科医が正しいのか，弁護人が正しいのかの問題ではない。首尾一貫しないことが一番の問題なのである。ここは，多職種が一人の人間の贖罪なり治療なり社会復帰なりのために，意見の調整をして，ある程度一貫性のある対応をとらなければならない。

Ⅲ　精神科医から法学者へ

1．刑法学者の保安処分不要説

　「刑事法の世界では，保安処分不要説が圧倒的」（前田[14]）とされるが，そのような意見が刑法学者の多数を占めるようになったのは，いつのころからであろうか。責任無能力者の免責規定を有する諸国のほとんどは，責任に対して刑罰を，危険性に対して保安処分をという二元主義を採用している。そして，日本も，「実は昭和30年代当時の刑法学者の通説は，刑罰と保安処分の併存を認める『二元主義』であった[14]」はずである。

　しかし，ほどなく「当時の大学紛争の動きも影響して，刑法学者は保安処分をほとんど論じ得ない状況に追い込まれていった[14]」。前田は，その後，「刑事法における保安処分議論の空白はあまりに長く，その間に精神医学の世界が徐々に転換していった」と述べている。この刑法学者の当惑に対しては，後進の精神科医としても，複雑な思いを禁じえない。

　背景にあるのは，いうまでもなく保安処分論争である。保安処分論争は，論争というよりは多数派の専制による言論封鎖であった。保安処分の構想は，慎重な検討の結果否定されたのではない。むしろ，一切の異論を許さない不寛容な議論であった。誰かが保安処分の「ほ」の字でも発するや，その者を見つけ出し，糾弾の一斉射撃により心理的に血祭りにあげる一種の集団心理学的現象であった。

2．保安処分論争と精神科医

　保安処分論争を通して大いに当惑した刑法学者からみると，なぜ，急に精神

科医が一斉に医療観察法賛成にまわったのか，理解に苦しむであろう．この点については，若干の説明が必要である．

以下は私見である．それも，論争が終わって医学を学び，論争を知らずに医師として育った「論争を知らない子どもたち」の世代からみての意見である．論争の渦中にあった世代とはだいぶ印象が違うであろうことをお断りしておく．

昭和40年頃の刑法改正議論では，法務省が提案した保安的色彩の強い「Ａ案」に対し，精神科医のみならず，刑法学の内部からも激しい批判が出された．当時，ソビエト連邦で反体制運動家（政治犯）が精神障害者と診断されて精神病院に入院させられているとの情報があった．保安処分反対論は，まずは，政治犯に対する予防拘禁を想定して始められたのであった．

ただし，精神医学界は大勢としては保安処分に反対の意見を表明してはいない．この点については，中谷[11]が，昭和40年の衆議院社会労働委員会の精神衛生法改正審議における精神医学代表参考人の意見，同年日本精神神経学会における法制審議会宛て意見書原案，昭和44年の中央精神衛生審議会における議論などを引用しつつ，検証している．

しかし，その後時代の空気が一変する．権力の介入を許容するあらゆる言説は，非難の対象とされる．「人権」の側に立たないかぎり放逐される緊張感が醸成される．次第に，保安処分は，精神障害者一般に対する予防拘禁と混同され，総じて「問題にされていない事柄を問題にする」（小田晋の指摘[7]）事態に陥っていった．

そして，ついに，昭和46年6月に，精神神経学会が正式の学会決議として保安処分反対を宣言した．日本弁護士会連合会がこれに続き，昭和49年の意見書をはじめとして反対の立場を表明した．本来，治療と看護の必要を考慮に入れていたはずの「Ｂ案」すら，精神科医は拒絶した．その際，Ａ，Ｂ両案の差異を冷静に検討する余裕をもっていた精神科医がはたしていたのかは，はなはだ疑問である．しかし，この精神神経学会の宣言を知って，刑法学者は，おそらくはあきれつつも，もはや精神科医と保安処分を論じることが不可能だと悟ったのであろう．

あの当時からすでに40年近い歳月が経過している．今日の観点から見て，

当時の保安処分反対運動には、時代の暴風を受けたゆえの若干の行き過ぎがあった。それは、「政治の季節」ゆえの勇み足であった。危険性の判断、触法患者の社会復帰、保安目的の拘禁期間の人道的な妥協点など、検討すべき多くのポイントがあったが、なにひとつ議論されなかった。「保安処分をほとんど論じ得ない状況」を強いられてきたのは、精神科医も刑法学者と同じである。最大の罪は、不安を抱く市民に、精神保健・刑事司法関係者をして真摯に向き合う機会を失わしめた点にあろう。刑法39条に起因する「無法地帯」は、こうして長らく放置されることとなった。

とはいえ、当時は、刑法39条が今日のような混乱を引き起こすことになろうとは、誰も予想していなかった。時は、病院精神医療の時代、刑法39条で免責された患者は、措置入院の「柔軟な適用」によって、長く病院に保護されていた。精神科医は、市民の不安など考慮する必要はなかった。保安処分に反対しさえすれば、正義の立場に立ち得る時代だったのである。

3．論争の終焉

今日、精神科医が保安処分（その表現を好まぬとすれば、「医療観察法」と言い換えてもいい）に賛成に回ったのは、40年近い歳月が経ったからである。

「昔は保安処分にあれだけ反対されながら、急に最近になって『作れ、作れ』と言い出したのはいったいどういうわけなのか」（町野[16]）との刑法学者の批判は、無理もない。

しかし、実態は、「急に最近になって」ではなく、そもそも歳月を経て、保安処分の必要性についての共通認識は醸成されつつあった。冷静に現状を認識していた実地医家たちは、発言の機会をうかがっていた。その間、論争の熱はさめ、反対の論陣を張った人の多くはすでに引退し、依然として論客として祭り上げられていた少数の反対派たちは、はしごをはずされ、支持者のいない孤独のうちに置き去りにされてしまった。

いずれにせよ、今日の精神科医が、昭和46年精神神経学会当時のような集団行動をもって反対を宣言し、保安処分（もしくは医療観察法）に対するあらゆる言論を弾圧するなど、ありそうにない。精神科医の多数派は、保安処分（もしくは医療観察法）に対する極端な反対意見はもっていない。むしろ、危惧す

べきは，圧倒的多数の無関心のほうである。

4．保安処分としての医療観察法

私どもは，「自己批判が足りない[16]」との刑法学者の非難に対して，精神科医を代表して返答する立場にはない。しかし，少なくとも今後，精神科医は「反対のための反対」を行いそうではない。刑法学者は，もし「保安処分をほとんど論じ得ない状況」（前田[16]）にあるのが，もっぱら精神科医のアレルギー反応を危惧するゆえであるとするならば，そのような心配をする必要は，あまりないように思われる。保安処分議論の空白を取り戻すべく，再考を始めるべきときかもしれない。

その際，保安処分反対論の良心的な部分については，慎重に考慮に入れられてしかるべきであろう。実際，医療観察法には，保安処分反対論の良識派が取り上げてきた多くの問題点がある。「触法精神障害者の治療・社会復帰」という効果・効能の背後に，深刻な副作用を内包している。不当な予防的長期勾留，人格障害などの本来刑法 39 条の埒外の行為者に対する不適切な強制入院などである。

刑法学者の見解としては，「保安処分だから反対」（刑法学者のなかでは浅田[1]の見解がこれに該当すると思われる）という意見と，「保安処分ではなく医療法だから賛成」（町野[15]の見解がこれに該当すると思われる）の二者があるように思われる。しかし，医師の立場からすると，そのどちらでもなく，「保安処分だからこそ最小限に」という第三の立場もあっていいように思える。「悪法」であることを認めた上で，「悪法も法なり」ないし「悪法は無法にまさる」との諦念をもって，ひかえめな運用を行おうというのである。

医療においては，副作用の強い薬剤以外に治療の選択肢がない場合，副作用を承知で投与することもある。その際は，使う以上は「副作用はない」と強弁することは，医の倫理にもとる。副作用について患者に十分な説明を行って，最小限に投与するのが医者の倫理である。

その立場からみれば，医療観察法を「刑事法でなく医療法であるゆえに賛成」という立場は，欺瞞である。この主張の根拠は，国会審議の際に「再犯のおそれ」を削った経緯にあると思われる。しかし，この文言削除が法案を通すため

の方便であることは，国民の目には自明である。

5．精神科医の覚醒

　精神科医は一つの夢から覚めた。医療観察法への現実的な対応は，そのことを如実に語っている。精神科医は「開かれた精神医療」というプロジェクトに大きな挫折を味わった。この未完のプロジェクトを放棄したわけではない。しかし，障害者と共生する社会の実現のためには，リスク・マネジメントが必要だということを知ったのである。

　一般市民は，刑法39条によって発生する保安上の危機に対して，強い不安を抱いていた。大阪教育大学附属池田小学校事件の際，それが本来，心神喪失者の触法事件ではないにもかかわらず，人々の不安は限界水域を超えた。このままでは，刑法39条はもちこたえられない。もはや市民の不安に対して「知らぬ存ぜぬ」では，すまされなくなった。精神障害に対する偏見は根強い。それは，一般市民の不安を受容し，何らかの具体策を講じないかぎり，ますます強化される。精神障害者による重大事件の際，もっとも胸を痛めているのは，事件とは無関係の善良な市民患者である。彼らは，「何をしでかすかわからない人」といういわれのない噂を何よりも恐れている。

　結局のところ，医療観察法は，善良な一般患者や市民の不安の軽減，被害者の感情の鎮静，治療という精神科臨床の大義，刑法学における責任主義など，さまざまな相互に対立する思惑を調整するための妥協の産物である。したがって，誰にとっても満足のいくものではない。誰一人満足させることのできないこの制度にとっては，「最大多数の最小不満足」こそが，めざすべき現実的な目標であろう。

　精神科医は，医療観察法に保安処分としての側面があることを冷静に認識している（例，中谷[11]）。したがって，その副作用を最小化することこそ，制度設計上の課題であると考えている。

6．精神科医の社会保安責任

　精神科医が医療観察法を保安処分として認めるといっても，それは，精神科医が触法精神障害者の保安責任を無制限に引き受けることを意味しない。

本法により，精神科医の社会保安上の位置づけは明確にされた。責任の所在の筆頭は裁判所であり，精神科医はアシスタントの位置にすぎないことが制度上確認された。

　精神科医は，そもそも医療観察法以前から，保安責任を一定程度担わされてきていた。精神保健福祉法措置入院は，制度上の位置づけが不明確であったため，保安目的で転用されていた。精神科医にとっては，本来「やらずもがな」のボランティア協力ではあったが，他に代替可能な制度がなく，人道上の理由でやむを得ず引き受けてきた。しかし，精神障害者の刑事事件のたびに，「危険な患者を野放しにするな」という，人間にふさわしくない表現まで用いられた。そのたびに，措置入院担当医は社会から責任を追及されてきたのである。

　精神科医の社会保安責任は，「刑法39条・医療観察法」の適用範囲内に限定してのみ担うべきで，それ以上深くコミットすべきではない。また，その場合の「刑法39条・医療観察法」の適用にしても，その範囲を最小限に留めなければならない。

　たとえば，人格障害者の司法強制治療などは，問題外である。私どもは，英国やドイツの失敗については，膨大な情報を通じて，辟易するほど知らされている。同じ轍を踏むことは決してしない。

　私どもは，今後ますます以下のハワイ宣言の精神を法律家に対して強調していくことになろう。

　「精神科医は，精神疾患が存在しないときに，強制的精神科治療にかかわってはならない。もし，患者や第三者が科学的あるいは倫理的原則に反する行為を要求する場合，精神科医は協力を拒否しなければならない」

7．39条拡大解釈と責任主義

　刑法学者に精神鑑定について尋ねると，判で押したように「刑法39条は責任主義の帰結」と答える。しかし，精神科医の立場からいえば，「刑法39条は責任主義の帰結」ということを強調しすぎると，結果として拡大解釈につながるように思える。とくに「特権化された責任阻却事由」などの論理に接するにつけ，私どもは，当惑を感じる。一見して難解な専門用語の向こうにあるのは，市民感覚からかけ離れた学者の世界の価値観である。

私どもは，患者の期待にこたえることで臨床家として育てられ，市民の批判にさらされることで鑑定人として鍛えられていく。実務家たる私どもにとって，帰るべき場所は，つねに一般市民の健全な感覚である。専門家の学識ではない。
　市民が関心があるのは，「責任主義」とか，「責任阻却事由」といった専門家しか理解できない抽象的な概念ではない。「精神障害者を免責すべきか」「すべきとすると，どの範囲でか」という具体的な問題である。焦点は「憐憫に値する特殊な人間類型」に関する倫理的判断にある。とりわけその「憐憫」とは，「非難可能性」といったドイツ語直訳の専門用語で語られるような無機質のものではない。むしろ，「憐憫」に「軽蔑」が含まれているような微妙な感情である。この点が通常の酌量減軽の対象との違いである。刑法39条においては，どの範囲までなら憐憫を寄せることができるか」とは，すなわち，「どの範囲なら『人格としてリスペクト不可能』か」である。
　この微妙な感情を，刑法学者の加藤[8]は，「患者さん，あなたは，普通の人々の法益を奪いとったひとですから，もうわれわれは，あなたをわれわれと同じ理性のある市民とは見なしませんよ」「どうぞ勝手に強制入院でも何でもなさってください」と，述べている。このように，憐憫に若干の投げやりな差別意識が含まれた両価的な感情（「憐憫＆差別」と便宜上表現してみよう）が，刑法39条にはある。その対象はどの範囲か，それが，刑法39条の課題である。
　結局のところ，刑法39条は，「乱心者免責制度」である。それは，地域，時代を問わず，ほとんどの文化圏に存在する制度であり，近代刑法の責任主義とは比較にならないほどの文化的普遍性と，同じく比較にならないほどの歴史を有している。その基底にあるのは，同じく普遍的な現象である「罪を犯した乱心者への憐憫＆差別」という倫理的かつ差別的な心性である。すなわち，刑法39条は，「過てる乱心者への憐憫＆差別」という観念の帰結である。
　乱心者免責の制度は，プラトンの『法律』やヒポクラテスの『集典』にすら記載があり[10]，わが国でも大宝律令に規定がある[13]。これは，プラトンやヒポクラテスがベッカリーアの『犯罪と刑罰』（1764）を研究して，罪刑均衡の精神を学んでいたからではない。大宝律令を編纂する際に，刑部親王（天武皇子）や藤原不比等らが，大和朝廷の命を受けて遣独使として派遣され，時空間を超えた苦難の旅路のはてにフォイエルバッハの「バイエルン刑法典」（1813）

を持ち帰り，責任主義思想の伝来に努めたという形跡は，威奈大村墓誌等の飛鳥・奈良時代の史跡のなかにも見出されていない。

　乱心者を「二級市民」として国家的サンクションの埒外におく制度は，わずか250年の歴史しかない近代刑法学よりはるかに長い歴史に支えられている。前者が後者の直接の帰結ではない。責任主義に関する洗練された理論も，膨大な法解釈の文献も，何一つないような素朴な文化においても，「乱心者免責」の制度は存在する。その基底にあるのは，刑法学者の解釈ではなく，人々の乱心者に対する「憐憫＆差別」である。「人に忍びざるの心」といった人類に共通する倫理心性があり，それを逸脱行動を行った乱心者に関して社会技術として表現したものが，「乱心者免責制度」であろう。

　責任主義は，罪刑法定主義，法と宗教・道徳の峻別，罪刑均衡原則などとともに，近代刑法における刑罰権力の制約原理として誕生したものである。ただ，そこで「責任なければ刑罰なし」という場合，乱心者の問題だけでなく，子どもに対する刑罰，集団責任による不当なまきぞえ，制度化された客観責任など，黎明期社会の諸問題が念頭に置かれていた。以来，責任無能力者の問題を含め，相互に関連のない多様な問題が，責任主義の名の下で論じられてきた。

　しかし，その一方で刑法学は，障害者差別や被害者感情の鎮静といったデリケートな問題には関わりをもとうとしてこなかったし，大衆民主主義による少数派の殲滅の危険も，想定してこなかったのである。

　刑法39条を責任主義の帰結とすると，乱心者問題に含まれる差別や被害感情の鎮静といった問題が考察の埒外におかれる。その結果得られるのは，39条の拡大解釈である。私ども精神科医が憂慮するのは，不用意な拡大解釈こそ，刑法39条に対する市民の反感を招き，障害者に対する嫌悪感を助長するのではないかということである。その結果として，本来39条を適用すべき行為者にすら，39条のかわりに厳罰が与えられてしまうかもしれない。来る日も来る日も「オオカミが来た」と叫ぶ少年を，村人は信用しない。いざ本当にオオカミが来ても，もはや少年のいうことに誰一人耳を貸さないのである。

　「刑法39条は，責任主義に基づく」とする刑法学者の安田は，ナイーブにも「健常人の情動や急性アルコール中毒のような一時的な精神障害の場合にも，同条を適用すべき場合は存在する[17]」としている。この極論を国民の倫理観が

受け入れるだろうか。良識ある国民は，健常人の情動や急性アルコール中毒を「憐憫を寄せるべき特殊な乱心状態」とはみなさないだろう。「ブチ切れるお前が悪い」「酔った勢いで狼藉を働くお前が悪い」と思うだけである。司法官は，このような国民の素朴な感覚に対する信頼を失わないかぎり，刑法学者にとっての「当然の帰結」に，当然どころか一顧だに与えないであろう。この事実こそ，刑法39条が刑法学者の考える責任主義の帰結ではなく，普通の市民の健全な倫理観の反映であることを物語っている。

　第一に，逸脱行動に出た乱心者に対する市民の「憐憫＆差別」があり，第二にそれを支持するための免責の制度がある。第三にその制度を安定的に施行するための法理論がある。この順である。法理論から導いた制度の解釈が，市民の倫理感覚からずれておれば，それは法理論の再考の余地を示している。法の安定的運用のためには，第一に依拠すべきは市民の感覚であり，実定法学はその市民感覚を理論化していくのである。

　刑法39条には，一見さりげない法解釈の問題にみえて，じつは，法の原理の根底を揺るがす爆発的な問題を秘めている。罪刑法定主義，法と倫理の区別，責任主義など，近代刑法で自明とされていた理念のすべてが，そこで問われている。国民が関心があるのは，39条の解釈論ではなく，その背後の精神的な価値，倫理的な判断である。そこにおいてこそ，学識ある専門家と良識ある市民とが同じテーブルについて議論する意義がある。

おわりに——精神科医から見た司法強制医療——

　刑法39条に関して，一精神科医の立場から，弁護士と刑法学者に若干の問題を提起させていただいた。司法官への問いかけについては，稿を改めさせていただく。

　精神科医からみても，患者の側からみても，司法強制医療は「パターナリズム」そのものである。それは，患者に対する強制治療（メディカル・パターナリズム）を医師に法的に強制する（リーガル・パターナリズム）という「二重のパターナリズム」であり，刑事司法権という最大の国家権力の支配下におかれた「極大化されたパターナリズム」ともいえる。

医療とは不可避的にリスクを伴う行為であり，それゆえ本来，医療側の説明と患者側の同意を必要とする。「求めて初めて与えられる」のが医療の原則であり，押し付けられて無理やり受けるべきものではない。医療観察法下の医療は，「究極のパターナリズム」であり，同法は，受給者側の患者にとっても，提供者側の精神科医にとっても，しょせんは「悪法」である。

医療観察法という必要悪は，最小限にとどめなければならない。それは，精神科医にとって，刑法39条という「二級市民特別枠」に加担してしまったがゆえの，いたしかたない責務であり，不本意ながら関与せざるを得ない。医師は，国家から許可されて初めて，営業活動を行うことのできる身分である。すでに初めから国家に服従させられた職分であり，本当のところ「反権力」の立場を徹底できるわけではない。

しかし，一方で，私どもは，「社会復帰」の大義のかげの隔離主義の危険を見すえている。国家とは，しょせん権力装置であり，不可避的に悪をはらむ。制度とは，すべて一面では権力衝動の発現であり，国家のあらゆる政策は権力乱用のリスクをはらんでいる。医療観察法も例外ではなく，そこにあるのは精神障害者に対する強制力の顕わな行使である。

これらの冷酷な現実を直視するならば，精神科医は，「保安処分反対」を無邪気に叫ぶ英雄主義にも，権力の暴走に無抵抗な迎合主義にも陥ることはできない。むしろ，冷徹なリアリストとして，厳しい節度をもってあたる以外に道はない。

謝辞
貴重なご意見を賜りました奈良俊夫獨協大学名誉教授に深謝申し上げます。いうまでもなく文責はすべて井原にある。

文　献
1) 浅田和成：刑法改正問題と精神医療．町野朔編：精神医療と心神喪失者等医療観察法．ジュリスト2004年3月号増刊，223-227，2004．
2) 浅田和茂：法学者からみた精神鑑定．松下正明，山内俊雄，山上皓，中谷陽二編集：司法精神医学6鑑定例集，298-304，中山書店，2006．
3) 井原裕：精神鑑定における精神科医　39条の謙抑と情状の考慮．司法精神医学3，93-100，2008．

4) 井原裕：パーソナリティ障害の責任能力．精神科 12, 113-118, 2008.
5) 井原裕：感情障害と精神鑑定．精神科 13, 2009.
6) 内嶋順一：医療観察法成立後の弁護活動．武井満編：こころの科学 132　特別企画精神医学と法，38-41, 2007.
7) 小田晋：精神分裂病周辺事例の刑事責任能力に関する考察と問題点．中谷陽二編：精神障害者の責任能力——法と精神医学の対話——．42-64, 金剛出版, 1993.
8) 加藤久雄：ボーダーレス時代の刑事政策改訂版．有斐閣, 1999.
9) 呉智英，佐藤幹夫編：刑法三九条は削除せよ！　是か非か．洋泉社, 2004.
10) 中田修：司法精神医学序論．懸田克躬ほか編：現代精神医学大系 24　司法精神医学．3-110, 中山書店, 1976.
11) 中谷陽二：触法精神障害者——問題の広がりと深層——．町野朔編：精神医療と心神喪失者等医療観察法．ジュリスト 2004 年 3 月号増刊，52-57, 2004.
12) 中谷陽二：論点　刑事責任能力　司法と鑑定役割明確に．読売新聞 2008（平成 20）年 9 月 6 日, 12 版, 31.
13) 昼田源四郎：日本の精神医療史．松下正明，昼田源四郎編集：臨床精神医学講座 S1 精神医療の歴史：35-64, 中山書店, 1999.
14) 前田雅英：責任主義と精神医学．武井満編：こころの科学 132　特別企画精神医学と法．12-17, 2007.
15) 町野朔：精神保健福祉法と心神喪失者等医療観察法——保安処分から精神医療へ——．町野朔編：精神医療と心神喪失者等医療観察法．ジュリスト 2004 年 3 月号増刊，69-73, 2004.
16) 町野朔：日本における司法精神医療の現状と課題——法律家の視点から——．司法精神医学 2, 32-41, 2007.
17) 安田拓人：責任主義と刑法 39 条．司法精神医学 3, 79-82, 2008.

責任能力と精神鑑定

わが国の責任能力判定の行方

吉川和男 ● Yoshikawa, Kazuo

はじめに

　平成17年7月15日には「心神喪失等の状態で重大な他害行為を行った者の医療及び観察等に関する法律」（以下，医療観察法と略）が施行され，平成21年5月21日からは裁判員制度が施行されるなど，わが国の責任能力判定をめぐる法的環境は著しい変化を遂げた。本稿では，まず，わが国における責任能力判定の歴史を通し，現在の責任能力判定がどのように確立されたかをドイツとの比較から概観し，次に，わが国の責任能力判定が独自の方向に向かった要因をダイバージョンの観点から考察する。最後に，新しく誕生した2つの法制度によって，わが国の責任能力判定が，今後どのような展開を見せるのかについて論じ，将来のわが国の責任能力判定のあるべき姿と，それを実現するための方策を提示したい。

I　ドイツからの影響

　わが国の刑事責任能力は，今から1世紀前の1907年（明治40年）に規定された刑法39条の，「心神喪失者の行為は罰しない，心神耗弱者の行為はその刑を減軽する」に基づくが，この法規定だけでは，具体的な判断基準が不明であるため，1931年（昭和6年），当時の最高裁判所であった大審院で下された判決，「心神喪失は，精神の障害により，事物の理非善悪を弁識する能力（弁識能力）がないか，または，この弁識に従って行動する能力（制御能力）のない状態を

指し」,「心神耗弱は精神の障害がまだ上述の能力を欠如する程度には達しないが, その能力が著しく減退している状態を指す」(大判昭 6.12.3 刑集 10・682 を現代文に改めた) がその基準として用いられている。

わが国の刑法は, ドイツ刑法の影響を強く受けているが, そのドイツ刑法では, 責任能力については, 責任無能力と限定責任能力に関しそれぞれ独立した規定があり, 前者は「行為の実行の時, 病的な精神障害, 根深い意識障害, 又は精神薄弱もしくは重大なその他の精神的変性のため, 行為の不法を弁別 (弁識能力) し又はその弁別に従って行為する能力 (制御能力) がない者は, 責任なく行為したものである」(ドイツ刑法 20 条) と規定され, 後者は,「行為の不法を弁別し又はこの弁別に従って行為をする者の能力が, 第 20 条に列挙された事由の一つにより, 行為の実行の時に, 著しく減弱していた時は, 第 49 条第 1 項 (法律上の特別減軽事由) に従ってその刑を減軽することができる」(ドイツ刑法 21 条) と規定されるなど, わが国よりも具体的な内容となっている[4]。おそらく, わが国の大審院の判決は, このドイツ刑法の規定を参考にしたものであろう。

わが国の刑事責任能力判定もドイツの影響を強く受け, 代表的な手法としての混合的方法はドイツから導入された考え方である[12]。これによれば, 刑事責任能力は生物学的要素と心理学的要素に分かれ, 生物学的要素については, 病的な精神障害, 根深い意識障害, 又は精神薄弱もしくは重大なその他の精神的変性などの精神の障害を指し, 心理学的要素は上述した弁識能力や制御能力の部分を指すとされている。

これらの判断を巡り, ドイツでは可知論, 不可知論の論争が生じた。不可知論者は, とくに, 精神医学者のシュナイダー (Schneider)[6] が,「心理学的要素すなわち自由意思の有無についての判断は, 何人にとっても不可能であり, 鑑定人は生物学的要素を証明しうるに過ぎない」と主張した。同じように不可知論を唱えた司法精神医学者のグルーレ (Gruhle)[5] は,「統合失調症, 躁うつ病などの重大な精神病においては, 診断さえ確立されれば, あらゆる行為に対して責任無能力が肯定され, 頭部外傷, 動脈硬化, 老年変化, 精神遅滞, 飲酒嗜癖などによる精神障害のように, 障害の程度に量的な差が示される場合には, 障害の程度と犯行との関連の考察に基づいて, 情状酌量, 限定責任能力,

責任無能力のいずれかが容認され，精神病質や神経症のように器質性の障害を有しない者においては原則として完全責任能力が認められ，ごく例外的な事例に対してのみ限定責任能力が認められる。責任無能力が認められるのは，精神病質反応が心因精神病の範囲にまで亢進したような，非常にまれな事例に限られる」という当時の精神医学の状況をもとに責任能力判定の大綱を築いた。

これに対して，可知論者は，「たとえ，精神病の場合でも，行為時の精神症状により弁識・制御能力がどの程度障害されたかを時には正確に知りうる」と主張した[12]。このような論争から，生物学的要素は，鑑定人である精神科医が判断し，心理学的要素は，評価的かつ規範的なものであるから法律家が判断するというのが当時のドイツの慣例（あるいは了解事項）Konventionであった。その後，ドイツでは，流れが可知論へと向かい，徐々に，鑑定人も心理学的要素について判断することが妨げられるものではないとされるようになった[12]。

II わが国の責任能力判定の歴史

わが国の責任能力論は呉秀三，三宅鉱一，内村祐之らの司法精神医学者を中心に培われ，これはドイツ司法精神医学の指導的見解とほぼ一致し，中でもグルーレの大綱は，わが国においても責任能力判定の拠り所であったとされる[16]。しかし，その後の精神医学の発展に伴い，統合失調症イコール責任無能力という判断が軽症例や寛解例にも一律に適用することに対する抵抗がわが国においてもみられるようになったという[2, 27]。また，ノーマライゼーションを強く求める精神障害者が，社会生活を送りながら，一方において刑事責任を原則として負わないということには社会感情の面からも問題があるとも言われている[27]。確かに，近年では障害者の社会復帰の妨げとなるさまざまな欠格条項を排除しようとする動きがみられるのは事実である（例えば，日本弁護士連合会）。わが国の責任能力判定もそのような動きと連動して厳しくなったのであろうか。

他方，わが国の責任能力判定は，昔から厳しかったと指摘する声も少なくない[16, 18, 21]。例えば，中田は，1966年の犯罪学会総会で，明らかに統合失調症の状態にあると思われる事例でも，責任無能力と判断されない場合が少なくな

いと報告している[16]。また，中田は判例研究[14, 15]において，「統合失調症といえども症状の著しく高度な場合，犯行が妄想・幻覚などの病的体験に直接支配されている場合などの他は，責任を認めるべきであるとする考え方が，裁判官の中には支配的である」と述べている。覚醒剤中毒に至っては，統合失調症と違って，「犯行時，幻覚・妄想などの病的体験が全人格を支配していない」という基準によってさらに厳しく裁定されているという。

　わが国の責任能力判定の方向を決定付けたのは，言うまでもなく1984年の最高裁第三小法廷の決定である。この決定要旨は，次のとおりである。「被告人が犯行当時精神分裂病に罹患していたからといって，そのことだけでただちに被告人が心神喪失の状態にあったとされるものではなく，その責任能力の有無・程度は被告人の犯行当時の病状，犯行前の生活状態，犯行の動機・態様等を総合して判断すべきである」（最決昭59.7.3刑集38・8・2783）。この決定の考えは，その後多くの判例に踏襲されるようになった。

　この決定については，賛否両論がみられる。例えば，中田[17]は，統合失調症などは明らかな幻覚・妄想などの病的体験を持っていたとしても，日常の作業は支障なく遂行するようないわゆる二重見当識をもつ場合が稀ではなく，責任能力の判断に犯行前の生活状態まで考慮することには問題があると述べているし，西山[21]も，幻覚・妄想に完全に支配された人間においても，一般的な観察力やその他の知恵が道具として働くことも多々ありうると述べている。また，中谷[19]は，最高裁決定以後の自験例を引用し，その裁判では精神障害の診断を大筋で認めながら，犯行の動機や行動が病的で不自然なものとは考えられないとして心神喪失を否定するなど，この決定以降，生物学的要素よりも心理学的要素が重視され，責任無能力の範囲が狭められたと批判している。

　一方，この決定に賛同する意見もある。たとえば，岡田[3]は，この決定が，疾患分類が一義的に責任能力を決定する不可知論に基づく慣例を否定した点で重要であるとし，可知論の立場に立って，米国の精神疾患の診断ガイドラインDSMに準拠した新たな刑事責任能力論が必要であるとしている。五十嵐[2]も，1984年の最高裁決定は，不可知論的判断を明確に否定し，可知論的判断を採用すべきことを明言したものと評価している。

　なお，この1984年の最高裁決定に先立つ1983年，最高裁は，「被告人の精

神状態が刑法39条にいう心神喪失又は心神耗弱に該当するかどうかは法律判断であって専ら裁判所に委ねられるべき問題であることはもとより，その前提となる生物学的，心理学的要素についても，右法律問題との関係で究極的には裁判所の評価に委ねられるべき問題である」(最決昭58. 9. 13判時1100・156) という決定も下している。

この決定は，うがった見方をすれば，鑑定人は生物学的要素のみならず，心理学的要素も判断してもよい（すなわち，可知論）と解釈することもできるが[1, 18, 20]，基本的には，西山[20]が指摘するように，鑑定人を「釈迦掌上の孫悟空」にすることを宣言したようなものである。つまり，鑑定人がどんなに精魂傾けて鑑定を行ったとしても，その生物学的要素（たとえば診断）についてさえも裁判官が最終的な判断をしてよいというのである。

この決定は，法律関係者からは大きな賛同を得ている。例えば，高橋[9]は，「心神喪失又は心神耗弱に該当するかどうかは法律判断であり専ら裁判所の判断に委ねられているのであるから，被告人の責任能力の有無を判断するには，必ずしも専門家の鑑定による必要はなく，裁判所が他の証拠によって独自に判断しても良いし，精神鑑定を命じた場合にも，その結果に拘束されるわけではなく，鑑定結果の採否も裁判所の合理的裁量の範囲に属するものであり，自由心証主義の機能する一場面であるといえる」と述べている。また，仙波，榎本[8]は，「裁判所は，心理学的要素については，精神の障害が犯行に及ぼした影響を考慮したうえで，さらに，犯行の動機（その了解可能性），犯行の計画性，犯行の態様（その異常性），犯行後の行動（罪証隠滅工作，違法性の認識，反省の情があらわれたことがあったかどうかなど），犯行についての記憶の有無・程度，病前の性格，行動（犯行直前まで通常の社会生活を営んでいたかどうか），犯罪的傾向との関連性などを認定したうえで，規範的な立場から評価を加えて，弁識能力・制御能力がどの程度かを確定する」としている。

このように，わが国の責任能力は，従来から厳しく裁定される傾向にあったのが，近年，その傾向がますます強まり，また，鑑定人の専門家としての意見も判決に反映されにくくなっている。さらに，その心理学的要素の解釈も非常に広汎なものとなり，もはや，犯行時という枠を越え，犯行前後の行動までをも考慮するというかなり厳しい判断基準となっているのである。

そのことを如実に象徴する近年の判決は，2006年に東京都渋谷区で起きた，いわゆるセレブ妻によるバラバラ殺人事件に対するものであろう。この裁判では，裁判員制度を意識し，検察側，弁護側双方が推薦する2名の鑑定人に同時に証言させる，いわゆる対質と呼ばれる手法が実験的に採用された。鑑定結果は，いずれも，被告人が，短期精神病性障害に罹患し，犯行時，適切に状況を判断し行動を制御することが難しい状態にあったとされた。しかし，2008年4月28日の東京地裁判決では，「裁判所は，精神の障害の有無や程度の認定において，鑑定に合理性がある限り，十分に尊重する。しかし，鑑定結果が事理弁識能力や行動制御能力に言及している場合でも，それは精神医学の専門家としての分析結果にすぎないのであり，責任能力については，総合的に検討した法的判断によって最終的に決定する。責任能力の判断は鑑定結果に拘束されない」（公刊物未登載。判決の引用は2008年4月28日の産経新聞電子版によった）として，これらの鑑定結果をまったく採用せず，懲役15年の判決を言い渡したのである。

　皮肉にも，この判決の3日前に，最高裁第二小法廷では，別の事件に対してではあるが「生物学的要素である精神障害の有無及び程度並びにこれが心理学的要素に与えた影響の有無及び程度については，その診断が臨床精神医学の本分であることにかんがみれば，専門家たる精神医学者の意見が鑑定等として証拠となっている場合には，鑑定人の公正さや能力に疑いが生じたり，鑑定の前提条件に問題があったりするなど，これを採用し得ない合理的な事情が認められるのでない限り，その意見を十分に尊重して認定すべきものというべきである」との判決が出されていたのである（最判平20.4.25刑集62・5・1559）。奇しくもこの判決を下した最高裁の裁判長は，医療観察法が国会で審議中であったとき，法務省の刑事局長を務め，この法律の重要性や鑑定の妥当性を答弁する立場にあった。この最高裁の判決は，ここ最近の精神鑑定の結果を軽視する裁判所の風潮に歯止めをかける歴史的判決であると思われ，今後の責任能力判定にどのように影響してくるかを注意深く見守る必要があろう。

III 最近のドイツにおける責任能力判定の現状

　それでは、わが国に強い影響を及ぼしたドイツにおける責任能力判定は現在どうなっているのであろうか。ミュンヘン大学司法精神医学部のネドピル（Nedopil）教授の最新版の司法精神医学の教科書[22]によると、例えば、統合失調症は20世紀の後半までは、非常に重症な精神疾患であると考えられたため、この疾患に罹患しているという診断がなされれば即座に責任無能力であると判断される傾向があったが、近年、統合失調症の治療やリハビリテーションが画期的に進展し、予後も以前考えられていたよりも格段に改善したことなどから、責任能力判定に、疾病の進行段階を無視することはできなくなったという。ただし、幻覚・妄想等の陽性症状を伴う急性期の精神病症状が再燃している時期にあっては、それが一時的であるとはいえ、妄想観念に支配されている者には是非善悪を判断する能力は無いと判断されることから、責任無能力のための前提条件が存在することには疑念の余地はないという。また、判断が難しいのは、軽い残遺型の統合失調症の場合や、以前罹患した統合失調症が治癒した場合などであるが、この場合においても、患者の多くは発症前と比べて、洞察能力、批判能力、自己評価能力、制御能力において問題があることから、これらの事項は考慮しなければならないと述べているのである。

　筆者は、ネドピル教授が来日した際、ドイツにおいて統合失調症に完全責任能力を認めるのは具体的にどのような場合か尋ねたことがある。彼は、その例として、統合失調症に罹患している者が、自分は精神病であるから有罪になることはないと考え、拳銃の密輸事件に関わったケースを挙げていた。つまり、ドイツでは疾病と犯行との間に明らかに関連性がみられないようなケースではじめて完全責任能力が認定されるに過ぎないのである。わが国で議論されているような、犯行前後に合目的な行動をとった者や、犯行が幻覚・妄想の病的体験に直接支配されていなかった者についての責任能力の判断についても尋ねてみたが、個々の事例にもよるとしながらも、これらのケースは厳しくとってもドイツでは限定責任能力止まりで、完全責任能力が認められることはまずないであろうと答えていた。

また，ドイツには，根深い意識障害という法的カテゴリーによって，一般犯罪者の情動行為についても責任能力を減免する考え方が確立している。わが国でも，かつては情動行為を考慮した判例が複数見られ，研究も進められていたが[23]，昭和55年以降は，そのような判例はまったく出ていないのである[33]。なお，渋谷のセレブ妻によるバラバラ殺人事件も，この情動行為の面からも被告人の責任能力を検討しても良かったのではないかと思われるのだが，裁判では情動行為についてはまったく考慮されていない。さらに，ドイツにおいては，性犯罪者や人格障害者についても責任能力を減免する考え方もあることを忘れてはならない[4,7,22,25]。

このようにわが国の責任能力の概念や判断方法は，ドイツから強い影響を受けているものの，実際の運用には両国でかなりの開きがある。その理由について，以下のダイバーションの観点から考察していくことにしたい。

Ⅳ　ダイバーションとしての責任能力

刑法39条がそもそも存在するのは，人が違法な行為を行ったとしても，その人の行為が病気によって引き起こされていたとすれば，その人に刑罰を科すのは人道的ではないという道徳的配慮から生じているのは論を待たない[13]。この場合，その人に必要なのは刑罰ではなく治療である。これによって，被疑者や被告人を刑事司法手続からはずし，医療システムに移行させるのである。これを一般的にダイバーションと呼び，英国などではかなり大胆な政策がとられている[31]。わが国の刑事責任能力判定に基づく刑の減免もいわばダイバーションのひとつとして考えることができるが[4,25]，わが国でも責任能力のみで，精神障害者による違法な行為をダイバーションしているわけではない。このことを分かりやすく説明するために，刑事訴訟手続の流れに沿って問題を整理したい。

1．警察段階

精神障害者が違法な行為を行った場合，一般の犯罪者と同様に警察によって捜査が進められる。精神障害者による暴力行為の大半が同居する家族に向けら

れたものであることはよく知られているが[26]，この段階で警察官は精神障害者が家族内で引き起こした暴力の被害がよほど深刻なものでない限り，事件化させない傾向がある。実際，警察官には，「警察官は，職務を執行するに当たり，異常な挙動その他周囲の事情から判断して，精神障害のために自身を傷つけ又は他人に害を及ぼすおそれがあると認められる者を発見したときは，直ちに，その旨を，もよりの保健所長を経て都道府県知事に通報しなければならない」という精神保健及び精神障害者福祉に関する法律（以下，精神保健福祉法と略する）第24条の警察官通報という選択肢があるため，精神障害による家庭内暴力を事件化せずに，精神科医療にダイバージョンすることが可能なのである。通報を受けた都道府県知事（実務上は都道府県の精神保健福祉課）は，精神保健福祉法の第27条に基づき，調査の上で必要があると認めた上で，精神保健指定医に診察を依頼する。これがいわゆる措置診察である。措置診察の結果，「診察を受けた者が精神障害者であり，且つ，医療及び保護のために入院させなければその精神障害のために自身を傷つけ又は他人に害を及ぼすおそれがあると認めたときは，その者を国もしくは都道府県の設置した精神病院又は指定病院に入院させることができる」（精神保健福祉法第29条）。ここで，措置入院の要件が「精神障害であること」（疾病性），「医療及び保護のために入院させる必要があること」（入院医療の必要性），「自身を傷つけ又は他人に害を及ぼすおそれがある」（リスク）の3つであることを強調しておきたい。これは後述する医療観察法の要件と非常に良く似ている。

　最近，警察もドメスティック・バイオレンスは犯罪であるとの認識が持てるようになったと思われるが，こと精神障害による暴力に関しては，いまだに医療上の問題であると考える傾向が強いように思う。筆者は，統合失調症の患者の家族が包丁で襲われ，24条通報されたケースの措置診察を担当したことがある。その際，これは殺人未遂事件として処理すべきではないかと警察官に質したが，家庭内のことであり，事件性は低く，検察官も訴追する意向はないと主張していた。このように，警察段階で，責任能力を考慮せずに，実質的に違法行為に対する刑罰を免除し，精神科医療にダイバージョンすることは日常的に行われているのである。

　ここで，読者の中には，警察官通報で措置入院となるような違法行為は軽微

か，もしくは自傷のケースであり，さほど問題にはならないのではないかと思う方も少なくないかもしれない。確かに，谷ら[10]による大阪市の2001年から2005年度までの調査では，24条通報の1,073例中，自傷行為は294例（27.4%），他害行為は970例（90.4%）である。しかし，重大な他害行為も52例（4.8%）認められ，24条通報における重大な違法行為の数は決して看過できないのである。もっとも，このような重大な他害行為を行った例の中には，身柄は措置入院となりながらも書類上は送検されていることもある。だが，このような場合でも，後に検察官は措置入院となっていることを理由に，責任能力はないと判断し，不起訴処分とすることは多いのである。

警察段階での別の深刻な問題は，世間を騒がすような重大事件の場合，たとえ容疑者に精神障害の疑いがもたれても，警察は，検察庁とともに起訴を前提とする方向で捜査を進め，犯行ができるだけ合理的でもっともらしく見えるように調書を作成してしまうことである。精神障害者が，警察官や検察官からの過酷な尋問にあえば，誘導によって事実と異なる供述を認めてしまうことも少なくないであろう。また，容疑者が病的な内容を捜査の初期の段階から訴えていたとしても，調書に載録されなければ証拠としては残されないのである。しかし，司法精神医学に精通していない鑑定人は，まず，この供述の任意性を十分吟味することなく，調書に記載されている内容が全て真実であると思い込んで鑑定を進めてしまい[18]，責任能力判定を誤ってしまう場合がある。

わが国では，調書の作成段階で弁護士が付き添うことがないため，このような深刻な問題が生じている。たとえば，英国においては，精神障害や未成年の容疑者に対しては，付き添い人の立ち会いのもとで供述調書が取られなければならないし，その内容はすべてビデオに録画されることになっている。わが国でも，このような人権上の配慮がなければ，公正な裁判を行うことは不可能であろう。

2．検察段階

事件の重大性から，警察が送検することで，初めて事案は事件として扱われる。違法行為を行った精神障害者は被疑者となり，犯行時の責任能力が初めて検討されるようになる。しかし，この段階で全ての例に精神鑑定が実施される

わけではない。筆者ら[32]は，1994年の1年間に精神障害を理由に検察段階で不起訴ないし起訴猶予，あるいは公判段階で無罪となって法務省に報告された全1,132件について調査を行ったことがあるが，この中で不起訴や起訴猶予の判断材料として精神鑑定を受けていない者は353件（31.2%）に上り，理由として，精神科病院に既に入院していることや通院していることを挙げたものが少なくなかったのである。

最近，筆者が担当した医療観察法鑑定においても，自宅への放火後，24条通報によって5カ月間措置入院による治療を受け，退院した9カ月後に，医療観察法の申し立てが行われた事案があったが，この例でも，責任能力の鑑定はまったく行われていなかった。

しかし，通常の場合，検察段階では，簡易鑑定が短時間のうちに実施される。この鑑定は，刑事訴訟法第223条に基づく，第3者の任意出頭・取調，鑑定等の嘱託に相当するため，実施には本人の同意が必要である。筆者らの調査では1,132件中の587件（51.9%）が，簡易鑑定によって責任能力が判定されていた。平田[24]は，簡易鑑定について詳細な全国調査を実施しているが，それによると，鑑定書の質や量には大きなばらつきがあり，数行程度のものから本鑑定レベルのものまで多様であったと報告している。また，検察官は，簡易鑑定を行った鑑定人が責任無能力と判断すれば，ほぼ9割（427例中415例；97.2%）が，その意向に従って不起訴ないし起訴猶予の処分をしていたとされる。

以上のことから，違法行為を行った精神障害者の全体のおよそ8割は，責任能力については，あまり厳密に検討されることなく精神科医療へダイバージョンされているのが分かるであろう。

検察官が，刑事訴訟法第224条に基づいて，鑑定留置を伴う本鑑定を依嘱するのは，事件の重大性や，社会的影響を配慮してのことであろう。筆者らの調査[32]では，1,132件中の154件（13.6%）が起訴前の本鑑定で責任能力を判定されていた。起訴前本鑑定は，公判鑑定と同様，比較的長めの期間（とは言っても最近は2カ月程度）で作成を依頼される。

検察官は，現在，この起訴前本鑑定に関しては，慎重に鑑定人を選任しており，東京地検では，裁判員制度をにらみ，鑑定人をデータベース化しているとの報道もなされている（読売新聞2008年8月7日）。そのデータベースには，鑑定

人の判定結果も当然含まれるであろう。

3. 起訴便宜主義

ここで, 起訴便宜主義について項をあらためて述べたい。この制度は, 触法精神障害者を素早く医療につなげるという点においては, 一定の貢献を果たしていると思うが, その代償も大きく, この制度のために, わが国の責任能力判定は大きく歪められてしまっているのである。起訴便宜主義は, 刑事訴訟法第248条の「犯人の性格, 年齢及び境遇, 犯罪の軽重及び情状並びに犯罪後の情況により訴追を必要としないときは, 公訴を提起しないことができる」との規定にその根拠がある。このため, わが国の起訴有罪率は99％以上に達しているとも言われている[17]。言い換えれば, 検察官は確実に有罪となることが想定される事件しか起訴しないのである。他方, 検察官にとってこの99％という数値はある意味, 達成するには厳しい数値目標でもあろう。そこで, 検察官には次のような原則が必然的に発生するのではないかと思われる。

原則1：起訴しても無罪となる可能性が高い事件（とくに精神障害による事件）は不起訴処分とする。

原則2：起訴する事件には, （たとえ精神障害が疑われようと）有罪判決を勝ち取るための最大限の策を講じる。

すなわち, 検察官は, 原則1を守るため, あえて鑑定をせずに独自の判断で不起訴処分とするか, 心神喪失を比較的容易に出してくれる鑑定人を選任するのである。またこの原則1を安定させるために, 検察官は, 鑑定結果の予測が立ちやすい鑑定人を抱えておくか, もしくは, 鑑定人のデータベースを作成しておく必要性が生じるのである。他方, 世間を騒がすような重大事件の場合, たとえそれが精神障害によるものであろうと簡単に不起訴処分とするわけにもいかないであろうし, また, 検察官自身の正義感が不起訴処分を許さないこともあろう。そこで, 検察官は原則2を守るため, 厳罰志向の鑑定人を選ぶ必要性が生じ, やはり, 鑑定結果の予測が立ちやすい鑑定人を抱えておくか, 鑑定人データベースを作成しておかなければならないのである。これが, 検察官が責任能力判定において, ダブルスタンダード（二重基準）を有している[18, 27]との由縁である。

表1 心神喪失者・心神耗弱者と認められた者の罪名別処分結果（平成17年）
（平成18年犯罪白書より抜粋）

区　分	総　数	不　起　訴			裁　　判		
		計	心神喪失	心神耗弱	計	心神喪失	心神耗弱
総数	811 100.0%	745 91.9%	370 45.6%	375 46.2%	66 8.1%	1 0.1%	65 8.0%
殺人	103	85	78	7	18	－	18
放火	81	68	58	10	13	－	13
強盗	20	18	12	6	2	－	2
強姦・強猥	22	20	13	7	2	－	2
傷害	194	178	92	86	16	－	16
その他	391	376	117	259	15	1	14

　表1は，平成17年に心神喪失者・心神耗弱者と認められた者の罪名別処分結果を示したもので，平成18年の犯罪白書に掲載されていたものである。この表は，わが国の起訴便宜主義の問題を最も明瞭に示していることから，これまでも何度も引用されてきたが[4, 15, 28]，残念なことに平成18年以降の犯罪白書には掲載されなくなってしまった。ほとんどの責任能力判定はもはや裁判官ではなく，検察官によってなされていることはこの表から一目瞭然である。起訴前段階では，心神喪失は比較的容易に認定されているのに対し，起訴後の公判段階ではわずか1例が認定されているにすぎない。実は，本稿の冒頭に紹介したような可知論に基づく厳格な責任能力論が展開されているのは，公判段階だけであり，起訴前段階においては，診断名だけで心神喪失が決定してしまうようないわば極端な不可知論に基づく責任能力判定の方が一般的なのである。このような状況は法の下の平等という観点において問題とはならないだろうか。
　筆者はある国際学会で，わが国の起訴有罪率が99％であることを何気なく報告すると，会場から大きなどよめきが起きた。後で確認すると，日本ともあろう先進国が，中国と同じような起訴有罪率であることに驚きを禁じ得ないと

いうのである。加藤[4]が主張するようにわが国もドイツと同じように，公共性の高い事件については原則起訴を旨とし，法廷において審理を行う起訴法廷主義の立場をとることが裁判の公平性を保つために必要ではないかと思う。それによって，たとえわが国の起訴有罪率が下がったとしても，それは，人権を守る弁護活動が正常に機能していることを示す証拠にこそなれ，決して法治国家としての汚点となることはないはずである。

4．公判段階

公判段階では，先ほどの原則2に従って検察官が起訴した事件について，起訴前鑑定を基に審理する場合と，あらためて裁判官が刑事訴訟法第165条に従って鑑定を命令する場合の二通りのパターンがある。後者の中には，公判段階まで精神障害の疑いが全くもたれず公判で初めて鑑定が実施されるケースも含まれる。

いずれの場合であっても，公判段階まで残るような事案は，社会的影響の高い事件であることが多く，警察段階や検察段階の簡易鑑定でみられるような精神障害者に対する寛容の精神はかなり薄らいでいる。また，公判鑑定の数は圧倒的に少なく，筆者らの調査[32]でも，1,132件中38件（3.4％）に過ぎない。

公判における，とくに検察官からの証人尋問は，鑑定人にとって非常に過酷である[11,13]。心神喪失の鑑定結果を出すとなれば，検察官は鑑定結果の信頼性を貶めるために，ありとあらゆる手段を用いて巧みに鑑定人の信用を失墜させようとする。検察官の中には勢い余って被告人と鑑定人とを同一視してしまう者もいるようである[13]。このような検察側からの証人尋問に持ちこたえられる鑑定人はそう多くはない。長らく，このような仕事を続けていれば，検察官を怒らせない鑑定書を書くことに順応してしまう者がいてもおかしくはないであろう。

また，近年，検察官が鑑定内容に不満がある場合に，馴染みの精神科医に鑑定結果をことごとく論破する内容の意見書を作成してもらい，それを裁判所に証拠として提出するという行為が散見されるようになった。意見書を作成しないまでも，検察官がこのような精神科医から助言を得て証人尋問に臨むこともある。意見書や助言を第三の精神科医に求める手段は，しばしば弁護側も用い

るが，このように意見書が分別なく裁判所に提出されることになれば，裁判の審理自体が混乱するだけでなく，我々精神科医が，検察官対弁護人の法廷論争に巻き込まれ，同士討ちともなりかねない。筆者は，提出された鑑定書によほどの落ち度がない限り，このような意見書作成には基本的に協力すべきではないし，仮に協力するのであれば，十分な接見を行った上で作成すべきであると思う。また，意見書は鑑定書を作成した鑑定人の目にも当然触れるわけであるから，意見書をあえて提出する以上は，本来の鑑定人に対しても，相応の敬意を払うのが同業者としての礼儀であろう。

　また，鑑定人も人間であるため，各々の犯罪に対する思想はさまざまであり，おそらく責任能力に対する考え方も千差万別である。このような思想の違いは致し方ないとしても，少なくとも鑑定人たる者は，司法精神医学については基本的な教育を受けるべきである。最近は，司法精神医学とは全く無関係の領域の精神科医が鑑定人として選任されることも少なくない。しかし，精神鑑定は単なる診断の確定で終わるのではなく，精神障害と犯罪行為との関連，さらに責任能力の判断という司法精神医学の独自の要素があり，この判断を適切に行うためにはやはりトレーニングが必要である。司法関係者はこのことを念頭において鑑定人を選ぶべきであろう。

　公判段階での問題として最後にどうしても述べておきたいことは，マスメディアによる影響についてである。彼らは傍聴する以外に確実な情報を得る手段がないため，証人尋問における鑑定人らのやり取りのみで記事を作成し，事件が歪められて報道されてしまうことも少なくない。また，鑑定人の氏名が公判前に実名で報道されてしまうこともある。残虐な事件を行った被告人を心神喪失を理由に無罪にしてしまう鑑定結果は，必然的に世論やマスメディアからの反感を買う。このような厳しい状況で，果たして，鑑定人が中立を保った鑑定ができるのか大いに疑問である。マスメディアからの批判を怖れて責任能力判定や診断をも変えてしまう鑑定人がいてもおかしくはないであろう。

　精神鑑定がこのような法廷論争に巻き込まれないようにするための最善の策は，筆者の所属するような公的機関が，鑑定センターとしてわが国の精神鑑定を一手に引き受け，その判定結果について司法側が専門家による意見として基本的に尊重することである。もちろん，このような期待に応えうる鑑定人の教

育を行うこともこのセンターの重要な役割となろう。

V 裁判員制度による影響

　精神障害による犯罪行為を裁判官に理解してもらうためには並々ならぬ苦労を伴うが，裁判員制度では，法律についても，精神医学についても全く素人の裁判員が加わることで，さらなる混乱を極めるのは間違いない。責任能力の判断について説明する前に，まず，精神障害とは何かを彼らに説明しなくてはならない。外来の診察室でも，無理解な家族に，うつ病が単なる怠けではないことを理解させることは容易ではない。しかも，場所は法廷で，被鑑定人は重大事件を犯しているのである。また，裁判員制度に先立って，裁判所は鑑定書を素人の裁判員にも理解できるよう10枚程度にまとめるよう要望を出している。これを踏まえ，最高検察庁裁判員制度等実施準備検討会では，裁判員制度において鑑定人が提出すべき2種類の鑑定書案を提案した。このうちのA案では，「犯行時の善悪の判断能力・行動制御能力に関する着眼点の整理」として，「動機の了解可能性／不能性」，「犯行の計画性・突発性」，「行為の意味・性質，反道徳性，違法性の認識」，「精神障害による免責の可能性の認識」，「犯行の人格異質性」，「犯行の一貫性，合目的性」，「犯行の自己防御・危険回避行動」の7項目を挙げ，この項目に沿って，責任能力を判断することを勧めている。これは，前に紹介した，仙波，榎本[8]の責任能力判定に関する論文で提示された項目と極めて良く似ている。これはある種の誘導であると言っても過言ではなく，この項目に沿って鑑定人が鑑定書を作成していけば，素人の裁判員たちの責任能力の判定は自ずと厳しいものとなるのは間違いない。

　また，これまでの伝統的な精神鑑定では，犯行との関連，責任能力判定の考察に至るまでの間に，家族歴，本人歴，現病歴，現在症，検査所見などを時系列に沿って記述し，被鑑定人との問答なども加えて，その判断根拠をできるだけ詳しく載せるようにしていた。これを10枚程度で収めるとなると，もはや証拠としての価値はなくなってしまうであろう。簡易鑑定の鑑定書の質の問題は既に相当議論されてきたはずであり[24]，裁判員制度でも再び同様の過ちを繰り返す必要はないであろう。このような批判もあって，最近になって，裁判

所は，この鑑定書を従来通りの鑑定書にサマリーとして添付してはどうかという妥協案を示している。

　裁判員制度においては，どのような事件がケースとして想定されるであろうか。裁判員制度が始まったとしても，起訴便宜主義に変わりはないため，検察官は，明らかに精神障害と分かるようなケースはこれまでと同様，起訴しないはずである。起訴の対象となるのは，精神障害の存在が微妙か，もしくは精神障害が疑われても世間を騒がすような重大事件を起こした事案である。起訴前段階で精神鑑定が実施される場合，既に述べたように，検察官は有罪を勝ち取れる鑑定書を作成する鑑定人を選び，その鑑定書を証拠として裁判所に提出するであろう。

　裁判員の審理で，このような鑑定書（おそらく，鑑定書A案で作成される）が証拠として提出されると，この鑑定書の作成された背景を知らない裁判員は，それが公正な証拠として誤認してしまうのではなかろうか。筆者の考えでは，起訴前鑑定はあくまで事件を起訴するための証拠に過ぎず，裁判員での審理では，裁判所が公判前整理手続中に，あらためて中立な立場にある鑑定人を選び，公平な審理を行うための中立な精神鑑定を再度実施させるべきであろう。

　なお，2009年1月に，大阪地裁は，裁判員制度を踏まえて，公判前整理手続中に精神鑑定を嘱託し，検察側と弁護側に対し公判の中で鑑定医が鑑定意見を示した段階で，責任能力の問題に絞って「中間的な論告と弁論」をするように指示し，第一段階では，責任能力について結論を出し，その後で，有罪・無罪や量刑を判決で言い渡すという，異例の二段階審理を実施した（朝日新聞2009年1月27日）。この方式は，審理の公平性とスピードアップという2点においては高く評価できる方式ではないかと思われる。

VI　医療観察法制度による影響

　ご承知のように医療観察法は，検察官の申し立てによって開始されることから，医療観察法対象者の9割以上は，検察官によって，起訴前段階で不起訴処分された者たちである。つまり，彼らのほとんどが，緩やかな責任能力判定によってダイバージョンされてきたといっても過言ではない。仮に，現在の対象

者に，公判段階で行われているような厳格な基準で責任能力を判定し直せば，ほとんどの対象者は，刑事司法システムに戻り，直ちに受刑生活を始めなければならないであろう。

最近，医療観察法の鑑定でも，責任能力判定について疑義が持たれるケースが少なからずあることから，検察官もあまりいい加減な判断根拠で不起訴処分とするわけにはいかず，少なくとも簡易鑑定は以前よりは実施するようになったように思う。しかし，責任能力の鑑定が実施されずに申し立てがなされる事案や内容がお粗末な簡易鑑定書は依然としてあり，このような場合，医療観察法鑑定の中でやむを得ず責任能力鑑定が実施されることになる。

さて，医療観察法の対象者となるには，①対象者が精神障害者であるか（疾病性），②その精神障害が治療可能性のあるものか（治療可能性），③本法による医療を受けさせなければ，その精神障害のために同様の行為を行う具体的・現実的な可能性があるか（社会復帰阻害要因）の３つの要件を満たす必要がある。これらが，前述した精神保健福祉法の措置入院の３つの要件と酷似しているのは偶然ではない。法務省は，本制度が，かつて刑法改正草案の一部として準備され，後に大論争を引き起こした保安処分制度と別種のものであることを強調するため，精神保健福祉法を参考に，よりメディカルモデルの方向にシフトさせたかったのである。

３つの要件のうち最も問題となるのは「治療可能性」である[30]。入院処遇の担い手である指定入院医療機関の病床数が不足している現在[29]，厚生労働省としては，指定入院医療機関の病床回転を上げる以外に他に打つ手が残されていない。このため，同省は当初想定していた１年半の入院期間を超えるような入院患者については，治療可能性がないことを理由に，退院の申し立てをするよう全国の指定入院医療機関に内々に勧告している。また，指定入院医療機関のスタッフも，長期入院患者の中には，暴力的で，処遇が困難な者も少なくないことから，このような退院申し立ての勧告には，むしろ積極的に応じる雰囲気がある。

わが国の責任能力判定がドイツ本国よりも厳しい理由として，わが国にはドイツの保安処分のような触法精神障害者に対するしっかりとした処遇制度が長らくなかったからであるとする意見は少なくない[4, 28]。それだけに，鳴り物入

りで誕生した医療観察法制度にかなりの期待も寄せられていたように思われる[20,28]。しかし，あまりにも短い入院期間での退院申し立てや，治療可能性がないとの理由による退院申し立てが増えれば，検察官や裁判官が，医療観察法では公共の安全が守られないと考え，責任能力を厳しく判定し，精神障害者をこれまで以上に起訴し，有罪の判決を下していく可能性も生じてくるであろう。このような事態は，人導的見地からはなんとしてでも回避されねばならない。幸いなことに，医療観察法の処遇決定は，措置入院制度とは異なり，医師一人の判断によるものではなく，あくまで，裁判官を含めた合議体が行うことになっている。裁判官が，このような安易な退院の申し立てに迎合せず，毅然とした態度で裁定を下すことで，医療観察法制度を正常化させていくことができるのではないかと期待したい。

おわりに

ドイツにおける責任能力判定は，わが国と比べ，かなり緩やかであることは明らかである。この背景には，ドイツには保安処分制度があり，責任無能力と裁定してもその後の社会防衛的な役割を保安施設が担ってくれるという信頼が法律家の中にもあるからであろう。他方，わが国の責任能力判定は，今後ますます厳しさを増していく可能性がある。このような状況を変えるためには，医療観察法制度が，対象者のみならず，国民の人権をも適切に保護し，司法関係者からの信頼に足るべき制度になることが求められる。また，起訴便宜主義を廃し，ドイツと同じような起訴法廷主義を採用するなどして，検察官のダブルスタンダードをなくす方策も必要となろう。さらに，検察側と弁護側が対等の立場で裁判の審理に望めるよう公正な法環境を整備することも重要である。同時に，中立で信頼性の高い精神鑑定を実施してくれる鑑定センターを設置することも急務であろう。そのようにして初めて，わが国にも一貫性のある常識的な責任能力の判定が確立されるようになると思われる。

文 献

1) 青木紀博：責任能力と精神鑑定——法律学の立場から——. 刑法雑誌 27(3)，650-664,

1987.
2) 五十嵐禎人：刑事責任能力総論．刑事精神鑑定のすべて．2-15，中山書店，2008.
3) 岡田幸之：刑事責任能力再考——操作的診断と可知論的判断の適用の実際——．精神神経学雑誌107(9)，920-935，2005.
4) 加藤久雄：人格障害犯罪者と社会治療．成文堂，2002.
5) Gruhle, H.W. : Gutachtentechnik, Springer, Berlin, Gottingen, Heidelberg, 1955. (中田修訳：精神鑑定．文光堂，1987)
6) Schneider, K. : Die Beurteilung der Zurechnungsfähigkeit. S. 30. Tieme, Stutgart, 1961.
7) 神馬幸一：ノルベルト・ネドピル「人格障害における責任能力判定と司法精神医学的リスク・アセスメント」．静岡大学法政研究13(1)，151-184，2008.
8) 仙波厚，榎本巧：精神鑑定の証明力．判例タイムズ，767，56-62，1991.
9) 高橋省吾：精神鑑定と刑事責任能力の認定．判例タイムズ，730，12-43，1990.
10) 谷宗英，竹内伸江，福原秀浩，市原久一郎，三浦千絵，古塚大介：大阪市における措置入院の現状について——2001年度から2005年度までの5年間の調査より——．精神医学49(7) 757-767，2007.
11) 中島直：犯罪と司法精神医学．批評社，2008.
12) 仲宗根玄吉：責任能力に関する基礎的諸問題．現代精神医学体系第24巻 司法精神医学．26-45，中山書店，1976.
13) 中田修：司法精神鑑定の争点．臨床精神医学10(7) 789-794，1981.
14) 中田修：精神分裂病の責任能力への一寄与．増補犯罪精神医学．74-86，金剛出版，1989.
15) 中田修：責任能力をめぐる最近の問題（覚醒剤中毒と精神分裂病）．精神医学体系年間版87-B．309-332，中山書店，1987.
16) 中田修：犯罪心理学の立場からみた責任能力．増補犯罪精神医学．67-73，金剛出版，1989.
17) 中田修：私の経験からみた精神鑑定の問題点．精神鑑定と供述心理．9-24，金剛出版，1997.
18) 中谷陽二：刑事精神鑑定の歴史と現状——争点と課題——．司法精神医学第2巻 刑事事件と精神鑑定．2-9，中山書店，2006.
19) 中谷陽二：精神障害者の責任能力の診断学．司法精神医学と犯罪病理．121-134，金剛出版，2005.
20) 西山詮：責任能力の概念——医療から——．ジュリスト増刊精神医療と心神喪失者等医療観察法，74-79，2004.
21) 西山詮：責任能力の精神医学的基礎．臨床精神医学講座19巻 司法精神医学・精神鑑定．27-51，中山書店，1998.
22) Nedopil, N. : Forensische Psychiatrie, 3. Auflage. Georg Thieme Verlag KG, 2007.
23) 林美月子：情動行為と責任能力．弘文堂，1991.
24) 平田豊明：起訴前簡易鑑定の現状と問題点．司法精神医学第5巻——司法精神医療——．10-20，中山書店，2006.
25) 安田拓人：刑事責任能力の本質とその判断．弘文堂，2006.

26) 山上皓：精神分裂病と犯罪．金剛出版，1992．
27) 山上皓：司法精神医学の概念と歴史．臨床精神医学講座 19 巻．司法精神医学・精神鑑定．3-13，中山書店，1998．
28) 山上皓：精神医学からみた刑事責任能力．司法精神医学第 2 巻　刑事事件と精神鑑定．11-19，中山書店，2006．
29) 吉川和男：医療観察法の見直しに向けて──国立精神・神経センター司法精神医学研究部の立場から──．精神医学 50(11)，1059-1061，2008．
30) 吉川和男：「医療の必要性」の判断基準と鑑定のあり方．臨床精神医学 35(3)，251-257，2006．
31) 吉川和男：刑事事件における鑑定と処遇のあり方──英国から学ぶ点──．精神医学 44(6)，592-598，2002．
32) 吉川和男，守屋裕文，渡嘉敷暁，山上皓：わが国の精神鑑定の実態と問題点──精神科医療との整合性をめぐって──．埼玉県医学会雑誌 33(3)，330-334，1999．
33) 吉川真理：情動犯罪についての一考察．静岡大学法政研究 13(3・4)，2009．

起訴前簡易鑑定における責任能力評価

平田豊明 ● Hirata, Toyoaki

はじめに

 筆者は，主として精神科救急の現場に長く身を置いてきた一臨床医にすぎないが，国の補助金を受けた研究事業を通じて，精神鑑定書とりわけ簡易鑑定書を比較検討する中で，その内容・形式が予想外に不均質である現実に接した。しかし，鑑定医の養成制度もなく，鑑定医相互の意見交換の場も乏しい現状では，むしろ当然の帰結ともいえる。

 この現状を関係者に伝え，改革議論の素材とすることは，現実を目にした者の責務であると考え，筆者はこれまで，自らの見識を顧みることなく，小論[5,7]をいくつか著してきた。本稿もまた，同様の問題意識を執筆の駆動力としている。

 本稿ではまず，刑事司法鑑定の目的と構造について概観する。次いで，起訴前の精神鑑定の大多数を占める簡易鑑定の意義と問題点を論じ，それをふまえて，簡易鑑定の改革案を紹介する。そして，医療観察法や裁判員制度導入後の精神鑑定を論ずることで本稿を締めくくりたい。

I 犯罪行為の構造と精神鑑定書の枠組み

 刑事司法鑑定の目的は，犯行時の責任能力と現在の訴訟能力の評価である。後者は，現在の精神状態をリアルタイムで吟味すればよいが，前者は，起訴前簡易鑑定（以下，「簡易鑑定」と略記）で2週間程度，鑑定留置を伴う正式の

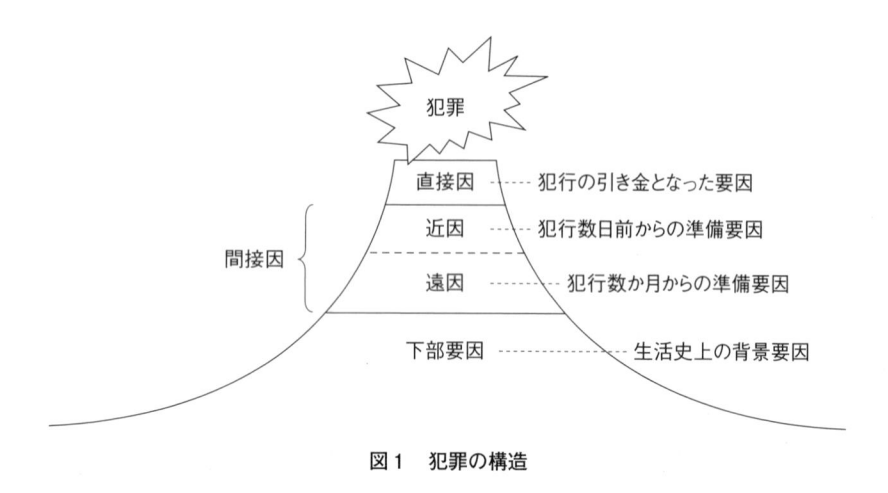

```
              犯罪
         ┌─────────┐
         │  直接因  │┈┈┈ 犯行の引き金となった要因
        ┌┤─────────├┐
     ┌  │   近因   │ │┈┈┈ 犯行数日前からの準備要因
 間接因 ┤├─────────┤│
     └  │   遠因   │ │┈┈┈ 犯行数か月からの準備要因
       ┌┤─────────├┐
       │  下部要因  │┈┈┈ 生活史上の背景要因
```

図1　犯罪の構造

精神鑑定（以下，「本鑑定」と略記）では1カ月以上の時間を遡っての推計作業となる。したがって，責任能力評価には，方法論的枠組みと緻密な想像力が欠かせない。以下に，筆者の考える精神鑑定の構造を説明する。

1．犯罪行為の重層構造

どんな犯罪行為にも，時系列に沿った因果の連鎖がある。それをあえて図示すれば，**図1**に示したような火山を描くことができる。犯罪行為を火山の噴火にたとえれば，山頂付近にあたる犯罪の直接因，それに連なる中腹部としての間接因，そして，裾野のような下部要因といった重層構造が，どんな犯罪行為にも見て取れる。

1）犯罪行為の直接因

通常，犯罪行為には，その引き金となった直接因や状況がある。殺人事件を想定すると，被鑑定者は，なぜ，どのようにして被害者を殺害したのか，犯行の動機と様態を明らかにすることから，事件の真相解明作業が始まる。精神鑑定も，まずは，捜査機関が収集した情報をもとに，事件の情景を想像することから始まる。

ただし，スタート時点では，犯行動機や精神状態は，未だ仮説にすぎない。このあとに引き続く遡行的な情報収集によって，仮説は手直しされ，解像度が

上がるように細密化されてゆく。

2）直接因につながった間接因

たとえば，犯行動機が被害者に対する強い恨みであった場合，次には，恨みを募らせるに至った経緯が問題となる。恨みが妄想によるものであれば，いつごろからそれが形成され，どのような経過で犯行を決意させるに至ったのか，抑止力としての治療状況はどうであったかなど，犯行前数日間の生活状況を詳細に再現してゆく作業が必要になる。

犯行前の数日間の生活状況を間接因のうちの近因とすれば，そこにつながる最近数年間の生活歴は，事件の遠因ということができる。小説や映画における回想場面を思い描くようにして，事件の数年前から数日前へと連なる生活状況を再現する。

3）間接因の基盤となった下部要因

さらに，配偶歴，職歴，教育歴，生育歴と生活歴を遡り，事件の背景となったパーソナリティ構造などの下部要因を検討する作業が必要となる。事件が精神障害を背景としていれば，病歴や家族負因など生物学的要因の検討が欠かせない。

このように，鑑定作業は，時間を遡行するようにして情報を収集しながら，噴火としての犯行を説明する火山の構造を描出する作業にほかならないと筆者は考えている。

２．精神鑑定書の枠組み

精神鑑定の目的と，以上のような犯罪行為の構造を念頭に置けば，精神鑑定書の枠組みも自ずと理解できるであろう。本鑑定書も簡易鑑定書も，枠組みの基本は同じで，以下の５つの章で構成される。

1）序章――鑑定事項と鑑定経過――

検察官や裁判官による鑑定依頼事項の記載から，精神鑑定書は始まる。鑑定事項の主題は，「犯行時の事理弁識能力とその弁識に従って行動する能力（す

なわち刑事責任能力)」と「現在の精神状態」の2点についての評価である。

鑑定経過には，鑑定の受命日，鑑定の所要日数，面接対象と面接日，参考資料などを記載する。以上の序章は，鑑定書の鑑文で，いわば鑑定書作成作業の助走ともなる。

2) 第2章——履歴的事項——

火山の裾野から中腹下部(遠因)にあたる古い生活歴である。(1)家族歴，(2)養育歴，(3)教育歴，(4)職歴，(5)配偶歴，(6)病歴の6項目が配置され，必要があれば，(7)犯罪歴などが加わるが，簡易鑑定では，大幅に省略されることがある。

3) 第3章——現在症——

現在症は，主に現在の訴訟能力を評価するために記載される。精神所見は，感情，意欲，知覚，思考，記憶など，精神病理学的な要素に分類して記載されることがある。チェックリストとしての意味があるが，病的所見のみをピックアップして記述してもよい。

4) 第4章——犯行時の行動と精神状態——

この章は，火山の中腹上部(近因)から頂上にあたる部分で，鑑定書のクライマックスともいえる。筆者は，犯行当時の被鑑定者になりきって，世界がどのように見えていたかを再現するよう心がけている。犯行時の精神状態や責任能力を評価するに際してもっとも重要なのは，被疑者の現実検討能力 (reality testing) の水準がどうであったか，そして，病態が犯行の必要条件 (conditio sine qua non：それがなければ起こらなかった) と確定できるかどうか，の2点であろう。

責任能力の説明に必要と考えられる場合には，被鑑定者と鑑定人との対話内容の一部を逐語的に再現することもある。鑑定の厳密性と中立性を担保するために，面接の録音記録を残し，それに基づいて記載する鑑定医もいる。

なお，時系列の連続性を重視して，この章を第2章の直後に配することもある。しかし，この章には通常，犯行時の責任能力に関する説明が加えられるた

め，終章との連続性を重視して第4章に配置することが多い。

5）終章——鑑定主文——

　以上の記述に連続性と整合性があれば，自然の帰結として結論を導くことができよう。ただし，後述するように，裁判員制度の開始後，責任能力に関する鑑定医の断定的な表現が，裁判員の判断に強く影響することを回避するために，責任能力という用語を鑑定書の中で用いるべきでないとする最高裁の意見もある。鑑定主文をはじめとする鑑定書の表現形式については，未だ流動的な情勢にあるといえよう。

　なお，鑑定主文は，鑑定事項に対応させる目的で，第1章に組み込むこともある。その際には，最終章は，医療の必要性と形態などを付記した参考事項となる。

II　簡易鑑定の意義と現状

　起訴前に行われる精神鑑定は，年間2,000件以上あるが，9割以上が簡易鑑定で占められている。本鑑定が鑑定留置として刑事訴訟法に明記されているのに対して，簡易鑑定の法的位置づけは軽く，法文上，簡易鑑定という文言はない。外国人被疑者に通訳を依頼するのと同列の，捜査活動の補助手段にすぎない。このため，東京都では，鑑定という用語を使わず，簡易精神診断と称している。

　しかし，筆者は，本鑑定と簡易鑑定の関係は，長編小説と短編小説（もしくは油絵と水彩画）の関係であると考えている。後者は前者の簡略態ではなく，独自の技術と修練を要する別ジャンルに属している。簡易鑑定には，本鑑定のエッセンスだけを迅速かつ的確に抽出する技術が要請されているのである。

　この項では，簡易鑑定の意義を司法と医療の双方の側面から検討したのち，簡易鑑定制度運用の現状を概観し，問題点を指摘する。

1. 簡易鑑定の意義
1）司法にとっての意義

　簡易鑑定は，司法にとっては，迅速で安価な情報入手システムである。本鑑定が通常3～4カ月の時間と40～50万円の鑑定料を要するのに対して，簡易鑑定は，1～2時間の診察と数万円の鑑定料ですむ。

　しかし，鑑定医の鑑定能力には無視できぬ個人差がある。また，わが国では，検察官が起訴するかどうかの裁量権を握り（起訴便宜主義[注1]），起訴されれば98％が有罪となる現実がある。これらの実情を考慮すると，簡易鑑定制度は，被疑者の処遇決定に与える影響力が大きい割に法的位置づけや系統性が希薄という制度的アンバランスを抱えている。このアンバランスが，時に悲劇を生む。

2）医療にとっての意義

　医療にとって，簡易鑑定はスクリーニング機能をもっている。精神障害のゆえに責任能力の問えない事例を識別し，事件から1カ月以内には治療プロセスへの導入を保証する。一方，精神障害があるにしても刑事責任が問える事例については，これを安易に医療の領域に取りこむことをブロックする。

　ただし，ここでも，鑑定医によるスクリーニング基準の差という問題がつきまとう。刑事責任が問われるべき事例が医療に移管され，のちに重大事件を起こしてしまうことがある。逆に，医療への導入を急ぐべきであったにもかかわらず，公判開始のために，その機会を逸してしまう事例もある。

3）医師にとっての意義

　鑑定とは，結論（鑑定主文）の正当性を論証するプロセスであり，論理的な整合性と説得力が重視される。鑑定作業のこうした特性は，臨床医が自分の診立てや方針を的確に表現し，患者，家族，医療スタッフに伝達する能力を養うことに貢献する。

　さらに，スピードが求められる点において，簡易鑑定は，日常臨床，とりわ

注1）検察官の裁量で起訴するかどうかを決める制度。これに対して，アメリカなどでは，一定の条件を満たせば自動的に起訴となり，責任能力も裁判で吟味される。この制度を起訴法定主義という。

け救急場面の臨床感覚に近いものがある。限られた時間と情報量という制約のもと，一期一会の心構えでベストソリューション（最適解）を追求する点で，両者は通底している。一人前の精神科医になるために，簡易鑑定の修練は欠かせない，と筆者は考える。

2．医療観察法以前の簡易鑑定の実態

大阪教育大学附属池田小学校の惨劇[注2]が生じた2001年，精神科医師の職能7団体[注3]によって構成される合議組織，精神科七者懇談会（以下，「七者懇」と略記）は，にわかに巻き起こった触法精神障害者の処遇に関する新法制定議論の中で，精神鑑定の実態を調査・分析する調査団を立ち上げた。池田小事件は，まず何よりも，精神鑑定制度の現状把握と改善を要請しているとの認識で七団体が一致したためである。以下，筆者も加わったこの調査団による調査結果を中心に，医療観察法の施行以前における簡易鑑定の実態を明らかにしておく。

1）鑑定医の判定と検察官の判断

七者懇調査団の要請によって開示された法務省データによれば，2000年度に実施された簡易鑑定は全国で2,014件であった。起訴前の本鑑定がこの年191件であったから，起訴前に行われた精神鑑定の91％を簡易鑑定が占めていたことになる[4]。

2,014件の簡易鑑定例のうち，鑑定医によって990例（48.5％）が完全責任能力ありと判定され，524例（25.7％）が限定責任能力（心神耗弱），427例（20.9％）が責任無能力（心神喪失）と判定されていた。残りの101例（4.9％）には本鑑定が推奨されていた。

一方，この鑑定結果を受けた検察官は，略式起訴を含む1,125例（55.1％）を起訴し，248例（12.1％）を心神喪失による不起訴，297例（14.5％）を心神

注2）精神鑑定や措置入院歴のある男性が，大阪市内の小学校に侵入し，児童8人を刺殺した事件。加害者は法的責任を問われ，すでに死刑も執行されたが，法的責任を問えない加害事例の処遇を規定する医療観察法を制定するにあたって，最大のモメントとなった。

注3）日本精神神経学会，精神医学講座担当者会議，国立精神療養所院長協議会，全国自治体病院協議会，日本精神科病院協会，日本精神神経科診療所協会，日本総合病院精神医学会

図2 鑑定結果と刑事処分

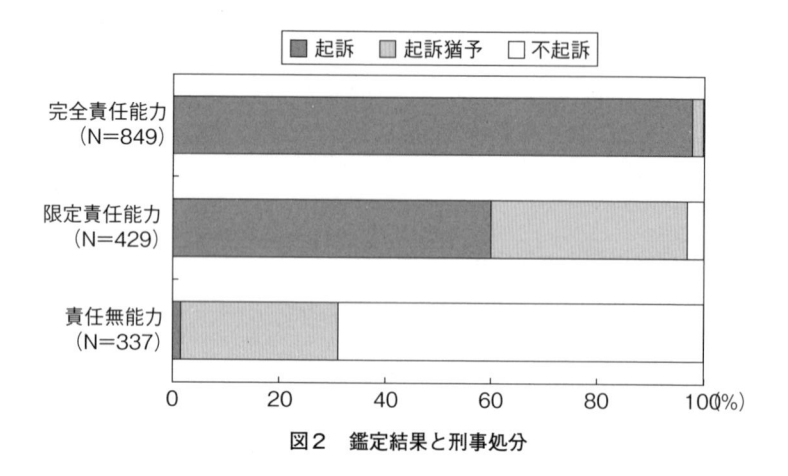

凡例：■起訴　■起訴猶予　□不起訴

- 完全責任能力（N=849）
- 限定責任能力（N=429）
- 責任無能力（N=337）

耗弱による起訴猶予処分としていた。残りの372例（18.2%）は，責任能力とは別の理由（証拠不十分など）による不起訴とされた。

　責任能力以外の不起訴例を除く1,670例について，医師の鑑定結果と検察官の司法判断との相関を示したのが図2である。鑑定医の評価と対立する司法判断例が2％ほどあるものの，検察官はおおむね鑑定医の判定を追認していることがわかる。

　一方，精神鑑定で限定責任能力と評価された例では，図2に見るように，起訴が約6割，不起訴（起訴猶予を含む）が約4割と，司法判断が割れていた。このグレーゾーン事例の責任能力をもう少し厳密に評価できないかという論題が，精神鑑定の改革を目指す精神科医に共通する問題意識の主柱であった[1]。

2）鑑定業務と司法判断の地域差

　七者懇調査団は，さらに，地検別の簡易鑑定データを分析し，いくつかの地域差を明らかにした。第一に，鑑定件数と鑑定医師数の著しい地域差である。全国平均では，400人余の鑑定医が年間平均4.8件の簡易鑑定を実施していたが，少数の鑑定医が多くの鑑定業務（年間平均で1人最大124件）を実施する寡占型の地域と，多数の鑑定医（最大31人）が鑑定業務を分け合う分業型の地域という両極構造のあることがわかった。

　第二に，精神障害の診断率と起訴率に著しい地域差があり，両者が正の相関

を示すことがわかった。おそらく，人格障害の診断が多い地域で起訴率が高くなるためと推測された。

3）簡易鑑定の個人差

七者懇調査団は，最後に，全国から146通の簡易鑑定書を収集し，形式や内容を比較検討した。その結果，やはり，施設や鑑定医個人による偏差が大きい現状が浮き彫りになった。ある施設では，本鑑定書に匹敵する内容をもった簡易鑑定書の作成を常としていたが，別の施設では，1ページほどに収まる簡略な鑑定書が様式化されていた。冒頭に記したように，鑑定主文が数行記されただけの鑑定書もあった。また，複雑酩酊を心神喪失とするなど，責任能力評価に首を傾げたくなる鑑定書も，少数ながらあった。結論を導くプロセスの説明が不十分と思われる鑑定書は，少なからず見受けられた。

Ⅲ　簡易鑑定の改革案

以上のような調査結果に基づいて，七者懇調査団は，2004年3月の報告書の中で，簡易鑑定の均霑化（きんてんか＝均質化と水準向上）を目指して，簡易鑑定書の様式モデルや鑑定医の相互研鑽制度，認定医制度などを提唱した。これらの提案は，その後，筆者も参画する国の研究班に継承されている[2,3]。以下に，その研究班が推奨する簡易鑑定書式の改革案を提示し，一部，私見を追加して説明したい。

1．責任能力評価の基本姿勢
1）可知論的立場

研究班の基本的スタンスは，1983年の最高裁判例[注4]が支持する可知論的立場である。刑事責任能力の実相は神のみぞ知るという不可知論に立ち，精

注4）「被告人が当時精神分裂病に罹患していたからといって，そのことだけで直ちに被告人が心神喪失の状態にあったとされるものではなく，その責任能力の有無・程度は，被告人の犯行当時の病状，犯行の動機・様態等を総合して判定すべきである」とした最高裁判例。

神病という生物学的要因が認められれば自動的に責任能力を減免する「慣例（Konvention）」は重視していない。

2）弁識能力と制御能力——新たな説明モデルの提案——

刑法は，刑事責任能力が「事理の理非善悪を弁識する能力」（弁識能力）と「この弁識に従って行動する能力」（行為能力ないし制御能力）という２つの能力から構成され，いずれか一方の能力が失われていれば心神喪失，と規定している。しかし，これら２つの能力を厳密に定義し，区別できるかについては議論が多い。ヒンクリー裁判[注5]のインパクトとそれへの反動によって，アメリカ合衆国の司法界は，弁識能力のみで責任能力を評価するマクノートン準則[注6]に回帰しているという[1]。

筆者は，脳の情報処理機構モデルに基づいて，弁識能力と行為能力の再定義を試みている。そのアウトラインを図3に示した。

脳は，感覚情報を，「入力系」である後頭・側頭・頭頂葉に入力する過程で，「記憶・情動系」と呼ぶべき大脳辺縁系（および小脳系）を介した記憶情報と照合し，感覚情報を意味づける。その情報は，「統合系」と呼ぶべき前頭前野に送られ，重要度に応じて濾過（フィルタリング）されたのち，演繹計算や推論のプロセスを経て，「自分は今，どのような状況に置かれているか」という判断（decision）を形成する。ここまでのプロセスが，弁識能力を構成する。

ここが折り返し点となって，次に，前頭前野では，「今，何をなすべきか」という意図（intension）が形成される。形成された意図は，行動の結果を予測してフィードバックされ，修正されたのち，「出力系」である前頭運動野から，脊髄を経由して筋肉に伝えられ，表現活動を含む行為として具現化される。

大脳辺縁系は，食欲や性欲，攻撃性など，個体と種の生存に必要な動力を供

注5）1982年，レーガン大統領と補佐官に対する銃撃事件の加害者として起訴されたヒンクリー（Hinckley）被告が，制御能力の欠如を理由として無罪となった判例。この判例以降，同様の無罪判決が相次いだため，議論を呼んだ。

注6）1891年，殺人事件の被告人マクノートン（M'Naughten）卿が精神障害のゆえに刑罰を減免された，近代法制史上もっとも古い判例。わが国の刑法39条のプロトタイプともいえるが，マクノートン判例は行為能力には言及していない。

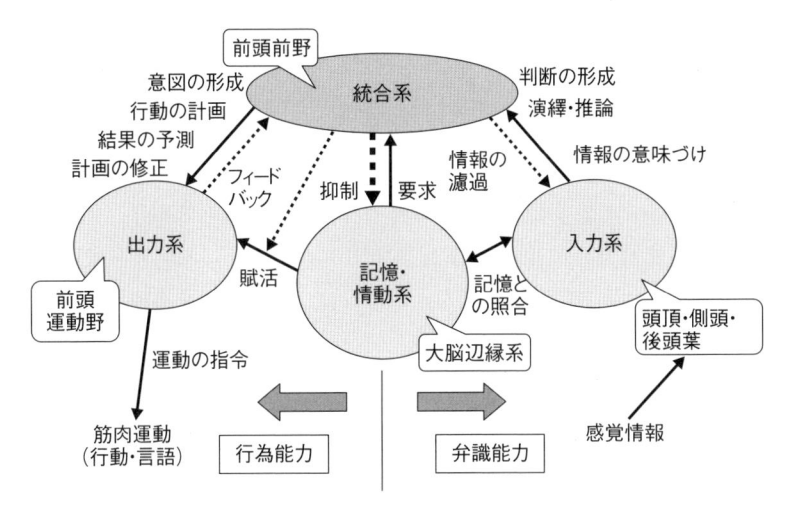

図3 脳の情報処理機構モデル

給するエンジンでもあるが，脳の進化論からみて古い（前頭前野などの新しい脳からみて辺縁にある）脳である。前頭前野による抑止が弱まると，攻撃衝動の制御が困難となる。

　意図を形成し，大脳辺縁系からの本能的要求を抑止しつつ，運動を指令するまでのプロセスが，行為能力を構成する。制御能力という概念は，行為能力のうち，意図の形成や運動の指令という駆動系の能力と対をなす制御系の能力——辺縁系の抑止，結果の予測と行動の修正など——を指し示す。

　図3に示したような情報入力から運動指令までのプロセスを情報処理の一単位とすれば，覚醒状態の脳は，瞬時のうちに何十単位もの情報処理を同調的にこなし，絶え間ない情報処理の反復を通して，学習し変化し続けている。こうした情報処理や学習のプロセスに持続的なトラブルを来す病態が精神障害である。その代表格が統合失調症で，文字通り「統合系」の機能失調を主体とする疾患である。このような観点から責任能力をとらえ直すならば，新たな説明モデルを発展させることも可能なのではなかろうか。

　ただし，情報処理プロセスは連鎖・反復する回路を形成しており，弁識能力と行為能力も，密接不可分で相互規定的な関係にあるというべきである。したがって，弁識能力と制御能力を厳密に区別して評価することには，やはり無理

があると筆者は考える。あえて区別するならば，どちらの能力がより低下していたかという相対的な表現となろう。

3）責任能力の4類型

責任能力とは，本来多軸的かつ多段階で評価されるものであり，完全責任能力，限定責任能力（心神耗弱），責任無能力（心神喪失）という3段階評価には無理があると，筆者は考えてきた。いずれは，責任能力を構成する多因子を軸としたレーダーチャートのような多元的な定量評価がなされる可能性があると期待している。精神科における病状評価尺度の多様性に鑑みれば，実現できないはずはない。

しかし，現時点では，そのような定量評価の妥当性について合意を形成するには至っていない。このため，研究班は，完全責任能力と限定責任能力との間に，「著しいとまではいえないが減弱あり」と定義される段階（いわば「不完全責任能力」）を追加・挿入して，4段階評価とすることを提言している[2,3]。責任能力評価のグレーゾーンに濃淡をつけて，刑事処分の判断基準を従来よりも明確にしようとする意図を含んでいる。

4）責任能力評価の着眼点

筆者は，簡易鑑定において責任能力を評価するに際して，時系列に沿った以下（1）から（7）までの7項目に着眼してきた[5,7]。**表1**に，これらの項目を一覧表示した。

【犯行前】
①動機の了解可能性
犯行動機が妄想に基づく一方的な被害感情であったとしても，論理的整合性が保たれているか否かによって，責任能力評価は異なる。
②犯行の計画性
犯行が衝動的・偶発的なものであったのか，計画性が認められるかに着目する。
③犯行の意味や反道徳性，違法性の認識

表1　責任能力評価の着眼点

犯行前
（1）動機の了解可能性
（2）犯行の計画性
（3）犯行の意味や反道徳性，違法性の認識程度
（4）精神障害による免責可能性の認識程度
犯行時
（5）精神状態の平素との質的懸隔
（6）犯行様態の合目的性・一貫性
犯行後
（7）犯行後の自己防御ないし危険回避的行動

　行為の反道徳性や違法性を認識していたか，被害感情に基づく正当防衛と確信していたか，などに着目する。前者の場合は責任能力の（部分的）保持が推測されるが，後者であるからといって責任無能力の論拠になるとは限らない。

④精神障害による免責可能性の認識

　被疑者の中には，精神障害が認められれば，刑事責任が減免されることを学習している例がある。できるだけ客観的な情報に基づいて判定されるべきである。

【犯行時】

⑤犯行時の人格異質性

　犯行時の精神状態が平素と質的に異なる悪化状態にあったのか，平素の精神状態が量的に変化したにすぎないのかを識別する。犯行時に精神病症状があったとしても，何とか社会適応してきた平素の病状とさして変わらない場合は，刑事責任の減免事由として重くは評価されない。平素の病状と社会適応の水準をどう評価するか，が問題となる。

⑥犯行様態の合目的性・一貫性

　犯行の様態を検討し，合目的性や一貫性の認められる行為であったのか，一貫性を欠く行為の結果として偶発的に生じた犯罪行為なのかを識別する。

【犯行後】
⑦犯行後の自己防御的ないし危険回避的行動
犯行後の逃走や証拠隠滅などの自己防御的行動，あるいは被害者の救助や消火活動などの危険回避行動をとったか否かに着目する。

　これら7項目の着眼点に対して，精神鑑定医からは，2つに大別される批判が寄せられてきた。ひとつは，この着眼点は，刑事司法の観点と用語からなる枠組みであり，医療者が依拠すべきではない，というものである。鑑定医が責任能力評価にまったく言及しなくともよい，という条件の下では，筆者もこの批判に同意するが，現時点では同意できない。ただ，いずれは，鑑定医ではなく，法曹人が用いるべき枠組みであることに違いはない。
　もうひとつの批判は，この7項目に沿って評価すると，鑑定医の印象よりも責任能力が高く評価されやすい，というものである。確かに，この7項目のうち，特に⑥，⑦は，被疑者の行動の外形的側面を重視しており，わかりやすい半面，内容的側面が軽視されやすいという難点をもつ。犯行後の逃走などは，意図的というよりも反射的というべき事例がありうる。この点に留意して，用いられるべきである。
　もとより，この着眼点は，病状評価スケールのように責任能力を定量的に測定しようとするものではない。鑑定医は，責任能力の評価に際して，これに頼りすぎてはならない。精神医学の概念と用語を駆使して，責任能力の説明に努めるべきである。

2．新たな簡易鑑定書モデル

　研究班では，以上の基本姿勢に立って，診断群別に簡易鑑定書モデルを作成し，責任能力評価に際しての着眼点や留意事項を例示している[3]。本稿では，各診断群に共通の鑑定書モデル（**資料1**）を解説する。簡易鑑定書モデルは，9大項目から成るが，6．診断，7．犯行の説明，8．総合評価の3項目に重点が置かれているため，以下，この3項目について解説する。

資料1 簡易精神鑑定書モデル

1．被疑者	氏名○○○○（男・女　生年月日　　　年　　月　　日　満　　歳）	
2．事件概要	鑑定依頼書から転記	
3．鑑定事項	鑑定依頼書から転記	
4．鑑定主文	通常は（1）診断（2）犯行時精神状態（3）犯行時責任能力（4）現在の精神状態（5）その他参考事項	
5．鑑定経過	面接日時 参考情報	
6．診断 　　犯行時	（1）診断（ICDもしくはDSMの最新版コードを付記） （2）上記診断の根拠となる精神医学的所見 ①睡眠・摂食・排泄　②清潔保持・身辺自立　③行動上の問題　④言語的疎通性　⑤記憶　⑥感情　⑦意欲　⑧知覚　⑨思考　⑩知的水準　⑪人格傾向　⑫自らの精神状態に関する認識　⑬その他 （3）補足説明	
現在	（1） （2）　｝同上 （3）	
現病歴	一部の生活歴とともに記載	
7．犯行の説明 　　総合	犯行前後の行動と精神状態	
項目別	①動機の了解可能性	
	②犯行の計画性	
	③行為の意味・反道徳性・違法性の認識	
	④精神障害による免責可能性の認識	
	⑤犯行時の人格異質性	
	⑥犯行の合目的性・一貫性	
	⑦犯行後の自己防御的・危険回避的行動	
8．総合評価	（1）診断と犯行との関係 （2）犯行時の責任能力	
9．その他の参考意見	医療観察法の必要性，措置入院の必要性など，依頼があれば記載	
鑑定日 鑑定人署名	以上の通り鑑定する 　　　　　　年　　月　　日　　　　鑑定人○○○○	

1）診断

診断は，犯行時と現在に区分し，それぞれ，診断根拠となった精神医学的所見を明記する。所見欄には，精神機能の要素的指標をチェックリスト的に配置して，病像の記述も兼ねたが，必要な項目だけをピックアップしてもよい。診断が容易でない場合は，補足説明欄にICDやDSM最新版の診断基準や鑑別診断について記述する。過去に下された診断と異なる場合は，その論拠も明記する。

現病歴欄には，診断根拠を補強する病歴，それに，犯行時の精神状態を描出するうえで必要な生活状況を要約する。履歴的事項は，犯行に連動するストーリー構成に必要な部分のみを記述する。いずれは，成年後見鑑定の嘱託書に準じて，検察庁からの鑑定嘱託書に履歴的事項の要約を添付してもらうことを研究班は要請している。

2）犯行の説明

総合的説明欄には，犯行直前の生活状況から犯行に至るまでの行動と精神状態を一連のストーリーとして再現し描写する。専門用語の羅列を避け，被疑者の具体的言動や関係者の客観情報を重視して，被疑者の精神内界の動きを裏付ける記述を心がける。

項目別の説明欄には，先に解説した7項目の着眼点に沿って評価する。チェックリスト的に網羅してもよいし，必要な項目だけを抜粋して記述してもよい。

3）総合評価

最後に，これまでの記述を総括して，鑑定主文の根拠を明示する。研究班は，疾病性と責任能力の評価に二分して論述することを推奨している。

疾病性では，被疑者を精神障害と診断できるか，その診断が本件犯行の必要条件と認められるか，本件犯行への影響の程度はどれくらいか，について論及する。

責任能力は，前述のように，4段階で評価することを推奨している。なぜその段階を選び，他の段階を選ばなかったのか，ということが簡潔明瞭に記述されることが望ましい。今後は，責任能力という用語を用いない表現も考案する

必要があるであろう。

IV 医療観察法と裁判員制度以後の精神鑑定

2005年7月に施行された医療観察法と2009年5月に施行される裁判員制度は,精神鑑定のあり方を大きく変える可能性がある。

1．医療観察法後の精神鑑定

医療観察法の施行以前には,公判提起がなされなかった場合,原則として,簡易鑑定を含む起訴前鑑定書が検察官以外の目に触れることはなかった。これが簡易鑑定のばらつきを生む要因ともなっていた。医療観察法施行後は,同法の申し立てがなされた不起訴事例の鑑定書は,審判に関わる複数の関係者の目に晒されることとなった。したがって,起訴前鑑定の水準の向上が期待される。少なくとも,あまりに粗雑な鑑定書は,存在を許されなくなるであろう[6]。

一方,医療観察法鑑定の新設によって,起訴前の本鑑定が省略される可能性が高まった。不起訴と医療観察法への申し立てが予測される事例に対しては,簡易鑑定よりも綿密で本鑑定よりも迅速な医療観察法鑑定（通常は1カ月）の実施が予測されるからである。しかし,医療観察法鑑定の目的は責任能力評価ではなく,医療観察法医療の要否判定である。医療観察法鑑定が責任能力鑑定の代用となってはならない。

2．裁判員制度と精神鑑定

2008年に全国各地で試行された模擬裁判では,裁判員制度における精神鑑定のあり方が議論を呼んだ。全国共通の模擬事例に対する判決が,全国各地でばらついたためである。筆者も,被告人の責任無能力を主張する鑑定人役として模擬裁判に参加し,見事に敗北を喫した（有罪判決が出された）が,責任能力評価に関する裁判員の判断が,どちらかというと,論理よりも直感に依拠していたのではないかと論評するのは,筆者の負け惜しみであろうか。

いずれにせよ,裁判員制度の導入後,精神鑑定には,論理的な厳密性に加えて,平易でインパクトのある表現性が要請されることは確実である。法廷戦術

などとは縁のない鑑定医にとっては試練の時代を迎えたともいえるが，精神科医師としての説明能力を磨くチャンスが増えたと前向きにとらえておくべきであろう．

おわりに

今世紀の初頭に起きた大阪教育大学附属池田小学校の惨劇を契機として，司法と医療との交信回路は急速にチャンネル数が増えた観がある．医療観察法に対する評価は定まっていないが，司法と医療の対話を促進し，精神鑑定のあり方に改革のチャンスを与えてくれたことは確実である．裁判員制度の導入によって，今後はさらに，精神鑑定への要請も変化してくるであろう．従来，鑑定医個人の孤独な作業であった精神鑑定の領域が，多数の関係者の参与によって開放化され，進化の速度を増すのではないかという期待と，鑑定医の責任と作業量がますます重くなるのではないかという不安が交錯するのは，筆者だけではあるまい．本稿が，この領域における発展的な議論の素材となってくれれば，筆者望外の喜びである．

文 献

1) 岡田幸之：刑事責任能力再考——操作的診断と可知論的判断の適用の実際——．精神経誌，107, 920-935, 2005.
2) 岡田幸之，樋口輝彦ほか：責任能力鑑定における精神医学的評価に関する研究．平成17年度厚生労働科学研究報告書，2006.
3) 岡田幸之ほか：他害行為を行った者の責任能力鑑定に関する研究．平成18年度厚生労働科学研究報告書，2007.
4) 平田豊明，中島直ほか：簡易鑑定および矯正施設における精神科医療の現状——精神科七者懇ワーキングチームからの調査報告と提言——．精神経誌，106, 1539-1582, 2004.
5) 平田豊明：起訴前簡易鑑定の現状と問題点．松下正明編：司法精神医療，司法精神医学5．10-20, 中山書店，2006.
6) 平田豊明：医療観察法への社会的要請と運用上の問題点．精神経誌，110；43-48, 2008.
7) 平田豊明：起訴前簡易鑑定．五十嵐禎人編：精神科臨床リュミエール1　刑事精神鑑定のすべて．24-33, 中山書店，2008.

裁判員制度・医療観察法

裁判員制度と刑事責任能力鑑定

五十嵐禎人 ● Igarashi, Yoshito

はじめに——裁判員制度の概要——

1．裁判員制度の意義とその特徴

　裁判員制度とは，一定の刑事裁判において，国民から事件ごとに選ばれた裁判員が裁判官とともに審理に参加する制度である。司法制度改革の一環として，2004年5月21日「裁判員の参加する刑事裁判に関する法律」(以下，「裁判員法」あるいは単に「法」と略記する)が成立し，2009年5月21日より施行されることが決定している。

　従来のわが国の裁判は，検察官，弁護士，裁判官という法律実務家を中心として行われてきたが，慎重で丁寧な審理がなされるという利点の一方で，専門的な正確さを重視する余り審理や判決が国民にとって理解しにくく，また，一部とはいえ審理に長期間を要する事件があるなどの問題もあり，刑事裁判は一般国民から縁遠い存在となっていた。そこで，国民の司法参加により市民が持つ日常感覚や常識といったものを裁判に反映するとともに，司法に対する国民の理解の増進とその信頼の向上を図ることを目的として裁判員制度が導入された。

　一般市民が刑事裁判の過程に関与する制度は，最近では多くの国で行われている。アメリカやイギリスなどの英米法圏では古くから陪審員制度が採用されている。また，近年，フランス，ドイツ，イタリアといったいわゆる大陸法に属する諸国においても参審員制度が採用されている。陪審員制度を採用する諸国では，事件毎に一般市民から選任される陪審員は事実認定（有罪か無罪かの

認定)を行うのみで，量刑判断は職業裁判官によって行われている。また，参審員制度を採用する諸国では，裁判官と参審員は一つの合議体を形成し，事実認定だけでなく量刑判断も行うが，これらの諸国では参審員は職能団体等からの推薦によって一定の任期をもって選任される。これに対して，わが国の裁判員制度は，事件毎に一般市民から選任される裁判員が，事実認定のみならず量刑判断にも参加するという独自の特徴を有している。

2．裁判員裁判の対象事件

裁判員裁判の対象となる事件は，裁判員法の規定（法2条第1項）によれば，①死刑又は無期の懲役・禁錮に当たる罪に係る事件，②法定合議事件であって故意の犯罪行為により被害者を死亡させた罪に係るもの，である。具体的には，殺人，強盗致死傷，現住建造物等放火，身代金目的誘拐，危険運転致死，傷害致死，保護責任者遺棄致死などが対象となる。裁判員法施行後は，これら対象事件の第一審は，職業裁判官と一般国民から選任された裁判員から構成される合議体によって，審理が行われる。ただし，裁判員やその親族等に対して危害が加えられるおそれがあるような事件，たとえば暴力団関係者による事件等については，対象事件から除外される（法3条第1項）。

3．裁判員の選任

裁判員は，20歳以上の有権者（衆議院議員選挙人名簿に登録された人）の中から，無作為に選任される。毎年，地方裁判所ごとに裁判員候補者名簿が作成される。名簿登載者には通知とともに調査票が送付され，欠格事由や辞退事由に該当するかなどについて調査が行われる。対象事件について公判期日が決定されると，裁判所は，裁判員候補者名簿から当該事件に関する裁判員候補を抽選で選び，裁判員選任手続のために裁判所に呼び出す。裁判員選任当日は，検察官，弁護人立会いによる裁判長による意見聴取が行われ，最終的に裁判員の欠格事由や辞退事由に該当しない裁判員候補者の中から抽選で，裁判員ならびに補充裁判員が選出される。

4．審理の流れ

　従来の刑事裁判とは異なり，一般市民が裁判員として参加するため，裁判員裁判では法廷における審理のあり方にも大きな変化がある。ひとつは，これまでは当事者の都合を調整した上で審理の予定が決定されていたが，裁判員裁判では，原則として公判は連日開廷され集中した審理が行われる。約7割の事件は3日以内に，約9割の事件が5日以内に審理が終了すると見込まれている。また，正式の審理が開始される前に公判前整理手続が必ず行われる（法49条）。公判前整理手続には，裁判官，検察官，弁護人が出席し，検察・弁護双方から証拠の開示やそれに対する意見などが提出・協議され，最終的に公判で採用する証拠，証人，公判日程などを決定する。公判前整理手続終了後には，原則として新たな証拠請求はできない（刑事訴訟法316条の32第1項）。

　公判における審理は，原則として職業裁判官3名と裁判員6名によって構成される合議体によって行われるが，公訴事実に争いがなく，裁判所が適当と考え，かつ当事者に異議のない場合には，職業裁判官1名と裁判員4名の合議体で審理が行われることもある。合議体の評議において取り扱われる事項のうち，事実認定，法令の適用，刑の量定については，裁判員の意見は職業裁判官と同等の重みをもち，被告人を直接尋問することも可能である。ただし，法令解釈と訴訟手続については法律の専門家である裁判官の専権事項とされており，職業裁判官のみによって決定される（法6条）。合議体による評議が尽くされたと判断されると評決が行われる。評決は，合議体の過半数をもって最終判断とされる。ただし，その過半数を占める判断の中には必ず裁判官，裁判員それぞれの1名以上の賛成がなければならない。

I　裁判員制度における精神鑑定
——裁判員法の精神鑑定に関する規定——

　裁判員法は，「公判前整理手続において鑑定を行うことを決定した場合において，当該鑑定の結果の報告がなされるまでに相当の期間を要すると認めるときは，検察官，被告人若しくは弁護人の請求により又は職権で公判前整理手続において鑑定の手続（鑑定の経過及び結果の報告を除く）を行う旨の決定（以

下この条において「鑑定手続実施決定」という）をすることができる。」（法50条1項）と規定している。従来の刑事裁判では，公判開始後に主に弁護側の請求によって精神鑑定が行われることが多かったが，裁判員裁判では，精神鑑定は原則として公判前整理手続の段階で行われることになる。

　また，刑事訴訟法305条1項は，「検察官，被告人又は弁護士の請求により，証拠書類の取調をするについては，裁判長は，その取調を請求したものにこれを朗読させなければならない。但し，裁判長は，自らこれを朗読し，又は陪席の裁判官若しくは裁判所書記にこれを朗読させることができる。」と規定しており，精神鑑定書も証拠として採用された場合には，その全文を法廷で朗読する必要があることになる。従来の刑事裁判においては，長大な精神鑑定書が証拠採用されることもあった。しかし，一般市民も参加し3～5日間連日開廷で行われる裁判員裁判の審理において，こうした精神鑑定書を全文朗読することは明らかに不適切である。したがって，証拠採用される精神鑑定書には，全文朗読が可能な，簡にして要を得たものであることが必要とされることになる。

　こうした裁判員法の精神鑑定に関する規定は，刑事事件における精神鑑定のあり方にも影響を与える。精神鑑定，すなわち責任能力を争点とした模擬裁判は，2007年11月以降各地方裁判所で行われており，また，裁判官を中心とした司法研究において，模擬裁判記録の解析結果なども踏まえ，責任能力を始めとした難解な法律概念の裁判員への説明方法などについての検討が行われている。精神医学側の対応としては，2008年5月日本精神神経学会ならびに日本司法精神医学会は合同して，裁判員制度に関するプロジェクト会議を立ち上げることを決定し，それに対応する日本司法精神医学会側の組織として裁判員制度プロジェクト委員会が設置された。

　以下，筆者の模擬裁判やプロジェクト会議・委員会における経験やマスメディアで報道されている司法研究の報告書内容などを踏まえて，裁判員制度における精神鑑定の課題に関していくつかの論点にわけて検討する。

II 公判鑑定ではなく,公判前鑑定であること
　　——鑑定資料の取り扱い——

　従来の刑事裁判では,事実関係に関する証拠は公判で取り調べた上で,それを精神鑑定の資料として提供するか否かについての決定が行われていた。しかし,裁判員裁判では,精神鑑定は公判前整理手続の段階で行われる。この段階では,証拠に関する取調はまったく行われておらず,検察官,弁護人の同意・不同意の意見のみしか示されていない。公判前整理手続に関与する裁判官も,双方の提出する証拠の具体的な内容までは見ていない段階である。つまり,鑑定の基礎資料とすべき被告人の供述調書や目撃証言などについても,法廷での吟味はなされておらず,鑑定の前提となる犯行に関する客観的な事実についても確定していない状態で精神鑑定を行うことになる。したがって,鑑定人に対してどのような資料を提供すべきかという問題が生じる。

　こうした問題に対する対応としては,①双方が同意した証拠のみを提供する方法と,②一方が不同意の証拠であっても,不同意の理由書などを添えた上で提供する方法,の2つがある。しかし,一般の精神科臨床を考えてみればわかるように,患者に関連する情報を幅広く収集し,その取捨選択を行った上で,診断や治療方針の決定を行うことは,精神科医の基本的な業務である。精神鑑定においても,提供された証拠と被鑑定人との問診や検査結果から得られる情報のそれぞれを,評価し,取捨選択した上で,犯行時の被鑑定人の精神状態を再構成し,その判断能力を評価する必要がある。したがって,幅広く情報を収集することができるという観点から,②の方法が望ましく,司法研究においてもそうした方向性が提示されているようである。

　なお,犯行の態様等について双方に争いがある場合には,いくつかの場合わけを仮定した上で,鑑定意見を述べる必要がある場合も想定される。しかし,殺意の有無の認定のような純粋な法的判断に係わる事項については,精神医学の知見に基づいて判断することは原理的に不可能であり,こうした場合わけを前提とした鑑定意見を精神科医である鑑定人に求めることは明らかに不適切である。

III 簡にして要を得た精神鑑定書
　　——鑑定作業と鑑定結果の報告——

　裁判員法は,「裁判官,検察官及び弁護人は,裁判員の負担が過重なものとならないようにしつつ,裁判員がその職責を十分に果たすことができるよう,審理を迅速でわかりやすいものとすることに努めなければならない。」(法51条)と規定している。この規定は,「裁判員の負担に対する配慮」と題された法曹三者に対する努力規定であり,鑑定人に対するものではない。しかし,「迅速で分かりやすい」ということは,公判において精神鑑定の結果を報告する鑑定人にも同様に要求されることであろう。以下,それぞれの要請を受けて,精神鑑定のあり方がどのように変化すると予測され,また,それに対してどのような対応が必要とされるかについて述べる。

1. 迅速さ——迅速さを求められるのは鑑定作業ではないこと——
　裁判員裁判で求められているのは,あくまでも裁判員が参加する公判での迅速さであり,精神鑑定の作業そのものの迅速さではない。つまり,裁判員裁判になり,精神鑑定結果の法廷への報告に迅速さが求められるようになったとしても,精神鑑定の作業そのものまでもが大きく変化することは考えられないし,もし,そのようなことが法曹側から要請されるとすれば,それは本末転倒である。犯行時の被告人の精神状態を被告人の種々の段階での供述や目撃証言その他の客観的事実から再構成し,精神障害の症状がどの程度被告人の行動に影響していたのかについて,精神医学的立場から探求することこそが精神鑑定に求められていることである。そして,こうした判定を行うためには,精神医学的診断が適正に行われる必要があり,また,犯行前後の被告人に関する種々の側副情報の分析を踏まえた上での判定こそが重要である。そのためには,種々の画像検査や心理検査を行うことが必要な場合もあるであろうし,一定の期間をおいて臨床状態の変化を観察する必要もあろう。

　たとえ法廷に提出する鑑定書が短縮され簡易化されたものになるとしても,その前提となる精神医学的判断の過程そのものまでもが短縮・簡易化されるも

のでは決してないことは，強調してもしすぎということはないであろう。

2．短さ――精神鑑定書の書式――

　前述のように裁判員裁判において証拠採用される精神鑑定書は簡にして要を得たものである必要がある。こうした目的を達成するためには，精神保健福祉法における入院・退院届けや精神障害者保健福祉手帳の診断書，あるいは成年後見制度における鑑定書や診断書などのように，ある程度標準化された精神鑑定書の書式を作成することが適切であろう。

　こうした精神鑑定書の書式として，最高検察庁裁判員制度等実施準備検討会主催の精神鑑定研究会が提示した精神鑑定書の書式があり，2008年5月に開催された第4回日本司法精神医学会大会の会場でも配布された[5]。この書式では，結論部分，すなわち精神科臨床診断や犯行時の精神状態や精神障害の犯行への影響の分析結果，を中心とした簡易な鑑定書本体と，検査所見，問診記録，鑑別診断などの別紙とに分割する方式を提示している。また，従来から継続され，前記の検察庁の書式にも反映されている厚生労働科学研究「他害行為を行った者の責任能力鑑定に関する研究」班[4]の研究成果である「刑事責任能力に関する精神鑑定書作成の手引き」平成18～20年度総括版では，裁判員裁判に備えて，従来の書式に加えて別紙形式の精神鑑定書の書式が提示されている。

3．わかりやすさ――鑑定人尋問と事前カンファレンスの活用――

　精神鑑定書の全文朗読を聞いただけで，裁判員がその内容を理解できるのが理想的といえる。しかし，実際に朗読を聞いただけで，裁判員がその内容を理解できるような精神鑑定書を作成することは，ほとんど困難と思われる。その理由としては，まず，教科書なしの授業やスライドなしの学会発表を考えればわかるように，ただ話される言葉だけを聞いて，その内容を十分に理解するということは，元来，かなり難しい作業であるということがあげられる。また，鑑定結果の受け手となる裁判員は，法律や精神医学に関する専門教育を受けていない一般市民であり，その知識や理解力もさまざまである。したがって，精神鑑定書をいくらわかりやすく作成するとしても，そこには自ずと限界がある。さらに，裁判官や裁判員が精神鑑定書を読む場面が，従来の刑事裁判と裁判員

裁判とでは大きく異なるという裁判員裁判の審理構造に起因する問題も，わかりやすさを阻害する要因である。従来の刑事裁判では，裁判官は事前に提出された鑑定書を，公判以外の場で熟読し，理解が十分でないと考える部分については，専門書等で調査を行ったりすることができた。しかし，裁判員は，裁判所で行われる公判や評議の場以外で証拠書類等を閲覧することはできず，当然，精神鑑定書も公判や評議の場でしか読むことはできない。こうした鑑定書の読まれる場面の相違は，構造的な問題であり鑑定書作成の工夫だけでは対応しがたい。

こうした裁判員裁判における審理の特徴などを踏まえて，裁判員裁判における分かりやすい鑑定結果の報告のためには以下のような工夫が必要と思われる。

1）精神医学的概念や用語の説明

精神医学的な概念や用語自体の難しさは，裁判員の理解を困難にする要因のひとつである。特に，精神病理学の領域における専門用語の中には，同一の言葉であっても学派によって意味づけが異なり，精神科医であっても十分に理解することが困難なこともある。こうしたことに対する対応策としては，いたずらに専門用語を使用せずにわかりやすい言いかえを行う，あるいは，専門用語に関して学会などによってオーソライズされた用語集や解説書を作成することなどが考えられる。

2）鑑定人尋問の活用

単に鑑定書を朗読するだけでなく，公判における鑑定人尋問を活用して，鑑定人が直接合議体に鑑定結果を説明することも有用であろう。具体的には，鑑定人自らが，パワーポイントなどの視覚資料も利用して，被鑑定人の精神疾患の説明や鑑定結果の説明を口頭で行うことが考えられる。筆者の模擬裁判での経験からしても，こうしたプレゼンテーションは，裁判員の理解を助けるものであり，司法研究でもこうした方向性を支持しているようである。しかし，鑑定人がこうしたプレゼンテーションを行うとしても，その後に行われる当事者双方の尋問のあり方についても新たな方法論がなければ裁判員に分かりやすい

鑑定結果の報告は実現することができないと思われる。従来の刑事裁判における鑑定人尋問は，当事者双方から一問一答の形式で行われてきたが，質問内容に重複が多く，その一方で精神医学的に重要と思われる点に関しては十分な質問が行われないこともあった。当事者双方には，鑑定人のプレゼンテーション内容を踏まえた上で，尋問の内容や方法についても，裁判員の理解を深められるような工夫をお願いしたい。

なお，いうまでもないことではあるが，従来の鑑定人尋問では，鑑定意見に不同意な当事者から，鑑定人の人格攻撃に近い尋問が行われることも時にあった。しかし，このような鑑定人尋問は裁判員の事件についての理解や公平・中立な立場からの判断を妨げるものであり，あきらかに不適切である。

3）事前カンファレンスの活用

裁判員法は，「鑑定手続実施決定があった場合には，公判前整理手続において，鑑定の手続のうち，鑑定の経過及び結果の報告以外のものを行うことができる。」（法50条第3項）と規定している。裁判員に理解しやすい鑑定結果の報告を行うためにも，この規定を積極的に活用し，裁判官，検察官，弁護人，鑑定人が参加する鑑定意見に関する事前カンファレンスを行うことが有効と思われ，司法研究でもそうした方向性を打ち出しているようである。

Ⅳ　精神鑑定の意義と刑事責任能力判定の根幹

以上，裁判員制度の概要と裁判員裁判における精神鑑定のあり方について，現時点までに得られている情報をもとに，精神鑑定の実務において予測される変化とそれに対する対応について述べた。裁判員制度については，制度そのものの是非のような根源的なレベルの問題についてもいまだ論議が続けられている。しかし，裁判員制度において精神科医に要請されている課題，簡にして要を得た精神鑑定書の作成，鑑定結果の分かりやすい報告・説明などは，従来からも指摘されてきた精神鑑定に対する要請・課題でもある。ただし，すでに述べたように，こうした要請・課題は，あくまでも，鑑定結果の報告やその説明に関する変化であり，実際の精神鑑定を行うにあたって必要とされる問診や検

査や刑事責任能力判定の方法の根幹が大きく変化するとは思われない。刑事責任能力の判定をめぐっては，別の機会[1]に論じたが，以下，裁判員制度の施行によって変化しない，あるいは変化してはならないと思われる刑事責任能力鑑定をめぐるいくつかの論点に関して，私見を述べることとする。

1．精神鑑定の意義——精神鑑定は「心の闇」を解明するためのものか——

　世間の耳目を集めるような重大な事件が起こると，マスメディアによって犯人の「心の闇」に関してセンセーショナルな報道が行われ，被疑者・被告人の責任能力が話題とされる。こうした事件に関しては，最近では，検察官による捜査の段階でも簡易鑑定ではなく鑑定留置を伴う正式の精神鑑定が行われることも多い。裁判が終了し，被告人の判決が確定した場合でも，マスメディアでは，被告人の「心の闇」は解明されず，事件の真相は明らかにならなかったというような報道がなされることも少なくない。

　しかし，刑事事件，特に重大な事件において精神鑑定が行われるのは，近代刑法の原則である責任主義によって，裁判において心神喪失者と認定された被告人は，たとえ殺人のような重大な犯罪を行った場合でも，刑罰を科されることはなく，また，心神耗弱者と認定された場合には必ず刑を減軽されるからであり，責任能力の有無程度の判断が刑事司法における重大な課題だからである。

　そもそも精神障害者の犯罪に限っても，そのすべてが精神障害と因果関係があるわけではない。また，一般常識で理解できないことをする人がすべて精神障害者と診断されるわけでもない。精神鑑定の目的は，あくまでも精神障害という疾病の有無程度と精神障害と犯行との因果関係を明らかにすることであり，被告人の「心の闇」を解明するために行われるものではない。

2．可知論と不可知論について

　司法精神医学においては，責任能力の判定をめぐって，精神障害が人の意思や行動の決定過程にどのように影響するかを，判定することはできないとする立場（不可知論）と，できるとする立場（可知論）との対立が存在してきた。精神医学の進歩による早期発見・早期治療の実現，社会復帰活動の活発化などを受けて，現在「統合失調症という診断が確定すれば，原則として，その者は

常に責任無能力である」と主張するような純粋な不可知論の立場にたつ精神科医は，司法精神医学の専門家の中であってもほとんどいないと思われる。実際，公判において精神鑑定の行われた事例について全国規模の調査を行った大澤[3]によれば，分析の対象とした精神鑑定書の97.2％（69例）において鑑定人は可知論的立場にたって判定を行っていたという。

　しかし，統合失調症＝責任無能力という誤解は，法曹界はもとより，一部の臨床精神科医の中にもいまだにあるように思われる。実際，ある精神医学の教科書では，不可知論者の代表であるグルーレの「大精神病（統合失調症など）においては，すべての行為に対して責任無能力である」という見解が紹介されている。筆者自身もある時期までは，少なくとも精神科医の間では，統合失調症＝責任無能力という公式が成り立っているものと考えていた。かつて精神科薬物療法導入期前後に都立松沢病院で行われた精神鑑定書を分析したこと[2]があるが，鑑定人の診断が統合失調症で，その責任能力に関する意見が心神喪失であった鑑定書は，公判鑑定では74.0％，起訴前鑑定で68.8％にすぎなかったという結果をみて，いささか驚いた記憶がある。

　同じ統合失調症という診断であっても，その経過や予後はさまざまである。精神科救急事例に代表されるように精神病症状のために著しい行動の異常を呈し，警察官に保護されて措置入院となった患者であっても，適切な精神科治療を行えば急速に病状が改善し，短期間で社会復帰することができる患者もいる。その一方で，若年発症で，特に大きな治療中断等もないにもかかわらず人格水準の低下が進み，社会復帰が困難な患者もいる。あるいは，精神科病院入院中の統合失調症患者が院外外出中に万引きや無銭飲食などの触法行為をした場合に，主治医である精神科医はどのように対応するであろうか。警察などに通報するかはともかく，その患者に被害を弁償させるという対応を採ることが多いのではないだろうか。こうしたことを考えても，統合失調症という診断が確定しただけで統合失調症患者による触法行為を原則として責任無能力と判定する不可知論的判断が適切とはいえないことが明らかになろう。

　民法の領域では，2000年の改正により，従来の禁治産制度のような行為能力剥奪による全面的保護から，障害者の自己決定の尊重と残存能力の活用という新たな理念と本人の保護とを調和させた成年後見制度へという転換がなされ

た。こうした転換の背景には，ノーマライゼーション思想の普及・進展による障害者観の変化という社会全体の変化がある。刑事責任能力や精神障害者免責制度は，法律学や精神医学だけの問題ではなく，広く社会一般の合意のうえに成立している制度であり，本来，こうした社会全体の障害者観の変化と無縁であってはならないものである。

3. 精神鑑定において精神科医はどこまで意見を述べるべきか

　精神鑑定において，鑑定に従事する精神科医が責任能力に関する意見を述べるべきかについては，種々の見解があった。精神科医は生物学的要素すなわち臨床精神医学的診断のみを行い，心理学的要素については規範的判断であるので，精神科医は立ち入るべきではないという意見が有力視されていた時期もあった。また，前述の司法研究では，鑑定人が心神喪失や心神耗弱といった判断を示すべきではないと提言しているようである。

　しかし，精神科救急における強制入院の要否の判断を考えてみればわかるように，それが明確に意識されるか否かは別として，精神科医は臨床の場面において，患者の判断能力の有無程度を判定したうえで治療方法や治療の場の設定を行っている。

　鑑定人の責務は，裁判所の補助者として，精神医学の専門家としての立場から，犯行時の被告人の精神状態や精神障害と犯行との因果関係を解明するように努め，その結果を裁判所に報告することである。責任能力の判断とは，犯行時点の被告人の判断能力の有無程度に関する判断であり，精神科医が，精神医学的知識に基づいて公正中立な立場から，犯行時の被告人の判断能力について意見を述べることは，裁判官や裁判員が被告人の責任能力の判断をなすことを妨げることではなく，むしろその判断のために有益な参考資料を提供するものといえよう。実際，平成20年4月25日最高裁判所第二小法廷判決は，「生物学的要素である精神障害の有無及び程度並びにこれが心理学的要素に与えた影響の有無及び程度については，その診断が臨床精神医学の本分である」と述べている。裁判員制度においても，精神医学の専門的立場から犯行時の被告人の判断能力についての意見を述べることは引き続き鑑定人の重要な役割と思われる。

なお，前述の司法研究の報告書では，責任能力の判定は可知論の立場によってなされるべきこと，また責任能力に関する裁判員への説明については，従来の弁識能力，制御能力という概念を使わずに説明することを提言しているようである。犯行時の判断能力を弁識能力と制御能力とに分けて考えることは，論理学的には合理的なように思われる。しかし，実際の鑑定を考えると，被鑑定人の犯行時の行為のどの部分が弁識能力の問題であり，どの部分が制御能力の問題に該当するかを明確に区別することは，必ずしも容易な作業ではない。弁識能力，制御能力は，あくまでも法的概念であり，制御能力が「その弁識に従って行動する能力」と定義されているように，両者は心理学における構成概念のような完全に独立した概念とはいえない。裁判員制度の施行を控え，裁判員に対する責任能力に関するわかりやすい説明を考えていく必要があるだろう。そのさい，両者のうちでは，弁識能力の障害こそが，歴史的にも精神医学的にも心理学的要素の基本であることは忘れられてはならないと思う。

注：本稿は，下記の2つの論文を再構成し，加筆修正したものである。
五十嵐禎人：裁判員制度と精神鑑定のあり方．精神科14，178-182，2009．
五十嵐禎人：司法精神医学の課題――「精神医学と法」を読んで．MARTA 7(2) 13-16，2009．

文　献
1) 五十嵐禎人：刑事責任能力総論．刑事精神鑑定のすべて（五十嵐禎人編）．中山書店，2-15，2008．
2) 五十嵐禎人，田村みずほ，田口寿子，中谷陽二，風祭元：薬物療法導入期前後の司法精神鑑定例にみられる精神分裂病の刑事責任能力．日本社会精神医学会雑誌8，96，1999．
3) 大澤達哉：鑑定人および裁判官の刑事責任能力判断に関わる要因の研究――裁判所等を通して実施した全国50事例の関係記録の分析より――．精神神経学雑誌109，1100-1120，2007．
4) 岡田幸之，松本俊彦，五十嵐禎人，黒田治，平林直次，安藤久美子，野田隆政，樽矢敏広，高木希奈，平田豊明：刑事精神鑑定書の書き方「刑事責任能力に関する鑑定書作成の手引き」の開発．精神科治療学23，367-371，2008．
5) 高嶋智光：裁判員制度と精神鑑定．司法精神医学4(1)，77-87，2009．

刑事責任能力と裁判員制度

岡田幸之 ● Okada,Yasuyuki

はじめに——裁判員裁判で責任能力が扱われること——

　刑事責任能力とその鑑定をめぐっては，これまで多くの議論があった[2]。それらを整理し，大項目としてA．一般精神医学，B．責任能力とその周辺の判断，C．鑑定人と法曹の立場，D．鑑定の実施の形式や実務のそれぞれに関する諸問題をあげ，さらにその小項目を示した（表1）。それぞれの中にある問題を具体的に考えると，小項目一つでも法学の領域や医学の領域の専門的な論文になるほど深淵であり，また4つの大項目は独立したものではなく，相互の関わりあいが深く複雑に絡み合っていることもわかる。BはAを基礎に論ずるものであるし，Bの判断には背景としてCが影響し，そしてBの判断をするための実務的背景がDである。
　そして裁判員制度の実施が，この諸問題をめぐる議論の転換の契機になることは間違いない[3,4]。中でも最大の中心課題は，いうまでもなく「裁判員がどのようにして責任能力を判断するのか」ということである。

I　裁判員による「責任能力によらない"責任能力"の判断」の可能性について

　本来ならば，裁判員がどのようにして責任能力を判断するのかを正面からとらえて論じていくところだが，ここではそれを浮き彫りにすべくあえてまず，裁判員が「責任能力によらない"責任能力"の判断」をする可能性に目を向け

表1　これまで刑事責任能力とその精神鑑定をめぐって論じられてきた諸問題

A. 主として一般精神医学の諸問題
　　診断の違い，診断基準の違い，診断基準の適用の仕方の違い，新しい疾患概念の扱い，新しい臨床検査の扱い　など

B. 主として責任能力判断とその周辺の判断に関する諸問題
　　刑法第39条の意味・賛否にかかわる問題，責任能力判断の表記の違い，責任能力判断の根拠の違い，責任能力の定義の問題，生物学的要件と心理学的要件の問題，弁識能力・制御能力についての問題，可知論と不可知論の問題，精神病質・人格障害の責任能力の考え方，自招性の精神障害の責任能力の考え方，ビンダーの三分類をめぐる問題，福島の不安状況反応をめぐる問題，統合失調症の病状・病期による判断の違い，うつ病での動機の了解可能性の高さの問題，疾病概念・分類（とくに内因論）の変化と慣例の問題，責任能力とは本来独立した要素（治療の必要性，処遇の適・不適，事件の重大性，被害者への影響など）の問題　など

C. 主として鑑定人・法曹の立場をめぐる諸問題
　　鑑定依頼主との関係や党派性・中立性の問題，起訴前鑑定と起訴便宜主義の関係，鑑定人の医師・治療者としての立場の問題，鑑定人の言及範囲の問題，複数の鑑定書・鑑定人の関係，裁判官の鑑定への拘束性・自由心証主義の問題　など

D. 主として鑑定の実施に関する形式的・実務的な諸問題
　　鑑定実施の見落としと乱発の問題，鑑定人の専門領域に関する問題，鑑定の実施内容（検査など）の違い，鑑定技術の問題，鑑定書の量・内容・質などの問題，鑑定の実施方法・時期・期間・場所・効率の問題，鑑定留置の場所・方法の問題，鑑定の前提事実の扱いの問題，公判前整理手続における鑑定の扱いの問題，鑑定人尋問の方法の問題，鑑定人の守秘義務と倫理規定の問題，鑑定人と社会やマスメディアとの関係，鑑定人の養成や教育の問題，鑑定の専門施設の問題　など

てみる。

　筆者は，裁判員制度の準備のためにおこなわれたいくつかの模擬裁判での経験などから[6]，責任能力が問題になるケースで裁判員が責任能力そのものによらずに"責任能力"を判断するパターンを8つに分けて整理して論じた[8]（**表2**）。以下では，その8つについて詳細に論ずる。

1．刑法第39条の否定に立脚した判断

　一般市民の中には，おそらく39条に反対する考えをもっている人も少なからずいる。そうした意見の是非はともかくとして，法令自体への批判は国民の

表2 責任能力によらない"責任能力"の判断

1	刑法第39条の否定に立脚した判断	そもそも刑法第39条が納得できないというところによる判断である。精神障害者だからといって罪を逃れるのはおかしい，という意見が前提にあるならば，いかに鑑定人が意見を述べようとも結論は変わらない。刑法第39条の是非は国民の間で論じられるべきことではあるが，その法律への個人的見解によって個々の事件の判断が直接になされることは避けられなければならない。
2	処遇判断からの遡及的な判断	処遇の適否と責任能力の判断というのは本来別になされる。しかし，医療観察法があるならば心神喪失でよいのではないか，とか刑務所でも医療が受けられるのならば完全責任能力でよいのではないかといった構図は単純で分かりやすく，判断に影響しやすいといえる。この点では，たとえば医療観察法という制度があることをいつ，どのように説明するのかも一つの懸案事項となる。
3	情状や事件の重大性との混同による判断	最終的な判決には情状や事件の重大性も，当然組み入れられる。しかし，責任能力自体の判断にはそれらは含まれるものではない。上述の2と同様である。
4	"見た目"による判断	刑事責任能力は事件時の精神状態を評価の対象とするものであるが，精神状態が事件時よりも悪化している，あるいは軽快しているということ，とくに法廷での被告人の様子が判断に影響する可能性がある。鑑定中の治療のありかたなどを含め，幅広く検討される必要がある。
5	精神鑑定への不信に基づく判断	「精神鑑定は何でも精神障害と診断する」とか「一人の被告人に対していくつもの鑑定がばらばらの結論を出す」といったイメージが抱かれているかもしれない。そうした見方が当該事件についての鑑定への不信を招く可能性がある。
6	精神科医による法的な言及への妄信による判断	「よくわからないので専門家のいうとおりでよいのではないか」といった精神科医への妄信による判断も適切であるとは言えない。
7	説明の分かりやすさと説明の正しさの混同による判断	説明が分かりやすければ説得力があることは確かである。しかし必ずしも「分かりやすさ」が「正しさ」と一致しているとは限らない。とくに対質のような形式の場合には，この点には注意が必要である。
8	"中庸の選択"による判断	「よくわからないので真ん中をとる」とか，迷ったら心神耗弱という判断があるとすれば，適切ではない。

代表がつとめる国会を通じて，法令の改正というかたちで果たされるべきものである。個別の事案の判断に反映させることがあってはならない。裁判員法第9条にも「裁判員は，法令に従い公平誠実にその職務を行わなければならない」とある。刑法第39条も例外ではい。裁判員が，39条に反対だという理由で，心神喪失や心神耗弱の判断をしないということは許されないのである。

　たとえば米国の陪審員の選出の際には，死刑の可能性もある事件については死刑制度に反対する人たちを除外する（death qualify）。わが国の裁判員法では，その第34条に「裁判員等選任手続において，裁判長は，裁判員候補者が，（中略）不公平な裁判をするおそれがないかどうかの判断をするため，必要な質問をすることができる」とされている。もっとも，個別の条文すべてについて候補者に確認しようとすれば質問が際限なくなってしまい，現実的ではない。しかし，一連の選任手続の中で，たとえば自ら，刑法第39条は断固として納得がいかないから裁判でもそうした判断はできないと明言する人がいるとすれば，さすがに裁判員からは除外されることになるであろう。

　ただ，かりにそうした除外が行われても，それはあくまでも法律といういわば抽象的なものについてどうかという水準での選別である。39条には納得がいかないとしても，法律がそのように決まっているのだからそれに沿って判断すると答える人はいるであろう。あるいは全面的に39条は肯定する人も当然いる。しかしそうした人たちであっても，実際の被告人を目の前にして，そしてあらためて39条に向きあったときには，疑問をもってしまうこともあるように思う。

　このように考えると結局，最終的には個々の裁判の中で裁判官が裁判員に対して刑法第39条のもつ意味を説明して，そこに理解を求めることになる。このように裁判官の説示が法廷の方針を決定するので重要であるという整理は「法令の適用」は裁判官と裁判員の合議によるけれども，「法令の解釈」は裁判官の合議による（6条）ものであり，裁判員はその解釈にしたがって職務をおこなわなければならない（66条）というところにも示されている。すると，裁判官による説示は一般市民である裁判員が判断をするための前提なのであるから，かなり具体的でなければならないかもしれない。すなわち法令の解釈の部分が，法令の適用の基準を強く示唆するものになる可能性がある。

はたして裁判官がどのように責任能力やその判断方法について説示するのかということ，そして39条の説示内容についてどこまで弁護人と検察官が踏み込むことになるのか，つまり公判前整理手続の中でどのようなものが双方当事者によって同意され，あるいは法廷で争われるのかということは非常に興味深い。この人には39条が適用されるべきだと主張する時，あるいは逆にそうではないと主張する時に，39条自体の具体的な解釈を争う余地が十分にあるように思う。

かくして個々の事案における「39条の否定に立脚した判断」に注目すると，39条の説示から判断へといたるプロセスを丁寧に検討する必要があるということが見えてくる。後述する，裁判員による「責任能力の責任能力による判断」のところでさらに考察をすすめることにする。

2．処遇判断からの遡及的な判断

法律の構造からすると，刑事責任能力の判断と処遇の判断は独立したものである。「こういう処遇が望ましい」ということから遡及的に責任能力判断を変えるという性質のものではない。しかし，現実的には，プロの法実務家にとっても（最終的な責任能力の法的判断自体に反映することはないとしても）処遇を全く想像せずに責任能力について考えをめぐらすということはきわめて難しいと思われる。まして一般人である裁判員にとっては，そうした処遇に関する想像が最終的な判断自体に影響する可能性はより高いと言わざるを得ない。

たとえば，当該の被告人について予想されるのが死刑である場合と数年の懲役の場合では，39条への目の向けかたは違ってくるかもしれない。そして裁判員自身の知識も関係しうる。39条で無罪になったら全く何の処遇も想定されていないと思っているときと，検察官がその後に精神保健福祉法の25条通報による措置入院のための通報をするとか，事件が重大なものである場合には「心神喪失等の状態で重大な他害行為を行った者の医療及び観察に関する法律（医療観察法）」の処遇開始の審判の申請をするといった情報を知っている場合では，やはり判断に違いが出てくるような人も中にはいるのではないだろうか。実際，模擬裁判でも審理中に裁判官からの説明によって医療観察法の存在を知り，意見を修正している裁判員もいた。

繰り返すようだが、そのように処遇の想定から遡及的に責任能力を考えないのが前提である。しかし、処遇に関する情報を裁判員に全く与えなければその影響を防ぐことができるかというと、そうではない。単純に考えても、偏った情報や誤った情報を個人的に手に入れている可能性もある。したがって、処遇についての情報は伝えることを前提にして、その与えかたを吟味しておくほうがよいように思う。

たとえば、そこで伝達される情報は当然、正確に「現実」を伝えることに重きがおかれるべきである。ここでいう「現実」というのは、一般論的な制度の説明だけではなく、たとえば医療観察法の申し立てをしたとしても、そこでの審判の結果によっては必ずしも処遇が行われるわけではないこと、それはどのような場合なのかということ、実際にどれくらいそのようなケースがあるのかということ、そして病院で行われる医療にも限界があること、刑務所であっても医療は行われうること、しかしそれには限界もあること、たとえば仮出所などは精神障害に罹患しているとより難しくなること、出所後には精神保健福祉法の26条による措置診察のための通報制度があることなど、触法精神障害者をとりまく事情を理解してもらうということである。

この処遇についての説明に関しても1.（前出）で述べた39条の説示と同様に、裁判官が裁判員にどのようなことを話す予定なのかを事前に弁護人や検察官が確認を求めることになるかもしれない。また、どの時期にこの説明をするのかということも重要である。たとえば、事前に処遇に関する医療的な情報を知ったうえで鑑定人尋問を迎えるのと、それを終えたあとの判断の段階で知るのとはおそらく、尋問をする時の注意の向け方にも違いがあるかもしれない。そして、この情報伝達はおそらく裁判官が中立的立場からするのがもっとも適切である。しかし、弁護人や検察官も伝えうる立場にあるし、鑑定人にも説明を求める場面もあるかもしれない。いずれにせよ、各々が伝える情報に間違いがないように注意が払われる必要がある。

この情報伝達に関してより理想的なことも述べておく。裁判員が個々の法廷をむかえてはじめてこうした触法精神障害者の処遇について耳にするというのではなく、普段から一般国民に向けて精神障害者やその医療などに関する知識の普及が第一に図られるべきである。そのために医療者や刑務所などからも「現

実」が発信される必要があるし，そうした情報を法曹関係者も積極的に把握する努力をすることが望ましい。そして，実際に裁判員にこのような説明する際のことを考えると，臨床における疾病教育などの経験からすれば，それぞれの裁判員がどのような（偏った）知識をもっているのかを把握して，それを必要に応じて修正するというのが有効であると考える。ただ，法廷の限られた時間ではそれはおそらく現実的ではないかもしれない。そういった意味でも，精神障害に関する普段からの啓蒙が一層必要であるといえるであろう。

3．情状や事件の重大性との混同による判断

被告人の背景にある情状や被害者の損害の程度や社会への影響といったものも，本来は刑事責任能力の判断とは別の次元にある。これは2．(前出) の処遇と責任能力判断は独立であるという構造と同じである。そしてもちろん，情状や事件の重大性なども（責任能力の判断とは別の要素として）最終的に判決には盛り込まれることになる。

このような整理は言葉の上では簡単であるが，実際の裁判の中ではなかなか難しいことである。裁判員には，2．(前出) の処遇の話題と同様に，繰り返してこのことは説明される必要があるだろう。

4．"見た目"による判断

たとえば，初めて統合失調症というものを知る人がいたとき，この障害がどのような影響を人に与えるものであるかまで深く理解することは簡単ではない。それを分かりやすく説明するのが精神鑑定の重要な役割のひとつではある。しかし，法廷で裁判員の目の前にあらわれた被告人がどのような様子であるかということは鑑定意見以上に影響力をもちうる。

そこで，鑑定人はもちろん，裁判官，弁護人，検察官もおそらく口をそろえて，責任能力というのは法廷での現在の様子からではなく「犯行時」の状態から評価するのだと裁判員には説明することになるだろう。とくに犯行時よりも悪化しているとみられる場合には検察官が，そして犯行時よりも軽快しているとみられるときには弁護人がこれを強調することになる。

するとこの視点からは，鑑定中の治療についてもあらためて議論される必要

があることがわかる。たとえば，検察官の立場からすれば，治療を控えて事件時の状態をできるだけ保ったまま公判を迎えたいということになるかもしれないが，一方では治療をしなければ病状は悪化して「見た目」も悪くなる可能性があるし，拘禁反応なども起こせば公判の維持すら難しいということになるかもしれない。弁護人の立場からすると，人権擁護などの意味ではできるだけ早く必要な治療をすべきだということになるけれども，一方で治療をすると「見た目」もよくなる可能性があって，結果的に責任能力を争う点では逆効果となってしまうかもしれない。

　こうしたジレンマについては正面から取り組まれるべきである。現在のところ鑑定中の精神医学的な治療については，犯行時の状態を保つといった意味でも，基本的には処遇に困らない程度を目指すくらいのものにして，あまり積極的な治療は行わないことが多いと思う。しかし，そこにはっきりとした指針が示されているわけではない。逮捕から判決までの期間というのは，医療的に考えても，その疾病の治療にきわめて重要な時期であることも少なくない。法律家にとってのジレンマなどがより明らかになるこの裁判員制度の導入の機会をとらえて，鑑定中の時期の治療やその方法，さらには治療前の様子をビデオで記録しておくなどの配慮についても，あらためて整理されるべきではないだろうか。

5．精神鑑定への不信に基づく判断

　一般人の中には精神医学や精神鑑定というものについて漠然とした不信感をもっている人も少なくないと思う。そのような視点から鑑定意見を検証すると，どうしても反論が先だってしまうかもしれない。精神科医は裁判員制度での鑑定意見の作成にあたって，そうした不信感を払拭するよう心がける必要が少なからずあるものと思われる。

　この点に関連して，弁護人や検察官も，しばしば彼らによる鑑定人尋問の仕方について批判があるように，もし鑑定の内容に関してではなく鑑定人の経歴などばかりを追求するかたちの弾劾をすれば，本来裁判員らがすべき本質的な議論の焦点を歪めてしまう可能性があることに注意をすべきであろう。

　ただ，著者としては実は現在のところ，これらの点については楽観視してい

るところがある。もっともこの楽観視は現時点では精神鑑定がひどく誤解されているように感じていることのあらわれでもあるが，実際の裁判事例を通じて鑑定というものを知ってもらえれば，その誤解もかなり解けるのではないかと思うのである。精神科医は安易になんでも精神障害と診断し，安易に心神喪失や心神耗弱であると言っているわけではないこと，また裁判官らも安易にそうした判断をしているわけではないということも，裁判員に理解されるのではないだろうか。そしてその前提としての精神医療についても正しく理解してもらえる機会となるのではないかとみている。

　模擬裁判の様子などからすると，責任能力をめぐって裁判員は精神科医にむけて"素朴な疑問"を投げかけることになる。それは「同じように統合失調症で同じように妄想に悩まされながらも，必ずしも事件を起こすわけではないのに，この人はどうして違うのか？」「妄想のみが発端の事件であり，妄想がなければこの事件が起こらなかったといえるような場合には，たとえ事件の直後に申し訳ないと思って自ら警察に通報したとしても，それは能力が失われていたといってよいのか？」といったものである。こうした疑問を鑑定人が真摯に受け止めて，丁寧にこたえ，あるいはそれは精神医学的にも難題ないのであるといった限界を説明することが，ひいては精神鑑定や精神医学への信頼性を高めることになるのではないかと思う。

6．精神科医による法的な言及への妄信による判断

　精神鑑定というのは，あくまでも参考意見を述べるものである。かりに精神医学が責任能力の判断に言及したとしても，その判断に絶対的な科学的な根拠をもっているわけではない。責任能力の結論を区分けするような明確な境界線をもっているわけでもない。このことを裁判員には十分に理解してもらう必要がある。それぞれの法廷のなかで，昭和58年9月13日の最高裁第三小法廷決定が示すとおり，最終的な法的な最低はあくまでも裁判官によるものであり，裁判員制度であればそれは，裁判官と裁判員の専権事項であるということが確認されるべきであろう。

　このことをより実際的に運用に反映させるためには，精神科医も自身の鑑定の結論を直接に「心神喪失相当」とか「完全責任能力相当」といった法律上の

概念で言及することはさけるのがよいかもしれない。そして裁判員は、「この鑑定人は信頼できそうだから」といった理由からではなく、精神障害と事件との関係について納得のいく説明を得られたからといった理由から、責任能力を判断しなければならない。これは次でいう「分かりやすさ」と「正しさ」の関係とも共通する。

7．説明の分かりやすさと説明の正しさの混同による判断

　裁判員法の51条には、裁判員の負担に対する配慮として「裁判官、検察官及び弁護人は、裁判員の負担が過重なものとならないようにしつつ、裁判員がその職責を十分に果たすことができるよう、審理を迅速で<u>分かりやすいものとする</u>ことに努めなければならない。（下線は筆者）」とある。この法文によらずとも、常々難解であるといわれてきた精神鑑定書をそのまま裁判員に示すというわけにはいかないのではないかということは、誰もが認めるところだと思う。たとえ鑑定書を正確に記し、鑑定人尋問で正確に証言しても、それが正確に相手に理解されなければ意味はないということである。

　ところがこの「分かりやすいもの」を目指す姿勢には、危うい側面がある。分かりやすさを追求すると、ときに過度な単純化が起こることがある。たとえばその過程で本来複雑である因果関係をごく限られた要因による単純な説明への置き換えが起こったり、あるいは表現ぶりだけをとっても「必ずしも〇〇と言えるわけではない」といった記述がもつようなニュアンス、つまり精神医学の不正確さに対する正確な表現が割愛されたりするかもしれない。たしかに単純な論理構造のものを断定的に伝えるほうが分かりやすい。そして、分かりやすいほうが納得はしやすいかもしれない。しかし、分かりやすいものが正しいとは限らない。精神科医は言葉にこだわりすぎるといった批判的な声も耳にするけれども、それは科学者としての誠実さのあらわれでもある。このことを裁判員には、そして彼らに理解を促す役割でもある裁判官、弁護人、検察官にも、知っておいてもらいたい。そして、精神科医も、自らの鑑定意見の簡略化のなかで、そうした意味での正確さが失われないように努力をしなければならないといえるであろう。

　筆者らも裁判員制度での利用を想定した鑑定書の書式とその作成の手引きを

提案している[6]。これは，精神障害と事件との関係の考察などの要点を落とさないように，かつできるだけ「分かりやすい」もので法廷での朗読にも対応できるように，鑑定書を作成することを目的としている。この時鑑定書としては簡潔なものを目指しつつ，鑑定作業のプロセスは従来通り，あるいは従来以上に丁寧に行うべきものであると考えている。丁寧で正確な分析にもとづいてこそ，分かりやすく正しい鑑定書が作成できるはずである。

8. "中庸の選択"による判断

　刑法39条によって「心神喪失」「心神耗弱」「完全責任能力」の3つが定義されていると聞くと，心神喪失と完全責任能力が心神耗弱をはさむかたちでの3段階がイメージされやすい。しかしそれは「心神耗弱が"真ん中"にある」ということを意味しているわけではない。

　著者らは精神科医と法律家に対して，0から100までの能力を10 cmの線分で作ったスケール上に仮想してもらい，その線分をどのように3分割するかを任意に書き込んでもらうという手法（CReVAS；Criminal Responsibility Visual Analogue Scale；図1）を開発し，これ用いて調査を行った[5]。すると，この線分をほぼ三等分する人，かなり能力が限られていることを意味する線分の端のほうにようやく完全責任と心神耗弱の境界を書き込む人，あるいは心神喪失と完全責任能力とをそれぞれ線分の両極端部分のみに配置してそれ以外の広い範囲を心神耗弱としている人など，ばらつきが多く認められた。それは職種や立場（精神科医，精神科医以外の医療者，検察官，弁護士，裁判官など）といった違いによるのではなく，明らかに個人差というべきものであった。CReVASは単なる概念的なイメージを表現してもらうだけのものであるから，この結果が即，個々の事例の責任能力判断について生ずるばらつきの程度を表しているわけではない。けれども，少なくとも「心神喪失」「心神耗弱」「完全責任能力」という言葉から想像される能力の程度のイメージには，個人差が大きいことは明らかである。

　まちがいなく裁判員においても，そしておそらくは専門家以上に，3つの分類のもっているイメージは多様である。それゆえ安易に，どれがよいか迷ったので"真ん中"をとって心神耗弱にする，という判断をすることのないよう注

刑事責任能力 ヴィジュアル アナログ スケール（CREVAS）

刑事責任能力の分類方法についてどのようなイメージをもっていますか。
例にならってお答えください。

【例題】
学業成績（①がんばりましょう，②よくできました，③たいへんよくできました）を３分類するとすると，どのような範囲の割合で分けるイメージですか。
３つの区分の境界になるところに×印を付けて，──の記号で範囲を示してください。能力の程度の全体は０〜１００になっています。

【例題の回答例】

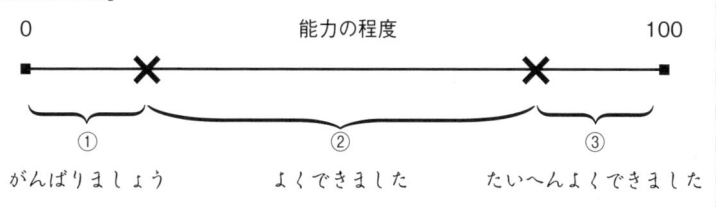

```
0                       能力の程度                      100
■──×─────────────×──────■
    └①┘└─────②─────┘└───③───┘
 がんばりましょう    よくできました    たいへんよくできました
```

【問題】
刑事責任能力（①心神喪失，②心神耗弱，③完全責任能力）を３分類するとすると，どのような範囲の割合で分けるイメージをもっていますか。
３つの区分の境界になるところに×印を付けて，──の記号で範囲を示してください。能力の程度の全体は０〜１００になっています。

【回答】

```
0                       能力の程度                      100
■────────────────────────────────────■
```

▲回答例のように境界の×印と①心神喪失，②心神耗弱，③完全責任を書き込んでください。

図１　刑事責任能力アナログ・ヴィジュアル・スケール（CReVAS）

意がはらわれるべきである。6.（前出）でも述べたように，裁判員ができるだけ具体的な根拠を考えながら判断できるよう，裁判官をはじめとして専門家は

配慮しなければならないといえるであろう。

II　裁判員による「責任能力による責任能力判断」について

　前項では1.から8.(前出)まで，あえて「責任能力によらない責任能力判断」について論じたが，もちろんこの制度の中でそうした判断が行われてしまう危険性が高いということを言うつもりはない。そこに十分に注意をしておきさえすれば，基本的には裁判員も，責任能力に正面から取り組んだ責任能力の判断をなしうるのではないかと思う。そして精神科医もそうした思考の過程を正しく運べるよう支援する鑑定をすべきである。

　ここで，裁判員が責任能力を判断するプロセスをあらためて整理してみる。そのスタートは裁判官による説示であり，これを足がかりとして判断をすることになる。つまり，（A）裁判官が裁判員に，責任能力というある種漠然としたものを解釈して説明し，（B）裁判官と裁判員が，当該事案に関して事実を認定し，そして（C）裁判官と裁判員が（A）を（B）に当てはめて判断する，ということになる。

　この際，もっとも重要なのは（A）の説示であろう。どのような理論に基づいてどこまで具体的なものとして責任能力について説明されるかということはその他の作業に対して決定的である。責任能力について考え方が明確になれば，たとえ精神医学的なことがらが複雑であっても（B）での認定のための情報の整理も，そして（C）の当てはめの作業も比較的容易になると思う。

　裁判官たちはこれから（A）の説示について念入りに組み立てていくことになり，またそれぞれの法廷では弁護人と検察官をまじえて39条の解釈議論を繰り返すことになるだろう。この作業の経過を追うことは非常に興味深いが，残念ながら，その多くは公判前整理手続や審理など非公開の場で行われることになる。しかし少なくとも，そこで作り上げられたものは蓄積され，公にされるべきである。個々の法廷における議論もそうした蓄積を意識したものとなることが望ましい。このような過程を経て練り上げられた39条についての法曹による説明がはっきりと示されれば，精神科医も39条の意味や39条にそった判断をするうえで法廷が求める具体的な条件をあらためて理解することにな

る。法廷に資するための鑑定意見や鑑定書をより現実的に示すことができるようになるはずである。

　筆者らが提案している既述の鑑定書作成の手引きでは，精神障害と事件との関係を説明することをとくに重視している。しかし単に関係を説明するというだけでは漠然としているので，参考として「7つの着眼点」を挙げている。ただ，あくまでもこの着眼点はこれまでに法律家から問われてきたことがらを精神科医の側が経験的にまとめたものにすぎない。法廷での法律家への説明にむけた準備として，精神科医が整理しておき，その疑問への答えを用意し，あるいは答えがないならばその旨も伝えられるようにしておくためのものである。そのまま裁判官が説示などに使うためのものではない。しかし，たとえば模擬裁判の様子をみても，こうした着眼点によく似た事項が，裁判官の具体的な説示のなかで裁判員に伝えられたり，法廷での弁護人や検察官による主張のなかで取り上げられたり，そして審理の中での論点になったりしていた。また，同様の要素がこれまでの裁判官の裁判における判断でもとりあげられてきたことも，大澤の研究で指摘されている[1]。

　裁判員制度に向けて，7つの着眼点や大澤のまとめのように精神科医の側が自分たちが尋ねられてきたことを経験的にまとめるというかたちではなく，今度は，法曹が説示を組み立てるなどの作業を通じて，法曹の側から積極的に具体的な要請を精神科医に投げかけることを期待するものである。一般人に理解してもらうというプロセスを介在させることで一層，精神科医と法曹との対話を具体的で双方向的なものにしていくことになるのではないだろうか。

おわりに

　これまで精神科医と法曹とがお互いに「暗黙の了解がある」という前提のもとで，法廷で個々のケースについて精神障害，精神障害と事件との関係性，そこから導き出される刑事責任能力が論じられてきた。しかし両者の間で，あるいは精神科医のなかでも，法曹のなかでも真に「暗黙の了解」があったと言えるであろうか。責任能力をめぐる法廷の争いの多くは，この暗黙の了解が実はとてもあいまいなものであるために起こっていると思う。たとえば，その曖

昧さがあるために，それを避けるべく，たとえば「統合失調症であれば，明らかな寛解状態にある場合を除き，原則として心神喪失」というような慣例（Konvention）が提示されることもあり，そしてそれに対して不可知論的に過ぎるといった批判が向けられたりしている。この例にある論争にはもちろん精神医学的にも解決がむずかしい部分はある。しかし，法曹から責任能力を判断するために彼らが向ける視点が明言されるようになれば，この論争のかなりの部分が解決できるはずである。

　本文で述べたとおり，裁判員制度では，裁判官らが，責任能力の判断について何をどのように扱えばよいのかをいったんは一般人である裁判員に分かる形で説示しなければならなくなる。この過程をへることで，もはや責任能力については「暗黙の了解」というわけにはいかなくなる。裁判員制度を通じて，専門家のなかでの，そして一般市民とも共有できる刑事責任能力に関する「明言しうる了解」が形成されることに期待するものである。

文　献

1) 大澤達哉：鑑定人および裁判官の刑事責任能力判断に関わる要因の研究——裁判所等を通して実施した全国50事例の関係記録の分析より——．精神神経学雑誌109 (12)，1100-1120，2007．
2) 岡田幸之：精神鑑定の現状と問題点．風祭元，山上皓編：臨床精神医学講座19．106-116，中山書店，1998．
3) 岡田幸之：裁判員制度と精神鑑定．五十嵐禎人編：刑事精神鑑定のすべて　専門医のための精神科臨床リュミエール1．63-76，中山書店，2008．
4) 岡田幸之：精神鑑定と裁判員裁判．中谷陽二編：精神科医療と法——町野朔先生還暦記念論集——．105-121，弘文堂，2008．
5) 岡田幸之：他害行為を行った者の責任能力鑑定に関する研究．山上皓編：平成19年度厚生労働科学研究費補助金（こころの健康科学研究事業）総括研究報告書——他害行為を行った精神障害者の診断，治療および社会復帰支援に関する研究——．339-346，2008．
6) 岡田幸之，安藤久美子，五十嵐禎人ら：刑事責任能力に関する精神鑑定書作成の手引き　平成18～20年度総括版．平成18～20年度厚生労働科学研究費補助金（こころの健康科学研究事業）成果，2009．(http://www.ncnp.go.jp/nimh/shihou/kantei.htm)
7) 岡田幸之，安藤久美子，黒田治ら：裁判員制度における精神鑑定の課題——全国の模擬裁判に参加した精神科医らの意見調査から——．精神科14(3)，183-189，2009．
8) 岡田幸之：裁判員制度における精神鑑定．司法精神医学4(1)，88-94，2009．

医療観察法鑑定──司法の立場から──

鈴木秀行 ● Suzuki, Hideyuki

はじめに

　心神喪失等の状態で重大な他害行為を行った者の医療及び観察等に関する法律（以下「医療観察法」又は単に「法」という）及び心神喪失等の状態で重大な他害行為を行った者の医療及び観察等に関する法律による審判の手続等に関する規則（以下「規則」という）が平成17年7月15日に施行されてから3年半余りが経過した。その間，医療観察法による審判手続は，多数の関係者の協力を得て，おおむね円滑な運用がなされ，対象者の社会復帰を促進する制度として定着してきたように思われる。

　本稿は，東京地方裁判所で医療観察法事件を扱う集中部における筆者の経験を踏まえ，医療観察法における鑑定について，裁判官の立場から，その手続の概要及び医療観察法における責任能力判断について述べたものであり，本稿中の意見にわたる部分は，筆者の個人的意見にすぎないことをあらかじめご了承願いたい。

I　医療観察法における鑑定を巡る手続の概要[注1]

1．鑑定入院命令までの手続

　検察官による入院又は通院処遇の申立てがあったとき（法33条1項），裁判官は，直ちに，対象者に対し鑑定入院質問（法34条2項）を行った上で，医療観察法による医療を受けさせる必要が明らかにないと認める場合を除いて，

鑑定入院命令を発しなければならない（法34条1項前段）。処遇決定の前提として，鑑定その他医療的観察のために対象者を入院させるのは必須であり，対象行為そのものが明らかに認められないといった場合のほかに鑑定入院命令が発せられないような事例はほとんど考えられない。

　東京地裁では，鑑定入院命令の発付手続を迅速かつ円滑に進めるため，検察庁との申合せにより，申立ての数日前には申立て予定事件の内容，対象者の病状などのほか，対象者を鑑定入院させるべく確保した医療施設の名称等につき事前に連絡を受けるという扱いになっている。事前連絡を受けると，入院又は通院処遇事件の配てんが予定された部の左陪席裁判官（未特例判事補）は，その担当する鑑定入院命令の発付手続の準備に取り掛かる一方，処遇事件を担当する同部の部総括又は右陪席裁判官（判事又は特例判事補）は，原則2カ月の鑑定入院期間内に終局決定ができるようにするため，精神保健審判員（以下「審判員」という）や精神保健参与員（以下「参与員」という）を内定し，さらに鑑定人からも選任の内諾を得ておくことが多い。なお，鑑定人の選任については，鑑定入院先の医療施設に在籍する精神保健判定医である医師を鑑定人に選任することが多いが，鑑定入院先に精神保健判定医がいない場合などは，外部の判定医に鑑定を依頼することになり，鑑定人の選任に難渋することも少なくない。審判員には検察庁から事前連絡のあった鑑定入院先を伝えて鑑定人の選任について了解を得るというのが通例である。

2．鑑定入院命令直後の手続

　対象者は，鑑定入院命令を受け，検察官の指揮の下に検察事務官によって鑑定入院先の医療施設まで搬送され，鑑定その他医療的観察のために原則2カ月間同施設に入院することになる（法34条3項・4項・5項，法28条2項）。
　他方，裁判官と審判員で合議体を構成した処遇裁判所は，早速，医療観察法による処遇の必要が明らかにないと認める場合を除き，正式に鑑定人を選任し，対象者に関し精神障害者であるか否か及び対象行為を行った際の精神障害を改

注1）審判手続の基本的な流れについては，岡田雄一：心神喪失者等医療観察法による審判手続の実際．小林充＝佐藤文哉先生古稀祝賀刑事裁判論集（上）．判例タイムズ社，2006, 564頁以下など参照。

善し，これに伴って同様の行為を行うことなく，社会に復帰することを促進するためにこの法による入院又は通院医療を受けさせる必要があるか否かについて鑑定を命じることになる（法37条1項）。東京地裁では，鑑定人にはできる限り早期に鑑定作業に着手してもらえるよう，速やかに鑑定命令を発し，鑑定事項については，①対象者が精神障害者であるか，②対象者が精神障害者である場合，その精神障害は，対象行為を行った際の心神喪失又は心神耗弱の状態の原因となった精神障害と同様のものであるか，③対象者が対象行為を行った際の原因となったものと同様の精神障害を有している場合，その精神障害は治療可能性のあるものか，④対象者の精神障害について治療可能性が認められる場合，本法による医療を受けさせなければ，その精神障害のために同様の行為を行う具体的・現実的な可能性があるか，⑤以上をふまえ，対象行為を行った際の精神障害を改善し，これに伴って同様の行為を行うことなく社会に復帰することを促進するためにこの法律による医療を受けさせる必要があるか否か，といった定型的な鑑定事項を用いるのが通常である。この鑑定事項は，医療観察法の鑑定が法42条1項の入院又は通院による医療の必要性を判断するためのものであることから，①対象行為時と同様の精神障害を有すること（疾病性），②精神障害の改善（増悪抑制を含む）の効果が見込まれること（治療可能性），③その精神障害のために社会復帰の妨げとなる同様の行為を行う具体的・現実的な可能性があること（社会復帰要因）という同条項の3要件に則したものとなっている。なお，鑑定書については，原則2カ月間の鑑定入院期間内に鑑定書を踏まえて審判を開き決定に至ることが想定されていることから，鑑定命令後1カ月程度の期限で鑑定書の提出を求めているのが実際である。

ところで，裁判官と審判員は，可能な限り早い時期に捜査記録等関係資料を一読し，予想される事案の問題点や今後の進行について評議をする（この評議は適宜電話で意見交換をするほか，後に述べる第1回カンファレンスの場で行われる）。その際，心神喪失者として申し立てられた対象者が対象行為時に完全責任能力ないし限定責任能力を有していたのではないかとの疑問が生じる事案が散見される。合議体の構成員である裁判官は，不起訴処分とされた対象者について心神喪失者及び心神耗弱者のいずれでもないと認める場合には，入院又は通院処遇の申立てを却下しなければならず（法40条1項2号，11条2項），

その却下決定が確定したときは当該決定に係る対象行為につき再び入院又は通院処遇の申立てが原則としてできなくなること（法46条2項），また，検察官が心神喪失者と認めて不起訴処分とした対象者について心神耗弱者と認めた場合にはその旨の決定をし，検察官は当該申立てを取り下げるか否かを2週間以内に裁判所に通知しなければならなくなること（法40条2項）からすると，審判手続において，医療の必要性判断の前提として，対象行為時の責任能力についても明らかにすることが求められているというべきである。そこで，処遇裁判所としては，対象行為時の責任能力について疑問が生じた場合には，先に選任した鑑定人に対し，責任能力についても特に意見を求めることがある。鑑定人は，本来，疾病性の評価として対象者の精神医学的診断とその重症度及び対象者の精神障害と当該対象行為との関連性を検討し，疾病による弁識能力・制御能力の障害についても評価を加えているはずであり，裁判所からの依頼がなくても，検察官の心神喪失・心神耗弱判断に疑問があれば，その旨の指摘をし，意見を述べるべきであると考えられるが，処遇裁判所が責任能力判断の資料とするために，鑑定人に対し，精神障害が対象行為にどのようにどの程度の影響を与えたかについての意見を求めるものである。その方法としては，前記の鑑定事項に加えて，「対象者の対象行為時における精神状態」「対象者の精神障害が対象行為に与えた影響の有無・程度」といった項目を追加する方法のほか，時間的制約等があることを考慮して，特に鑑定事項としては追加せずに意見を求める場合もある。

3．その後審判期日までの手続

鑑定人は，処遇事件の記録を精読し，鑑定入院先の医療施設において，又は同施設に出向いて，対象者の精神，身体状態を検診するほか，主治医や看護師，臨床心理技術者，作業療法士などの医療スタッフから情報の提供を受けるとともに診療録等を見聞して鑑定を行う。その鑑定の手法及び鑑定書式は，松下正明医師を主任研究者とするグループによる「触法行為を行った精神障害者の精神医学的評価，治療，社会復帰等に関する研究」の成果として作成された「医療観察法鑑定ガイドライン」に準拠していることが多いようである。

審判の進め方については，処遇事件の内容等により，あるいは処遇裁判所に

よりさまざまであるが，東京地裁では，審判の準備（規則40条）の一形態として，裁判官，審判員，参与員，検察官，付添人，鑑定人，社会復帰調整官，裁判所書記官が一堂に会し，対象者に対する適切な処遇のため自由に意見交換をする，カンファレンスと称する協議を積極的に実施している。[注2]

カンファレンス方式の運用については，東京地裁内部でも担当裁判官によってその実施回数や具体的なやり方に違いがあるが，おおむね3回のカンファレンスを実施することが多いようである。

第1回は，入院又は通院処遇申立てを受理した1週間後ころに実施する。予想される事案の問題点につき意見交換をして今後の進行につき協議することが主な目的である。関係記録を一読した感想として，対象行為の存否や責任能力の有無につき問題がないか，対象者の精神障害の類型や病状等につき捜査段階の鑑定が適切妥当かなど，カンファレンス参加者が意見を出し合うほか，鑑定人に対し，特に考慮すべき資料の範囲や事実関係に争いがある場合の前提とすべき事実関係等を示したり（法37条4項），前記のとおり責任能力鑑定を諮問したりすることもある。

第2回のカンファレンスは，申立て受理約1カ月前後ころに鑑定書が提出される前の時点で実施する。鑑定人から，その時点における鑑定の経過や結論の方向性について説明を受け，より良い処遇選択のために参加者全員で討議することが主な目的である。医療観察法による医療の必要性につき鑑定人と参加者の意見が食い違う場合もあるが，対立的になることはほとんどなく，十分な議論を重ねた結果，鑑定人の意見が変わることもある。対象行為時の責任能力が問題となる事件では，第2回のカンファレンスにおいて，鑑定人から責任能力についての意見が示される一方，審判員からは同じ精神科医として鑑定人に対して質問をするほか自身の意見が示され，検察官からは捜査段階の対象者の様子や心神喪失・心神耗弱判断に至った理由などが説明され，付添人からは対象者と面会した結果等に基づく意見が述べられる。もとより，責任能力判断は法的判断であり，その最終的な判断は裁判官の権限と責任でなされる（法40条

注2）三好幹夫：心神喪失者等医療観察法施行後2年の現状と課題について，判例タイムズ No.1261, 25頁以下には，東京地裁におけるカンファレンスの状況につき詳細な報告がある。

1項2号，11条2項）が，その判断にあたって，精神障害の類型，対象行為当時の精神状態ないし病状，その病状が対象行為に及ぼした影響など精神科医の知識や経験に基づく意見は尊重すべき点が少なくない。このようなカンファレンスの結果を踏まえ，裁判官において，心神喪失者又は心神耗弱者として不起訴となった対象者について心神喪失者でも心神耗弱者でもないと認める場合（法40条1項2号）に該当するか，検察官が心神喪失者と認めて不起訴とした対象者について心神耗弱者と認めた場合（法40条2項）に該当するかを判断することになる。なお，検察官は，いずれの場合も対象行為につき改めて起訴するかどうかの検討を要することになる。

第3回のカンファレンスは，鑑定書が提出された1週間後ころに実施される。そこでは，鑑定書を踏まえ，その記載内容等につき鑑定人から口頭での追加説明や質疑応答が行われ，最終的な処遇方針につき意見交換をして処遇裁判所がその方針を決定するとともに，審判期日の進行などを打ち合わせることになる。

なお，鑑定人がカンファレンスに参加することについて，鑑定の中立性の点から消極的な考え方もあろうが，関係者が一堂に会したカンファレンスの結果，鑑定人の意見に影響を及ぼしたとしても，それ自体専門家としての判断というべきであるし，鑑定人にとっても，カンファレンスの実施により，参加者の問題意識に応えた鑑定書を作成することができる上，鑑定書のスリム化・鑑定作業の迅速化を図ることもできることから，鑑定人がカンファレンスに参加することのメリットは大きいものと思われる。

4．審判期日

原則として鑑定入院命令から2カ月間の鑑定入院期間内に審判期日が開催されるが，鑑定人もその審判期日に出席し，参考人として意見を求められる（法24条1項）ことも少なくない。

なお，法40条1項2号により入院又は通院処遇事件の申立てが却下される場合，当該対象行為につき起訴を予定する検察官は，あらかじめ逮捕状の発付を受けておき，審判期日における面前での決定告知後直ちに逮捕状を執行し，弁解録取の上，公訴提起をするという方法をとるようである。

II 医療観察法と責任能力判断

1. 責任能力概念とその判断基準

　医療観察法における対象者とは，①不起訴処分において，対象行為を行ったこと及び刑法39条1項の心神喪失者又は同条2項の心神耗弱者であることが認められた者，②刑事裁判において，対象行為につき同条1項により無罪の確定裁判を受けた者又は同条2項により刑を減軽する旨の確定裁判を受けて懲役・禁錮刑の執行猶予の言渡しがあった者等である（医療観察法2条3項）。また，裁判所（裁判官）は，①の対象者につき，心神喪失者及び心神耗弱者のいずれでもないと認める場合には検察官の入院又は通院処遇の申立てを却下しなければならない（同法40条1項2号）。このように医療観察法の処遇と刑事裁判とが連動する構造にあること及び法概念の統一性・明確性から，医療観察法における心神喪失者及び心神耗弱者は，刑法39条にいう心神喪失者及び心神耗弱者と同一に判断されるべきものである。

　ところで，刑法39条の心神喪失者及び心神耗弱者の概念については，大審院の判例以来，「心神喪失とは，精神の障害により事物の理非善悪を弁識する能力がなく又はこの弁識に従って行動する能力がない状態を指称し，心神耗弱とは，精神の障害がいまだ上記の能力を欠如する程度に達していないが，その能力の著しく減退した状態を指称する」と定義されている（大判昭和6年12月3日刑集10巻682頁）。この定義によると，責任能力概念は精神障害という生物学的要素と弁識能力及び制御能力という心理学的要素から成る（混合的方法）が，責任能力判断はあくまで法律判断であり，この生物学的要素，心理学的要素についても，法律判断との関係で究極的には裁判所の評価に委ねられるべき問題であるとされている（最三小決昭和58年9月13日裁判集刑事232号95頁）。そして，「被告人が犯行当時精神分裂病に罹患していたからといって，直ちに心神喪失とされるものではなく，責任能力の有無・程度は，被告人の犯行当時の病状，犯行前の生活状態，犯行の動機・態様等を総合して判定すべきである」とされ（最三小決昭和59年7月3日刑集38巻8号2783頁），この判例が刑事裁判における責任能力の判断基準となっている。すなわち，裁判実務

においては，おおむね，精神障害の類型や病状のほか，犯行動機の了解可能性，犯行の計画性・一貫性・合目的性，犯行時の違法性の認識，犯行後の自己防衛行為などを総合的に考慮して心神喪失又は心神耗弱の判断をしている。このような裁判実務に対しては，精神医学の分野から心神喪失の判断が厳格にすぎるとの批判があり[注3]，刑事裁判において鑑定人と裁判官の責任能力判断の一致率が56.3％であったとの報告もされている。[注4] そうしたところ，最二小判平成20年4月25日（刑集62巻5号1559頁）は，「生物学的要素である精神障害の有無及び程度並びにこれが心理学的要素に与えた影響の有無及び程度について，その診断が臨床精神医学の本分であることにかんがみれば，専門家たる精神医学者の意見が鑑定等として証拠となっている場合には，鑑定人の公正さや能力に疑いが生じたり，鑑定の前提条件に問題があったりするなど，これを採用し得ない合理的な事情が認められるのでない限り，その意見を十分に尊重して認定すべきである」との判示をしている。平成21年5月21日から施行される裁判員裁判を控え，同判決が責任能力判断につき裁判実務に与える影響は少なくないものと思われる。

2．医療観察法における責任能力判断の実際

入院又は通院処遇申立て事件は，医療観察法施行から平成20年10月31日まで，全国総数で1,196件，東京地裁で128件（いずれも概数）が終局しているが，そのうち法40条1項2号の心神喪失者及び心神耗弱者でないとして却下決定されたのは，全国で35件，東京地裁で10件あり，東京地裁での却下率は約7.8％という状況である。

却下事例10件を対象行為別にみると，傷害が4件（①②③④），殺人が3件（⑤⑥⑦），強盗未遂（⑧），強制わいせつ・傷害（⑨），強姦未遂（⑩）が各1

注3）山上皓：責任能力の概念と精神鑑定のあり方．ジュリスト増刊号，2004. 3, 87頁．同：司法精神医学の視点からみた医療観察制度施行の現状と課題．法律のひろば，2006, 12, 36頁など．

注4）大澤達哉：鑑定人および裁判官の刑事責任能力判断に関わる要因の研究──裁判所等を通して実施した全国50事例の関係記録の分析より──．精神神経学雑誌，109, 12 (2007), 1100頁．

件である。不起訴の理由は、心神喪失が7件（①③⑤⑥⑦⑨）、心神耗弱が3件（②⑧⑩）であり、その主な判断資料としては、簡易鑑定（精神衛生診断書）が7件（①③④⑦⑧⑨⑩）、本鑑定が3件（⑤⑥⑦）、簡易鑑定もなく、前医の診断に拠ったものが1件（②）である。

　医療観察鑑定についてみると、10件の事例のいずれも、鑑定人に通常の医療の必要性のほか責任能力についての意見を特に求めており、鑑定事項として追加したのが5件（⑤⑥⑦⑨⑩）、追加していないものが5件（①②③④⑧）である。鑑定人の意見は、心神耗弱が1件（⑩）、完全責任能力が9件（⑩以外）であった。精神障害の類型は、統合失調症（①⑨⑩）、うつ病（⑥）、軽度精神遅滞に、混合性パーソナリティ障害（④⑧）、広汎性発達障害（②）、シンナー後遺症（③）が併存したもの、気分変調性障害・薬物中毒（⑤）、統合失調型障害（⑦）である。診断名が簡易鑑定や前医の診断から変更となった事例が4件（②③④⑧）、幻覚妄想の有無・対象行為への影響の評価が問題となった事例が6件（①②⑦⑧⑨⑩）あった。なお、医療の必要性があるとされた事例も3件（①⑨⑩）あった。

　そして、裁判所（裁判官）は、心神喪失・心神耗弱の判断につき従前からの責任能力判断の基準に従って、動機の了解可能性、行為の計画性・一貫性・合目的性、行為時の違法性の認識、行為後の自己防衛行為などを検討して、10件の事例のいずれもが完全責任能力と判断したものとみられる。なお、検察官は、却下事件につき、公判請求をしたのが6件（②③④⑤⑥⑦）、略式起訴が1件（⑨）、不起訴処分を維持したのが3件（①⑧⑩）であった。

　以上のとおり、責任能力判断は、まず検察官において起訴・不起訴処分時になされるが、検察官の不起訴理由の判断と医療観察事件における裁判官の判断が異なった理由としては、第一に、責任能力判断の証拠資料の違いが考えられる。簡易鑑定については、1時間程度の問診で診断せざるを得ないという限界があり、診断名の変更はもとより、幻覚妄想の評価や精神症状と対象行為との関係についての検討不足が医療観察鑑定でも指摘されている。第二の理由としては、捜査段階では精神障害がより重症を呈していることや対象者（被疑者）によっては疎通性を欠いた状態にあることが考えられる。なお、検察官は不起訴処分時には刑事裁判時に比べて触法精神障害者を簡便な手続で医療側に送る

手段(措置入院)を有することが心神喪失を広く認定する理由であるとの指摘[注5]もあるが、検察統計年表によると、不起訴処分件数に占める心神喪失を理由とする不起訴処分件数の割合は、医療観察法の施行の前後を通じて0.3%であり、検察官が医療観察法の施行を機に心神喪失を緩やかに判断して不起訴処分としているとはいえないようである。

　次に、医療観察鑑定における責任能力についての意見が裁判所(裁判官)の責任能力判断とほとんど一致していたことも特徴的であり、先に述べた刑事裁判における鑑定人と裁判官の責任能力判断の一致率との違いは顕著である。その理由としては、医療観察事件における鑑定人の責任能力の判断基準が裁判官の従前からの判断基準と同様のものであり、加えて、鑑定人や審判員らとのカンファレンス等において、対象者の精神障害の症状・程度や精神障害が対象行為時の弁識能力・制御能力に与えた影響について十分な議論を重ねた結果であると思われる。

　さらに、治療可能性のある対象者について、従前からの責任能力判断基準により医療観察法の適用から除外される一方、不起訴処分となって刑罰も受けないという事例があり、このような扱いもやむを得ないものとはいえ、強制医療と刑罰の間隙が生じることにつき一種のジレンマを感じないわけではない。

3．医療観察法の施行による責任能力判断への影響

　医療観察法が施行されたことによる責任能力判断への影響については、その評価が分かれている。積極的な意見としては、「本法は、責任主義の観点から、望ましい結論を確保することを容易にする面がある。すなわち、従来は、刑法39条の適用と連動するような強制入院制度がなかったため、精神医学の伝統的見解が、精神病者には原則として責任無能力を認めるべきだとしても、裁判実務の受け入れるところとはならなかったが、本法が成立したことにより、心神喪失を認定しても、本法による強制入院が確保される場合において、責任主からみてあるべき結論を躊躇なく言い渡すことが可能となる限りで、本法には

注5) 山上晧・前掲(注3)ジュリスト増刊号(2004.3)88頁は、検察官の責任能力判定を巡る二重基準の存在を指摘し、医療観察法施行後はそれが解消に向かうであろうとする。

積極的な意義が認められる」という見解[注6]などであり，消極的な意見としては，「検察官や裁判官の判断に刑事政策的配慮が入りうるとはいえ，安易に基準を緩めて刑事司法から精神医療へ処遇を委ねるのではなく，非難可能性を問える者には刑事施設において罪を償う機会を与え，そうでない者には医療施設における医療を優先するという従来通りの慎重な運用が望まれる」という見解[注7]などである。

　医療観察法の施行から3年半余りが経過し，制度としては定着してきたものの，全国的にみて完全責任能力による却下事件が極めて少ないことから，まずは医療観察制度の適切かつ円滑な運用のため，裁判官としては，従前からの刑事裁判におけると同一の責任能力の判断基準に従って心神喪失・心神耗弱の判断をし，厳格に同法40条1項2号及び同条2項の適用をはかるべきであろう。そうすると，現時点においては，医療観察法の施行による責任能力判断への影響については消極的に考えざるをえない。

　しかし，他方，諸外国の例をみても，責任能力判断と触法精神障害者に対する処遇制度とは密接な関係があることから，かかる処遇制度が整備されていなかったわが国において，医療観察法の施行は，将来的には，刑罰と強制医療を振り分ける機能を有する責任能力判断に，一定の影響を及ぼす可能性はあるものと思われる。[注8]

　そして，刑罰は国民の正義感に適い，幅広い支持と納得を得られるものでなければその正当性を保ちえないところ，平成21年5月21日から施行される裁

注6) 安田拓人：刑事責任能力の本質とその判断．弘文堂，60・63頁，2007．
注7) 緒方あゆみ：心神喪失者等医療観察法と刑法39条．同志社法学，57(6)．山中俊夫教授古稀記念論集 (2006) 482頁．なお，中谷雄二郎：心神喪失者等医療観察法への期待――刑事裁判実務との良き連携を願って――．小林充＝佐藤文哉先生古稀祝賀刑事裁判論集（上）．判例タイムズ社，2006，559頁も，当面は医療観察制度の導入が責任能力判断に影響することはないものと予想している．
注8) 三好幹夫・前掲（注2）34頁には「永きにわたり心神喪失者に対する適切な受け皿を欠いていた我が国の特殊な事情の下，従来の刑事裁判における心神喪失の判断の側に厳格にすぎる面があったとするならば，重大事犯を惹起した精神障害者について，医療観察法による処遇の存在を念頭に置きながら，真に刑罰を科すべき者とその必要がない者を峻別することにより，刑事裁判における心神喪失の認定基準をいわば純化するという副次的な効果をもたらすことがあるかもしれない」とある．

判員裁判の下においては，責任主義の理念の根本を裁判員から問われるとともに，医療観察法による処遇制度の説明が必ず求められると思われ，刑罰か医療かの判断に国民の今日的感覚が反映されることになり，従前からの責任能力判断に変化をもたらす可能性があるが，現時点でその予測ができないことはもちろんのことである。

そうしてみると，医療観察法の施行による責任能力判断への影響について，その時期及び程度はともかくとして，完全に否定することはできないものというべきであろう。

おわりに

医療観察法の施行により，対象者の処遇についての意見交換などを通じて法律家と精神科医との間の相互理解が進んでいることを実感しており，その積み重ねによって精神医学界と法曹界との間に信頼関係が構築されることは，医療観察制度及び刑事裁判のより良い運用，発展に繋がり，ひいては国民の利益に適うものであって，その実現を強く期待するところである。

人権・保安・処遇

医療への保安的要請と責任能力

前田雅英 ● Maeda, Masahide

はじめに

　裁判員裁判制度の導入が，最も影響を与える刑法の領域として，「責任能力」が挙げられることが多い。裁判所の調査研究でも，法曹である裁判官と一般国民とで，判断が乖離する領域が責任能力であるとされている（『量刑に関する国民と裁判官の意識についての研究』司法研究57輯1号129-132頁）。しかし，法律の専門家と責任能力の判断の実質に大きく関与する精神医療の専門家との間でも，責任能力判断の微妙なズレが見られるのである。現実の責任能力概念は，両者の「緊張関係」に規定されているともいえる。そうだとすると，医学的知見と距離のある国民の裁判参加は，責任能力概念を動かしていくことになるように思われる。その際，重要なのが，裁判所の調査研究でも指摘された「保安的要請」なのである。国民は，裁判所以上に，「責任能力が減退していても重く処罰すべき」という意識が強い（前掲書司法研究57輯1号／130頁）。その意味で，医療の側でも，責任能力判断における保安的要請を意識しておかねばならないように思われる。

　責任無能力とは，刑事司法の世界では「精神の障害により，是非善悪を弁別し得ないか，または，是非善悪の判断に従って自己の行動を制御することのできない状態」とされている（『条解刑法』2版144頁参照）。責任能力の概念は，精神医学の視点抜きには語れないが，あくまで法的概念である。刑事司法システムの一部を構成する概念（制度）として，医療とは異なったシステムの視点から構成されてきた側面が存在することは否定できないのである。そして，刑

事司法システムは「保安的要請」を内在していると考えられがちである。ただ，刑事司法の側でも，保安的要請をどこまで拡げるのかについては，激しい対立が存在するのである。

　もとより，「保安」という概念は多義的であるが，法的世界では，責任主義とは矛盾する側面を有する「社会の安全」の要請であり，「行為者に非難は向け得なくても社会防衛の観点から処分を課すべきである」とする主張であるといってよい。そして実は，医療の世界でも，必ずしも治療の必要性と結びつかない「他害のおそれ」を中心とした視点が存在してきたということを見落とすと，議論がきちんと整理できないことに注意しなければならない。医学の世界でもかつては，措置入院という形で，保安的観点に対応してきた事実があることは否定できないからである。そして，この保安的要請をどこまで考慮するかを正面から問題とならざるを得なかったのが，後述の医療観察法なのである。

　日本の刑事法分野における考え方の主流は，「刑事システムに保安的要素は必要ない」とする考え方であると言っても過言ではない。「保安処分は採用すべきでない」という主張が圧倒的であったことが，そのことを象徴している。「障害者の治療目的に合致する範囲で保安目的は許容される」という主張もなされているが，それは，基本的には保安的考慮を最小限度にとどめるべきだという立場を表現している場合が多い。

I　刑事司法システムの中の責任能力概念——刑罰論と責任主義——

　精神医学と刑法の緊張関係を整理する上で，最も重要な単語は責任主義であるといってよいかもしれない。責任主義とは「非難できない場合は処罰しない」という原則であるといってよい。[注1] 責任能力制度は，「心神喪失者は非難できないので責任能力が否定され，無罪となる」という仕組みだと考えられてきた。しかし，これまでのわが国の実務では，心神喪失者か否かは，主として精神医学的に判断されてきた。ここで確認しておかねばならないのは，精神医学的判断は「法的非難」と完全にリンクするものではないという事実である。も

注1）「非難できる場合は処罰する」という意味で使う場合もあるが（積極的責任主義），通常は消極的なものである。

ちろん無関係ではないが，微妙なズレが存在しており，精神喪失者等医療観察法の運用によっては，さらにそれが拡大する可能性も出てきている。
　そもそも，責任主義を含む刑法理論の根底には，「国民にとって重大な害悪である刑罰を国家が科すことが，なぜ正当化されるのか」という刑罰について考え方の対立が，存在している。「責任非難をどう考えるべきなのか」の議論は，一元的には規定できないのである。
　刑罰論は，応報刑論と目的刑論との対立として整理されてきた。応報刑論とは「刑罰は犯罪に対する公的応報である」とする考え方で，刑罰を科すに際しては犯罪防止などの目的を考慮すべきでないとする。「犯人の側から見た刑罰の正当化」ということができよう。犯罪の防止に効果があるか否かは重要でなく，正義の視点から刑罰を科す考え方で，徹底した応報刑論者は，犯人に対する処罰を「犯罪防止の道具」として利用してはならないとする。応報刑論は，「人間の行動は自由な意思に基づく」からこそ責任非難が可能であると考える。責任主義は，道義的非難と結びついた，刑法理論の礎石だったのである。
　これに対し，「刑罰は広い意味での犯罪防止の目的の為に科される」という目的刑論は，「犯罪が起こらないように刑を科す」という考え方といえよう。目的刑論は一般予防と特別予防に大別される。一般予防は，刑罰の持つ広い意味での威嚇力により，一般人が犯罪に陥ることを防止しようとする考え方である。これに対し特別予防は，刑罰により犯罪者自信が再び犯罪に陥ることを防止しようとする考え方で，改善刑・教育刑がこれに属する。犯罪者を治療するというリハビリテーションの考え方も同様のものといえよう。応報刑論も一般予防論も，共に刑罰は「受刑者にとっては害悪である」と捉えられていたのに対し，特別予防論においては，原則として「改善」であり「利益」であると考える点に特色がある（もっとも，「懲らしめ」という形の特別予防も存在してきたことは注意しなければならない）。
　教育刑論は，「犯罪行為は何等かの外在的因子により決定されている」とし（意思決定論），生物学的・社会学的犯罪原因を強調する。刑罰を科すのは，道義的非難を加えるためではなく，犯罪原因を取り除いて犯罪を防止するためであるとするのである（社会的責任論）。この立場では，責任の概念が「非難」から切り離され，社会にとって危険な性格であるが故に刑罰を受けなければなら

ない地位として説明されてきた（性格責任論）。

　そして，教育刑論は「刑罰とは保安処分にほかならない」という考え方と結びつく。保安処分とは，将来犯罪を犯す危険が存在する者に，国民の利益を守るため，その危険を取り除く治療・改善の措置を強制する制度である。目的刑論，とくに特別予防を重視する立場は，保安処分と刑罰の間に本質的な差異を認めないのである。両者は，ともに社会防衛処分であり，質的な差異は存在しないと考える（一元主義）。一方，応報刑論者は，生じた犯罪に対応し責任非難を前提に科される刑罰と，行為者の将来の危険性に対する予防措置としての保安処分を明確に区別する（二元主義）。そして，わが国では，二元主義の考え方が，圧倒的に有力であった。

　ただ，問題は，二元主義の中に，「責任非難を加え得ない者にも，保安処分を課しうるのではないか」という考え方が，含まれていたという点なのである。刑罰と保安処分の二元主義である以上，「刑罰を科し得ない，つまり責任非難を問い得ない場合にも，保安処分は許される」とするドイツの多数説を採用する学説が，昭和30年代当時の刑法学界では有力であった。責任主義を強調する刑法学説の多くは，「保安処分は一切許されない」という考え方を採用するように見えるが，社会防衛の観点から，危険性に着目した「処分」も認めざるを得ないと考えられていたのである。そして，昭和40年ころの刑法改正議論において，保安的色彩の明確な「A案」と，治療等の必要も考慮した「B案」が示され，刑法学会でも激しく議論された。そこでは，法務省がA案を採用したことが強く批判されてはいたが，刑事的色彩を帯びた治療処分も含めた「保安処分」が一切拒否されていたわけではないことを確認しておく必要がある。

　しかし，昭和46年6月に，精神神経学会が正式の学会決議として保安処分反対を宣言する（精神神経学会雑誌73巻9号739頁以下）。精神科の医師の多くが，当時の刑事学の研究者が主張した「再犯予測」は医学的には受け入れがたいものであり，これを理由に自由を拘束するのは重大な人権侵害であって，たとえB案であっても，治安的に管理されている精神障害者の人権がより侵害される危険が大きいとして，厳しく批判したのである。そして，当時の大学紛争の動きも影響して，刑法学者は保安処分をほとんど論じ得ない状況に追い込まれていった。少なくとも刑法学会で，保安処分が正面から取り上げられるこ

とはなくなった。たしかに，当時，一部の精神病院は非常に劣悪な人権環境にあった面があり，患者の人権を中心に据えた議論は一定の説得性を有した。ただ，刑事法における保安処分論議の空白はあまりにも長く，その間に精神医学の世界が徐々に転換していったのである。

その結果，平成17年7月から施行された医療観察法は，心神喪失等の状態で重大な他害行為を行った者に対し，「精神障害を改善し社会に復帰することを促進するために入院させて医療を受けさせる必要がある時」には強制入院を認めるが，これは保安処分とはまったく異なるものと説明されることになるのである。注2)

II 応報刑論と「非難」の意味

戦後の刑法理論は「戦前の国家主義的・権威主義的刑法理論への反省」から出発する。その結果，刑罰権の濫用を阻止するため罪刑法定主義を重視し，国家的道義などの規範的要素や恣意性を持込み易い主観的要件を極力排除した形式的・客観的犯罪論が主流を占めることになった。刑罰論においては，教育刑

注2) 医療観察法の制定過程での議論の流れは，以下のようなものであったといえよう。重大な犯罪を犯し再犯のおそれがあっても，明確な予測とまではいえない以上一切の強制的な治療は行うべきでないということを認めることには，被害者側（すなわち国民）の強い異論が想定された。そこで，まず第一に刑事責任能力概念（非難可能性）の中に，被告人の危険性判断を取り込むという解釈論的修正を盛り込むことが考えられた。具体的には責任無能力概念を限定する方向性である。「裁判所における行動制御能力の認定」を厳格化したり，「医学的には心神喪失でも刑事処罰は，法的に考えるべき」という解釈方法である。しかし，このような解決は，医療刑務所の過重負担をもたらすだけでなく，ごく一部の事案にしか対応できないという限界がある。

そこで考えられるのが第二の対応策である「措置入院制度の刑事的運用」である。「自傷他害のおそれ」の中に，より保安的視点を入れていくのである。しかし，それは現在の日本では不可能だといわざるを得ない。医療の世界での措置入院の扱いの流れと完全に逆行するものだからである。

そこで，結局は，第三の道，すなわち「精神病院収容処分」を新設するべきだということにならざるを得なかったのである。刑罰とはまったく異質の治療処分を導入して刑事責任論を純化しつつ，国家予算により一部の患者に濃密な治療を行うことにより，一般の病院における触法患者の負担を解放しつつ，わが国の司法精神医療の水準を高めることが求められたのである。

論の支持は少なく，応報刑論を土台とする理論が圧倒的となる。現在の日本の刑罰論は，「刑罰は犯罪結果に対する応報であり，犯罪予防の効果も期待できるから正当化される」という答えで，ほぼ一致しているといえよう。

たしかに，国民の倫理・道徳観念や規範意識を媒介することなしには，刑罰は機能し得ない。「人」に一定の行動を期待する以上，国民の規範意識に働きかける必要があることは争いがない。刑罰の上限を画する意味でも，応報は重要なのである。しかし，そのことと，「自由意思」を基礎に組み立てられる道義的な責任理論を採用することになるかは別問題である。

応報刑に結びつく重要な概念として広く認められている罪刑の均衡や非難可能性の概念は，応報概念からその具体的内容が演繹的に明らかになるわけではない。たとえば，一定の法益侵害行為にどの程度の刑が妥当かは，実は観念的応報理論からは導かれない。「目には目を」というわけにはいかないのである。しかし，殺人と傷害致死では前者が重く，恐喝と強盗では後者が重いというような序列付けは，一般の国民の意識の中でかなりの一致がみられる。このような社会に実在する「おおよその一致」が重要なのであり，「非難」も結局は，「現代の国民が非難しうるもの」以上のものでも，以下のものでもないといえよう。自由な意思に基づく行為だから非難可能になるわけではない。少なくとも，自由な意思に基づくか否かの判定は形式的には行えないのである。

それと同様に，責任能力も，「現代の国民が責任非難を加えうる能力」という以上のものでも，以下のものでもないのである。刑罰を科す前提としての「責任能力」は，事物の是非善悪を弁別し，かつ，これに従って行動する能力と解されてきた。この責任能力の判断の仕方は，講学上，生物学的方法と心理学的方法に大別される。生物学的方法とは，医学的に見て障害があるか否かを判断する考え方であり，心理学的方法は，是非善悪がわかりかつそれに従って行動できるか否かを判断する。ただ実際は両者を混合し「精神の障害により，事物の是非善悪を弁別しこれに従って行動する能力」が欠けているか否かを判断する（混合的方法）。

わが国の戦後の責任能力に関する刑事法学説の流れは，生物学的方法への傾斜にあったように思われる。すなわち，医学的に見て精神病であるか否かを中心に責任能力の有無を判断する学説が，戦後初期から昭和50年代ぐらいまで

有力化していくのである。これを別の角度から見ると，責任能力論の「アメリカ化」と表現することもできる。それは同時にドイツの学説に若干距離を置くことを意味した。(注3)　日本の刑法学は，全体としてドイツ志向が強かったが，責任能力に関しては，戦後の精神医学がアメリカ化したこととの関係もあって，アメリカの考え方が浸透していったのである。

　アメリカの責任能力の基本には，善悪弁別能力中心のマクノートン（M' Nanghten）・ルール（1843年）が存在したが，次第に制御能力の要件が入るようになってくる。抗拒不能とか，抵抗不能の衝動が考慮されていくのである。そして，犯罪行為が精神の疾患又は精神の欠陥の所産であった場合は処罰しないとする，生物学的方法を徹底したダラム（Durham）・ルール（1954年）が登場する。その流れの中で1960年代に模範刑法典が完成し，責任能力の規定に関する動きも一段落を迎える。それを受けて，1960年代，70年代までは，科学・医学的方法中心主義に立脚した「病人は無罪でよい」という考え方が，日本の刑法学会にも強い影響を及ぼした。1982年の刑法学会でも，議論は生物学的方法が優位であったといえよう。1990年刑法学会の責任能力の共同研究でも，基調は変わらなかった。ここで重要なのは，刑法学者の「医師の判断尊重」の姿勢である。このことが，過去30年間の「保安処分論」を大きく規定したといえよう。(注4)

III　責任能力に関する判例の変化

　責任能力概念の核に存在する「精神の障害」の典型例は，統合失調症（分裂

注3）刑法の教科書は主としてドイツ流の責任能力概念を用いて説明してきたのであるが，英米の判例が引用される割合が増加し，生物学的方法は重視されるようになっていった。
注4）ただ，1995年の刑法学会東京部会では，変化が生じる。生物学的方法の限界が意識されるようになったといえよう。そこには，1981年のヒンクリー（Hinckley）事件をきっかけとしたアメリカの責任能力論の変化の影響が見られる。レーガン大統領狙撃犯が，制御能力がないとして無罪となったことがきっかけとなり，メンズ・レアが認定できれば精神異常の抗弁は不要であるという極端な規定を設ける州も登場する。そして多くの州が，制御能力の要件を外して，是非・善悪弁別能力さえあればよいとする修正を行ったのである。

病）に代表される精神病である。かつては，鑑定医が行為時に分裂病であったとすると，ほぼ無条件で心神喪失とされてきた。しかし，医師が統合失調症で心神喪失であると主張しているにもかかわらず，裁判所が犯行当時の病状，犯行前の生活状態，犯行の動機・態様などを総合して，心神喪失ではないと認定する例が目立つようになっていく。もちろん，判例・学説は従来から心神喪失・耗弱の判断は法律判断であり，裁判官は鑑定書の意見に拘束されないとしてきたが（最決昭33.1.11刑集12・2・168），実際には精神医学者の判断が尊重されてきた面があったといえよう。

ただ，判例は，しだいに責任能力判断において，精神医療離れの傾向を示すようになる。きっかけは70年代の覚せい剤事犯の増加であった。覚せい剤使用者は，統合失調症と非常に似た状態に陥り，鑑定を依頼された医師は，事物の弁識能力又は制御能力が欠けていた（ないしは完全ではなかった）として，心神喪失（ないしは心神耗弱）という鑑定を出すことが多かった。当初，裁判所も鑑定人の判断に従い，責任能力の低下を認めた判決を出してきたのである。しかし，検挙人員が増加するに従って，鑑定で心神喪失や耗弱とされた被告人に対し，その鑑定を排斥する下級審判例がいくつも出され，第二次覚せい剤濫用期のピークに近い時期に，医師の判断からの独立性を象徴する最決昭58年9月13日（判時1100号156頁）が登場する。最高裁は「被告人の精神状態が刑法39条にいう心神喪失又は心神耗弱に該当するかどうかは法律判断であって専ら裁判所に委ねられる問題であることはもとより，その前提となる生物学的，心理学的要素についても，右法律判断との関係では究極的には裁判所の評価に委ねられる問題である」としたのである。

さらにこの趣旨は最決昭59年7月3日（刑集38・8・2783）で，統合失調症の事案にも広げられた。[注5]

判例においては，「被告人の犯行当時の病状，犯行前の生活状態，犯行の動機・態様などを総合して，裁判所が法律的・規範的見地から責任能力を判断する」という原則が，その後の実務の指針として定着していった。ここでは，法的視点からの「責任非難」が正面から問題とされたのである。

Ⅳ　責任能力に関する新判例

　その後，最高裁は，その立場を微妙に変化させる。最判平成20年4月25日は，精神障害の有無及び程度びにこれが心理学的要素に与えた影響の有無及び程度については，合理的な事情が認められるのでない限り，専門家たる精神医学者の意見すべきであるとしたのである。

　事案は，Xは，平成8年ころから統合失調症に罹患し，ある時期から，かつ勤務していた店主Aが「仕事で使ってやるから電話しろ。」などと話しかける幻視・幻聴がとくに頻繁に現れ，事件当日も，Aが頭の中に現れ，仕事を誘う声が聞こえたため，Aの店に向かった。同店内に入り社長室に至ると，Xを見たAがへらへら笑っているように思え，Xは，Aの顔面等を数発殴るなどの暴行を加え，頭部を備品，路面等に打ち付け，外傷性くも膜下出血により死亡させた。Xは傷害致死罪で起訴された。Xの本件行為当時の精神状態については，行動制御能力を完全に喪失していたとはいい得ないので心神耗弱であるとの所見の簡易鑑定に加え，①一審が命じたS鑑定（統合失調症の激しい幻覚妄想状態にあり，直接その影響下にあって本件行為に及んだもので，心神喪失の状態にあったとする）と，②原審が命じたF鑑定（幻覚妄想に直接支配された行為とはいえないが，統合失調症が介在しなければ本件行為は引き起こされなかったもので無能力であるとする）が存在する（さらに，原審において，一件記録の検討から，統合失調症が重篤化した状態ではなく心神耗弱にとどまるとするH意見も提出されている）。

注5）心神喪失の鑑定が提出されたのに対し，最高裁は，「被告人の精神状態が刑法39条にいう心神喪失又は心神耗弱に該当するかどうかは法律判断であるから専ら裁判所の判断に委ねられているのであって，原判決が，所論精神鑑定書の結論の部分に被告人が犯行当時心神喪失の情況にあった旨の記載があるのにその部分を採用せず，右鑑定書全体の記載内容とその余の精神鑑定の結果，並びに記録により認められる被告人の犯行当時の病状，犯行前の生活状態，犯行の動機・態様等を総合して，被告人が本件犯行当時統合失調症の影響により心神耗弱の状態にあったと認定したのは，正当として是認することができる」とした。この決定により，58年決定が統合失調症の事案にも拡大され，そして考慮されるべき要素が具体的に示され，さらにその要素を総合判断すべきだということが示された。

第一審判決は、S鑑定に依拠し、Xは心神喪失の状態にあったとしてXに無罪を言い渡した。検察官の控訴をうけて原判決は、①動機の形成、犯行に至るまでの行動経過、犯行態様、通行人が来たことから犯行現場からすぐに立ち去ったことなどは、了解が十分に可能であり、②「殴りつけろ」という幻聴や幻覚はないこと、③本件犯行及び前後の状況の記憶は詳細で、行為時の意識はほぼ清明である上に、本件犯行が犯罪であることも認識していたと認められ、④犯行後に自首していることなどの諸事情にも照らすと、Xは、本件犯行時、せいぜい心神耗弱の状態にあったものというべきで、S・F鑑定は採用することができないとしたのである。
　最高裁は、「Xの精神状態が刑法39条にいう心神喪失又は心神耗弱に該当するかどうかは法律判断であって専ら裁判所にゆだねられるべき問題であることはもとより、その前提となる生物学的、心理学的要素についても、上記法律判断との関係で究極的には裁判所の評価にゆだねられるべき問題である（最小決昭58.9.13裁判集刑232・95）。しかしながら、生物学的要素である精神障害の有無及び程度並びにこれが心理学的要素に与えた影響の有無及び程度については、その診断が臨床精神医学の本分であることにかんがみれば、専門家たる精神医学者の意見が鑑定等として証拠となっている場合には、鑑定人の公正さや能力に疑いが生じたり、鑑定の前提条件に問題があったりするなど、これを採用し得ない合理的な事情が認められるのでない限り、その意見を十分に尊重して認定すべきものというべきである」とし、いずれも基本的に高い信用性を備えているS鑑定、F鑑定の信用性を否定した原審の証拠評価は、相当でないとした。
　そして、両鑑定及び関係証拠を総合すれば、本件行為は、統合失調症による幻聴、幻視、作為体験のかなり強い影響下で、少なくともこれに動機づけられて敢行されたもので、しかも、認識が統合失調症特有の病的色彩を帯びていたものであることに照らすと、行為当時、病的異常体験のただ中にあったと認めるのが相当であるとした。しかし、動機形成過程等の了解可能性、記憶の明確さ、犯罪であることの認識、自首の事実などによって、心神耗弱にとどまっていたとする原判決はXの責任能力に関する証拠の評価を誤った違法があるとして破棄した上で、①両鑑定の立脚する統合失調症に罹患した者の病的体験の影

響下にある認識，判断ないし行動理解と異なる見解による精神医学的知見の現状は，記録上必ずしも明らかではなく，②Xが正常な判断能力を備えていたように見える事情も相当程度存することにかんがみると，さらに検討して明らかにすることが相当であるとして，差し戻したのである。

　ここには，裁判員制度の導入を視野に入れた裁判所の考慮が見られるようにも思われる。裁判員には，裁判官のように「規範的評価としての責任能力」を，基礎となる事実から吟味して判断する作業は困難なので，「精神障害の有無及び程度，並びにこれが心理学的要素に与えた影響の有無及び程度」については，専門家たる精神医学者の意見に従うべきであるとしたと解される。それを前提に，責任非難ができるか否かについてのみ，裁判員は判断すれば足りるとしたのである。ただ，責任能力判断が，法的・規範的なものであることを否定したわけではないことに注意を要する。

V　医療観察法に至る議論と保安処分

　医療観察法の成立に至る動きの中には，2つの対立する考え方が見られた。第一は，「社会にとって危険な触法精神障害者は，刑罰が科されないのであればそれに代わる強制的な治療を，必ずしも医学的な治療の必要性がなくても強制的に行うべきである」という，徹底した保安の要請からの主張である。これは，実質的に保安処分導入論に親近性を有する。第二は，「患者の意思に反する自由拘束は，たとえ治療のために必要でも一切認めるべきでない」「措置入院も違憲である」という考え方である。

　だが現実には，このような「両極端の議論」は，実践性を持たない。重大犯罪を犯した障害者の治療をよりよいものにする為の方策を模索するという意味では，歩み寄りの余地は存在してきた。ぎりぎりの対立点は，「実際に重大犯罪を犯した患者」につき，その意思に反しても，「再犯の危険」がある場合には強制的に入院を認め得るのかであったといってよい。

　そして，この対立には，刑事司法の側からの見方と精神医療の側からの見方の「多元的対立」が関連することに着目する必要がある。刑事司法側も医療側もそれぞれが一枚岩でなかったのである。

医療の側は，基本的には「患者の治療」の視点に立つ。それに対して，刑事司法の側は，治安対策，別の角度から言えば刑事被害者の視点も加わるという対立の構図が存在するといってよい。しかし，現実の議論はより複雑なものであった。

　まず，医療の側にも，「治安・保安」を考慮する見解が実は暗黙のうちに存在してきた。それが，かつての保安処分の運用の基礎にあったのである。ただそれ以上に重要なのは，刑事法の世界では，医療の世界以上に，障害者の身柄拘束への慎重な態度が見られたという事実である。それは，戦後の刑法学説における，教育刑論・社会防衛論への消極的態度と（→154頁参照），被害者の利益よりも被疑者への人権侵害を排除することを重視する解釈の方向性に起因する面が大きかったといえよう。そして，昭和40年ころから形成された刑法学界の「保安処分へのアレルギー」が決定的な意味を持ったのである。

　その結果，医療観察法に至る一連の流れの中では，日本精神病院協会などを中心とした医師の側から，刑事治療処分の必要性が主張されたのである（日本精神病院協会雑誌14巻9号5頁以下，17巻2号5頁以下）。その背景には，病院の問題状況がある程度は改善されたという事情が存在する。そして，治療の開放化が進行し，病院外での患者の犯罪・不法行為に対応する必要が生じたのである。一般の患者のノーマライゼーションを進めるためには，より濃密な治療を必要とする者，とくに犯罪を繰り返す者について，特別の病院（施設）が必要だとする意見が，公にされるようになっていった。その後，治療の困難な，そして犯罪を犯した患者の取り扱いが，公立病院においても困難な問題として意識されていく。

VI　医療観察法と保安的要請

　しかし，医療観察法の成立過程では，精神科医師等から「再犯のおそれ」「再び対象行為を行うおそれ」，そして「他害のおそれ」は判断不能であるという強い批判があった。そして，それに同調する法律家の反対意見も見られた。ただ，医師の中には，当時の都立松澤病院長松下正明医師の発言に見られるように，現実に予測判断を行っているという議論も見られた（ジュリスト1256号

12頁)。精神科医は，少なくも検察官通報（精神保健福祉法25条）では，一定程度抽象的な再犯の危険の判断が行われてきたという実績がある。少なくとも，現実の医療観察法の運用においては，裁判官が加わることにより，安定的な評価がなされているようである。

　責任主義を強調すると，「犯罪を犯したこと」を要件として強制入院するということは，保安処分そのものであって，理論的に許されないことになる（→152頁参照）。そして，現在行われている措置入院の運用のように，犯罪とは無関係に危険性のみを理由に強制入院させるべきだという主張も考えられる。しかし，「治療を伴う強制入院」という不利益を課す要件は，完全に刑罰と同じものである必要はない。そして，犯罪を犯した場合と犯さない場合で，どのような不利益を甘受すべきかという判断に差は存在し得る。被害者の利益，国民の不安をも考慮すれば，「犯罪を犯した者の方が，より治療を我慢せざるを得ない」とすることは十分説得的であるように思われる。

　これに対しては，「精神障害者という『病』者を対象とする以上，『有効な治療』という視点以外を混在させるべきでない。そうすれば，治療効果は減殺する」という主張が存在する。たしかに，医師の側がそのような主張をすることは，ある意味で当然である。目の前の患者の治療が重要で，患者が犯した犯罪の被害や被害者は，どうしても二次的な対象になりがちである。しかし，社会的制度として犯罪を犯した障害者の対策を考える場合には，「犯人が最も治療効果が上がる方策以外は採用し得ない」という議論はあまりに片面的なものとなる。少なくとも，多くの国民の支持は得られない。犯罪や刑罰に関連する議論が，患者の治療という視点のみで処理し得ないことは，認めざるを得ないように思われる。この点が，「保安的要請」の核心部分なのである。

Ⅶ　最高裁と医療観察法

　医療観察法に関する最も重要な判例は，最決平成20年6月18日である。妄想型統合失調症による幻覚妄想状態の中で，幻聴，妄想等に基づいて行った行為が，医療観察法2条2項の対象行為に該当するかどうかが争われたものである。

事実関係は，対象者が，本件当日，ビルの５階にあるＢ方居室内に無施錠の入口ドアから無断で立ち入り，同所にあったＢの二男Ｃ所有のベルト１本及びＢ所有の靴下１足を手に取り，ベルトを肩にたすき掛けのように掛けるなどして，それらを自己の占有下に置いた。その際，たまたま本件居室を訪れたＢの妻Ｄは，対象者に対し，泥棒ではないかなどと尋ねた上，Ｂに対し，泥棒がいるなどと電話で連絡をし，Ｃと共に本件居室に駆けつけたＢに対し，対象者を捕まえるよう求めた。Ｂは，警察に対し，泥棒を捕まえたので早く来てくれなどと電話で通報した。Ｃは，対象者が逃げないように，対象者が肩に掛けていたベルトを手でつかんだところ，対象者は，急に暴れ出し，Ｃに対し，その顔面等を手けんで数回殴打するなどの暴行を加えて全治約１週間を要する顔面打撲，胸部打撲及び右下腿擦過傷の傷害を負わせ，さらに，Ｂに対し，その顔面を手けんで殴打し，その左手親指付け根付近を歯でかみちぎる等の暴行を加えて全治約２週間を要する鼻骨骨折，左手皮膚欠損及び胸部打撲の傷害を負わせた。対象者は，当時病状の重い妄想型統合失調症にり患しており，幻聴，誇大妄想，被害妄想，病識欠如等の症状を呈していた。これらの行為は，妄想型統合失調症の症状である幻聴，妄想等に基づいて行われたものであり，対象者は，その行為の当時，心神喪失の状態にあったとされた。

原審において付添人が，対象者の幻覚妄想状態の中での認識に基づいて考える以上，対象者は自己の身を守るために両名に暴行を加えたのであるから事後強盗は成立せず，対象行為が存在しないと主張したのに対し，原決定は，対象者の本件行為は，客観的・外形的に見た場合，対象者が通常人であれば，本件居室内において，本件各物品が他人の所有物であることを認識しながら，所有者の承諾なくそれらを窃取したところ，Ｂ及びＣから逮捕されそうになったため，その逮捕を免れるために，両名に対し，その反抗を抑圧するに足る暴行を加えたものであり，誤想防衛も成立しないことが十分に認定でき，対象者の本件行為が刑法238条に規定する事後強盗の行為に当たることは，明らかというべきであるとした。

上告を受けた最高裁は，「医療観察法は，心神喪失等の状態で重大な他害行為を行った者に対し，継続的かつ適切な医療等を行うことによって，その病状の改善及びこれに伴う同様の行為の再発の防止を図り，もってその社会復帰を

促進することを目的とするものである。このような医療観察法の趣旨にかんがみると，対象者の行為が対象行為に該当するかどうかの判断は，対象者が妄想型統合失調症による幻覚妄想状態の中で幻聴，妄想等に基づいて行為を行った本件のような場合，対象者が幻聴，妄想等により認識した内容に基づいて行うべきでなく，対象者の行為を当時の状況の下で外形的，客観的に考察し，心神喪失の状態にない者が同じ行為を行ったとすれば，主観的要素を含め，対象行為を犯したと評価することができる行為であると認められるかどうかの観点から行うべきであり，これが肯定されるときは，対象者は対象行為を行ったと認定することができると解するのが相当である。なぜなら，上記のような幻聴，妄想等により対象者が認識した内容に基づいて対象行為の該当性を判断するとすれば，医療観察法による医療が最も必要とされる症状の重い者の行為が，主観的要素の点で対象行為該当性を欠くこととなりかねず，医療観察法の目的に反することとなるからである。したがって，これと同旨の見解の下，対象者の本件行為が，医療観察法2条2項5号に規定する対象行為に当たるとした原判断は，正当として是認することができる」と判示したのである。

医療観察法の解釈として，幻覚妄想状態の中で自己の身を守るために暴行を加えた以上，あくまで意思に反して，継続的かつ適切な医療等を行うことによって同様の行為の再発を防止する必要はないと解することも可能である。しかし，最高裁は，「対象者が幻聴，妄想等により認識した内容」ではなく，対象者の行為を当時の状況の下で外形的，客観的に考察し，心神喪失の状態にない者が同じ行為を行ったとすれば，犯罪行為と評価することができるか否かを吟味すべきだとした。法的には，医療観察法の目的は，心神喪失等の状態で重大な他害行為を行った以上は，医療等を行うことによって病状の改善及びこれに伴う同様の行為の再発の防止を図り，もってその社会復帰を促進することにある。やはり，完全に幻覚・幻聴に基づいていても，他害行為と評価できる客観面が存在する以上，意思に反した治療を課すことは許されるといわざるを得ない。ここに示された「保安的要請」は，認めざるを得ないように思われる。

精神障害者の人権と刑事責任

川本哲郎 ● Kawamoto, Tetsuro

はじめに

　精神障害者に対しては,本人の意思に反して治療が行われることがあるので,その人権が侵害される可能性がある。誤診の場合は,入院の必要性がないのに拘束されるわけであるから重大な人権侵害となるし,精神障害に罹患している場合であっても,治療に必要な程度を超える身体拘束は違法なものとして認められない。また,治療の可能性がない場合も問題となる。

　このように,精神障害者については,治療の際に人権侵害の可能性が存在するので,その擁護が問題となるのであるが,精神障害者が犯罪を犯した場合は,問題はさらに複雑な様相を呈することになる。刑法39条は,「①心神喪失者の行為は,罰しない。②心神耗弱者の行為は,その刑を減軽する」と規定しているが,その根拠や,判断基準,対象者の処遇などが問われることになるのである。

　以下では,人権の問題状況を概観した後に,刑事責任の問題を取り上げる。そして,精神障害犯罪者の処遇を検討した上で,今後の課題を考えることとしたい。

I　精神障害者の人権

1．人権とその制約の根拠
1）人権
　人権とは,人間が有する権利のことで,自由権・参政権・社会権が含まれる

が，ここでは，とくに自由権と平等権が重要である。また，憲法13条は，「すべて国民は，個人として尊重される。生命，自由及び幸福追求に対する国民の権利については，公共の福祉に反しない限り，立法その他の国政の上で，最大の尊重を必要とする」として，幸福追求権を規定しているし，25条は，「健康で文化的な最低限度の生活を営む権利」を規定している。

2）ポリス・パワーとパレンス・パトリエ

　精神障害者は，意思能力や社会適応能力に欠けることがあるために，自らの利益となる医療を選択できない場合があるから，強制的に治療を行う必要が生じるが，精神障害者の自由を制約する根拠としては，ポリス・パワーとパレンス・パトリエが挙げられる。ポリス・パワーとは，患者が他人に危害を加える危険があるので，それを防止するために強制的に入院させるというものであり，パレンス・パトリエとは，患者本人が病気のため意思決定ができないので，患者のために，患者の意思に反しても入院させて治療を行うというものである。つまり，強制入院による自由の制約根拠を，前者は，精神障害者の脅威ないし危険性を除去することに求め，後者は，精神障害者に対して医療保護を加える必要性に求めているのである。

3）精神障害者の処遇

　精神障害者の処遇に関しては，リーガル・モデルとメディカル・モデルが存在する。リーガル・モデルとは，前述のポリスパワーに基づくもので，医療の強制が認められるためには，法の適正手続が要求されると考える。これに対して，メディカル・モデルは，法の介入に対して謙抑的であり，医療的立場を重視する。前述のパレンス・パトリエと結びつく立場である。基本的には，後者が中心となるべきであるが，実際には，それにリーガル・モデルが加味されるという運用になっていると思われる。パレンス・パトリエとメディカル・モデルだけの場合は，患者の人権保障が不十分となる可能性が生じるからである。注1)

注1）詳しくは，拙稿「精神医療」加藤良夫編著「実務医事法講義」(2005年) 309頁以下参照。

2．国連原則

　1991年に国連総会において採択された「精神疾患を有する者の保護及びメンタルヘルスケアの改善のための原則」（以下では国連原則と略称する）は，「すべての患者は，最も制限の少ない環境下で，かつ，患者の保健上の必要性と他の人の身体的安全の保護の必要性とに照らして，適切な，最も制限の少ない，あるいは最も侵襲的でない治療を受ける権利を有する」（国連原則 9）と定めており，また，1966年に採択された国際人権B規約（市民的及び政治的権利に関する国際規約）7条は，「何人も，拷問又は残虐な，非人道的若しくは品位を傷つける取扱い若しくは刑罰を受けない。特に，何人も，その自由な同意なしに医学的又は科学的実験を受けない」と定め，9条は，「すべての者は，身体の自由及び安全についての権利を有する」としている。ちなみに，我が国の憲法31条は，「何人も，法律の定める手続によらなければ，その生命若しくは自由を奪われ，又はその他の刑罰を科せられない」として，法の適正手続を定めている。

3．強制入院の正当化根拠

　医療の中で，強制的な治療が認められているのは，精神障害と感染症である。感染症の場合を考えると，新型インフルエンザのパンデミック（大流行）が起こったときに，その患者に対して，外出禁止などの行動制限や強制入院を命じることが認められるのは，他人に対する危害（＝感染）を防止することと，本人の治療のためであることは明らかである。精神障害者の場合は，前述したように，自らの利益となる医療を選択できないことが，これに付け加わることになる。[注2]

　なお，東京地判平成2年11月19日（判時1396・95）は，精神障害者の強制入院について，以下のように述べている。すなわち，①法律に根拠を置くこと，②都道府県知事の審査による退院命令の制度が設けられていること，③弁護人に依頼する権利が保障されていること，④人身保護法による救済の途が開

注2）詳しくは，拙著「精神医療と犯罪者処遇」（2002年）39頁以下参照。感染症法と人権については，拙稿「新型インフルエンザ対策と人権」産大法学41巻4号（2008年）66頁以下参照。

かれていること、これらを考慮すると、当時の同意入院（現在の医療保護入院）は憲法又は人権規約の諸規定に違反するものではない、とされたのである。

II 精神障害者の刑事責任

1．刑事責任

　刑法は、結果主義から責任主義へと移行した。[注3]「責任なければ刑罰なし」という原則のことを「責任主義」という。現在では、行為者に主観的かつ個人的な責任の存在することが、刑罰を科す前提としての犯罪成立要件とされており、そこで責任能力の有無が問われるわけである。[注4]

　刑事責任とは、犯罪を犯したことについて、「その行為者を道義的に非難しうること、すなわち非難可能性をいう」とするのが通説である。[注5]少数説としては、過去に有力であった「社会的責任論」がある。これは、行為者の性格＝社会的危険性に責任の根拠を認め、刑罰を受けるべき法的地位が責任であると主張した。そして、刑罰を応報的な害悪と捉えず、改善ないし矯正の方法と考えて、「教育刑」の理論を標榜した。[注6]また、この立場では、責任能力は受刑能力ないし刑罰適応能力と捉えられることになる。[注7]

　しかし、多数説の立場では、責任能力は、受刑能力（刑事訴訟法479-480条）や訴訟能力（同法314条）とは異なるものと捉えられている。ちなみに、後者が訴訟において実際に問題となる例が多くないという実態については、検討が加えられるべきであろう。たとえば、2009年には、強盗殺人罪で起訴された被告人が、刑事裁判中に心神喪失と診断されながら、十分な治療を受けることなく16年以上も勾留されている例が報道されている。[注8]

注3）植松正「刑法概論 I 総論」（1974年）52頁以下参照。
注4）大塚仁「刑法概説（総論）第4版」（2008年）346頁。
注5）大谷實「刑法講義総論新版第3版」（2009年）309頁。
注6）牧野英一「刑法総論上巻」（1958年）51頁以下、「下巻」（1959年）495頁以下参照。
注7）牧野栄一「刑法総論下巻」（1959年）532頁。堀内捷三「刑法総論第2版」（2004年）206頁参照。

2．刑罰

　刑罰とは，犯罪を犯した者に国家が加える制裁のことであり，その内容は苦痛・害悪である。刑罰の機能としては，応報と一般予防，特別予防が挙げられる。応報は，悪いことを行った者は，その報いを受けるという考え方であり，「目には目を，歯には歯を」という同害報復を基礎としている。現在の科刑の状況は，同害報復からは程遠いものであるが，応報が刑罰を科す目的であることに疑いはない。[注9]

　一般予防とは，犯罪に対する刑罰を予告ないしは執行することによって，一般国民が犯罪を犯すのを予防することをいい，犯罪抑止や威嚇とも言われる。刑罰にこのような働きがあるのは確かであるが，そのために，刑罰を科すとなると，犯罪者＝受刑者を威嚇のための道具とするのは不当であるという批判が生じる。さらに，一般予防の効果がどれほどであるかも明らかではない。

　特別予防とは，特定の犯罪者が犯罪を犯すのを予防することをいい，これには，犯罪者の改善・更生と隔離・排除が含まれるが，その効果の程度については，一般予防と同様の疑問がある。

　また他方で，応報には，責任非難を基礎とし，犯罪者の責任を超えた刑罰を科してはならないという内容が含まれている。したがって，効果が明らかでないにもかかわらず，威嚇のためや受刑者の改善・更生のために，責任を超える刑罰を科してはならないということが要請されるのである。

　また，問題となるのは，前述したように，社会的責任論が刑罰を恩恵処分と考えている点である。このように考えれば，受刑者の人権侵害を防止するという関心は低くならざるをえないのであり，さらに，改善・教育効果も不確定なものであったことから，このような立場は現在では少数説にとどまっている。

　刑罰が，恩恵処分でなく，不利益処分である限り，刑罰の本質を応報ととらえて，責任に見合った刑罰が科されるべきであるとするのが妥当である。とは

注8) 朝日新聞2009年3月17日夕刊。なお，中島直「犯罪と司法精神医学」（2008年）84頁以下，同「訴訟能力問題の基礎とその周辺」岡崎伸郎「精神保健・医療・福祉の根本問題」（2009年）70頁以下，白取祐司「訴訟能力とは何か」，中谷陽二「訴訟能力――精神医学の立場から――」法と精神医療22号（2008年）14頁以下参照。

注9) 刑罰について詳しくは，拙稿「刑罰の体系」大谷實編著「法学講義　刑法1総論」（2007年）343頁以下参照。

いえ，一般予防や特別予防という機能が全く否定されるわけではない。そこで，刑法学では，応報の枠の中で，一般予防・特別予防を考えるという「併合説」が通説となっているのである。[注10]

3．責任能力

責任の前提となるのは，責任能力である。責任能力とは，裁判所によれば，「事物の理非善悪を弁識する能力又はその弁識に従って行動する能力」のことである。（大判昭和6.12.3.刑集10・682）そして，刑法39条が規定する「心神喪失」は，この能力を喪失している状態をいい，「心神耗弱」は，この能力の著しく減退した状態をいう，とされている。心神喪失は処罰されず，心神耗弱は必ず刑を減軽される。実際上の大きな効果としては，心神耗弱を認定されれば，死刑は科されないということが挙げられる。

また，「被告人の精神状態が刑法39条にいう心神喪失又は心神耗弱に該当するかどうかは法律判断」である。したがって，「精神鑑定書の結論の部分に被告人が犯行当時心神喪失の情況にあった旨の記載があるのにその部分を採用せず，右鑑定書全体の記載内容とその余の精神鑑定の結果，並びに記録により認められる被告人の犯行当時の病状，犯行前の生活状態，犯行の動機・態様等を総合して，被告人が本件犯行当時精神分裂病の影響により心神耗弱の状態にあったと認定」するのは正当である，というのが最高裁判所の見解である（最決昭和59.7.3.刑集38・8・2783，判時1128・38，判タ535・204）。[注11] なお，精神鑑定については後述する。

注10）詳しくは，大谷實「新版　刑事政策講義」（2009年）110頁以下参照。
注11）精神医学者からは，「これにより『統合失調症＝無能力』のコンベンツィオンは終焉を告げることとなった」と評されている（井原裕「パーソナリティ障害の責任能力」精神科12巻2号（2008年）116頁）。岡江晃「刑事責任能力判断の新たな動向」（日本精神神経科診療所協会，2008年），拙稿「責任能力」大谷實編「判例講義刑法I総論」（2001年）91頁以下，同「責任能力」町野朔・丸山雅夫・山本輝之編「ロースクール刑法総論」（2004年）99頁以下参照。

Ⅲ　法の具体的適用（1）——精神障害犯罪者の処遇——

1．起訴便宜主義

　我が国の刑事訴訟は，起訴便宜主義を採用している。これは，起訴法定主義（「起訴に充分なだけの客観的嫌疑があるときは，訴訟条件が具備するかぎり，かならず起訴することを要する」とする考え方）[注12]と異なり，検察官に起訴・不起訴についての裁量を認める制度である。刑訴法248条は，「犯人の性格，年齢及び境遇，犯罪の軽重及び情状並びに犯罪後の情況により訴追を必要としないときは，公訴を提起しないことができる」と定めている。[注13]

　これに従って，検察官は，必要なときは起訴前鑑定を行い，精神障害犯罪者の起訴・不起訴を決定している。平成18年の統計を見ると，「心神喪失者・心神耗弱者と認められた者の処分結果」では，対象者811人のうち，不起訴となった者は，心神喪失370人，心神耗弱375人で，全体の91.9％を占めており，裁判の結果，心神喪失とされた者はわずかに1名で，心神耗弱とされた者65名を加えても，全体の8.1％を占めるにすぎない。[注14]また，同年7月から施行された心神喪失者等医療観察法による処分を見てみると，対象行為141件のうち，審判の申立てがあったのは，80件で，そのうち，入院決定が49件，通院決定が19件，不処遇決定が7件となっている。[注15]さらに，その後の平成19年の心神喪失者等医療観察法の運用状況を見ると，心神喪失を理由に不起訴処分に付された被疑者は544人，通常第一審において心神喪失を理由として無罪となった者は5人であり，[注16]検察官の申立てに係る地方裁判所の審判の対象行為別終局処理人員は，対象行為422件のうち，入院決定が250件，通院決定が75件，不処遇決定が75件となっている。[注17]

注12）団藤重光「新刑事訴訟法綱要七訂版」（1967年）368頁。
注13）詳しくは，池田修・前田雅英「刑事訴訟法講義［第2版］（2006年）172頁以下参照。
注14）平成18年版犯罪白書122頁。
注15）同書124頁。
注16）平成20年版犯罪白書121頁。
注17）同書123頁。

このような現状について，起訴便宜主義の存続と弁識能力判断の重視が見られるとして，「法律上は責任主義が堅持されながらも，その実態においては，なし崩しに内実を失いつつあるように感じられる」とする指摘が見られるところである。[注18]

2．心神喪失者等医療観察法

2003年に成立した本法の目的は，「心神喪失等の状態で重大な他害行為を行った者に対し，その適切な処遇を決定するための手続等を定めることにより，継続的かつ適切な医療並びにその確保のために必要な観察及び指導を行うことによって，その病状の改善及びこれに伴う同様の行為の再発の防止を図り，もってその社会復帰を促進すること」（1条）である。その概要は，①重大な犯罪を犯して心神喪失又は心神耗弱とされた者に対して，指定医療機関への入院もしくは通院を命じる，②決定は，地方裁判所において，1名の裁判官と1名の精神保健審判員（精神科医）の合議体で行う，③医療機関は国公立病院を指定する，④審判には付添人（弁護士）を付し，治療開始後も，退院許可や医療終了の申立を行うことができる，⑤通院治療の場合は，精神保健観察に付される，というものである。

審判の決定要因は，①疾病性，②治療可能性，③社会復帰阻害要因であり，[注19] 現状では，病床数が少ないためもあって，謙抑的な運用が行われている。

この法律が施行された2005年7月から2008年7月1日までの申立の状況を見ると，申立総数1132件のうち，入院決定が623件，通院決定が212件，不処遇決定が183件となっており，現在の運用の特徴としては，①入院施設の整備が進んでおらず，ベッド数が不足していること，②いわゆる「いきなり通院」の多いこと，③入院期間はおおむね18カ月以内が想定されていることが挙げられている。[注20]

注18) 中谷陽二「責任主義の行方と精神鑑定」司法精神医学2巻1号（2007年）78頁。
注19) 最高裁事務総局「心神喪失者等医療観察法及び審判手続規則の解説」（2005年），樽矢敏広「指定入院医療機関で経験した2事例」法と精神医療20・21号（2008年）58頁参照。
注20) 平成20年度精神保健指定医研修会で配布された資料による。

また、この法律と責任能力との関係については、「心神耗弱の下限が下がる可能性がある」とする指摘が見られるが、[注21] 他方では、当面は変化は見られないとする評価も下されている。[注22]

3. 精神保健福祉法

心神喪失者等医療観察法の対象とならない者や、心神喪失者等医療観察法の専門病棟を退院した者の中には、精神保健福祉法の強制入院の要件を満たす場合は、従来通りの処遇を受けている者が存在する。

精神保健福祉法に規定されている精神障害者の強制入院の形態としては、措置入院と医療保護入院が主要なものである。措置入院とは、都道府県知事が、指定医による診察の結果、その診察を受けた者が精神障害者であり、且つ、医療及び保護のために入院させなければその精神障害のために自身を傷つけ又は他人に害を及ぼすおそれがあると認めたときに、精神病院に入院させることができるというものである（精神保健福祉法29条）。医療保護入院とは、精神病院の管理者が、指定医による診察の結果、精神障害者であり、かつ、医療及び保護のため入院の必要があると認めた者につき、保護者の同意があるときは、本人の同意がなくてもその者を入院させることができるというものである。（同法33条）。

措置入院の問題点としては、診断や入院期間など、運用における地域・病院（精神科医）による差の存在が指摘されていた。[注23]

このことは、医療保護入院を含む強制医療全体についても該当することであり、また、心神喪失者等医療観察法施行後も変化は見られない。問題は、医療観察法の専門病棟において約1年半の治療を受けた後に、治療可能性がないとして、退院させられた者が、社会内に戻れずに、措置ないしは医療保護入院による治療を強制される場合である。たしかに、医療観察法専門病棟における治療は、これまでの治療よりも手厚いものであるから、それなりの評価はできるが、その後に、一般の精神病院に強制的に収容されるのでは、事態の大幅な改

注21) 安田拓人「心神喪失と心神耗弱」ジュリスト1230号（2002年）19頁。
注22) 岡江・前掲書（注11）19頁。
注23) 拙稿「措置入院制度の現状と問題点」刑法雑誌42巻2号105頁以下参照。

善にはつながっていないのではなかろうか。一歩前進とは認められても，そこからの更なる改革が必要とされていることを忘れてはならないであろう。

なお，医療観察法と精神保健福祉法の関係について，2007 年に最高裁は以下のように判示した。[注24] すなわち，検察官からの申立てがあった場合に，「医療の必要性があり，対象行為を行った際の精神障害の改善に伴って同様の行為を行うことなく社会に復帰できるようにすることが必要な対象者について，措置入院等の医療で足りるとして同法による医療を行わない旨の決定をすることは許されない」とした。つまり，入院による治療が必要な対象者に対しては，精神保健福祉法による措置入院が可能であることを理由として，医療観察法による入院医療を行わないとすることはできない，ということを示したものであり，これによって，指定医療機関が遠隔地にしかないときでも，医療観察法による入院治療が選択されることになるわけである。このような関係についても，医療観察法の指定入院機関の整備の状況を睨みつつ，検討を重ねる必要があるように思われる。

4．人権侵害に対する救済機関――精神医療審査会――

精神医療審査会は，精神障害者の人権に配慮しつつその適正な医療及び保護を確保するために，精神病院に入院している精神障害者の処遇等について専門的かつ独立的な機関として審査を行うために設置されたものである。[注25] 要するに，精神障害者の人権を擁護するための重要な組織であり，その委員は，精神障害者の医療に関し学識経験を有する者，法律に関し学識経験を有する者及びその他の学識経験を有する者から，都道府県知事又は指定都市の市長によって任命される。委員の任期は 2 年であり，審査会は 5 名で構成され，少なくとも，医療委員 2 名，法律委員 1 名，その他の学識経験者 1 名が必要である（精神保健福祉法 13-14 条）。精神医療審査会の機能としては，①退院と処遇改善の請

注 24）最決平成 19 年 7 月 25 日刑集 61 巻 5 号 563 頁，判時 1984 号 113 頁，判タ 1252 号 148 頁。中山研一「医療観察法による『医療の必要性』について」判時 1992 号 3 頁以下，山本輝之「心神喪失者等医療観察法における強制処遇の正当化根拠と『医療の必要性』について」中谷陽二編「精神科医療と法」（2008 年）125 頁以下参照。

注 25）精神医療審査会運営マニュアル（精神保健福祉研究会「我が国の精神保健福祉　平成 19 年版」514 頁）。

求を審査し請求の適否を判定する「裁定機能」と，②審査結果の通知に付帯意見を述べるなどの形で治療方針や治療内容に介入する「調整機能」，③書類審査を通じて非自発入院の適否を審査する「点検機能」が挙げられている。[注26]

国連原則 17 は，精神医療審査機関について，「①審査機関は，国内法によって設置された司法的，または他の独立かつ公正な機関であり，国内法で定められた手続にしたがって機能する。②……非自発的患者としての入院または退院制限の決定に関する審査機関の最初の審査は，その決定後，可及的すみやかに開催され，国内法で規定されている簡潔かつ迅速な手続に即して行われるものとする」と規定している。

我が国の精神医療審査会に対しては，措置入院に関して，入院直後の審査制度が設けられていないのが批判されているし，患者側の代理人の選任，情報開示などの問題も指摘されている。[注27] また，自治体間で活動に格差のあることも問題となっている。さらに，退院ないし処遇改善の請求があった場合に行われる「患者の意見聴取」についても，地域間の格差が見られる。したがって，今後は，精神医療審査会の活性化を図るとともに，患者の人権保障がより一層確保されるようなシステムを構築することが重要な課題となるであろう。[注28]

医療観察法の場合は，対象者には弁護士である付添人が付されるので，従来よりは充実した制度になっている。また，同意によらない治療については，病棟の倫理会議において審査をすることとされているし，処遇改善の請求に関しては，社会保障審議会が審査を行うことになっている（同法 95-96 条）。現在のところ，医療観察法の病棟数も限られているので，大きな問題にはなっていないが，対象者が増加した場合を想定した体制は採用されていないのであるから，今後の在り方を検討する必要があると思われる。

注26) 山崎敏雄他「人権擁護のための精神医療審査会の活性化に関する研究」平成 13 年度厚生科学研究報告書（2002 年）11 頁。

注27) 斉藤正彦「精神保健法における強制入院制度の諸問題」西山詮編「精神障害者の強制治療」（1994 年）42 頁。

注28) 拙稿「強制システムのこれから」町野朔編ジュリスト増刊「精神医療と心神喪失者等医療観察法」（2004 年）122 頁以下参照。五十嵐禎人「イギリスにおける精神障害者の人権擁護－精神保健法委員会を中心に」中谷陽二編・前掲書（注24）255 頁以下参照。

Ⅳ 法の具体的適用（2）
——精神鑑定と裁判員制度・被害者訴訟参加——

1．精神鑑定

　この数年の間に，精神鑑定の結果が問題となった事例としては，以下のようなものがある。①長浜園児殺害事件（起訴後の正式鑑定で心神耗弱とされ，無期懲役），②秋田・連続児童殺害事件（第一審は精神鑑定が完全責任能力，無期懲役。第二審も無期懲役），③渋谷夫バラバラ殺人事件（鑑定は心神喪失，懲役15年），④渋谷妹バラバラ殺人事件（鑑定に従い，殺人罪で懲役7年，死体損壊は心神喪失で無罪）[注29]，⑤大阪・兄刺殺事件（簡易鑑定は心神耗弱，正式鑑定は心神喪失。判決は心神喪失で無罪），⑥土浦・家族（両親と姉）殺害事件（2つの鑑定は心神喪失と完全責任能力。判決は心神喪失で無罪）などがある。

　さらに，責任能力の判断に問題がないと思われる場合，つまり加害者に責任能力が認められると推定される事例においても，弁護側が精神鑑定を要求する場合が散見される。たとえば，ＪＲの特急内で強姦を犯した被告人に対して，20年以上前の少年時代に交通事故に遭って頭部に傷害を負ったことが抑制力低下の一因であるとして，情状鑑定が行われたが，これを否定する結果が提出され，裁判所はこれに従って懲役18年を言い渡した例がある。[注30] なお，情状鑑定とは，量刑を決定する資料として用いられるものであるが，[注31] それほど頻繁に行われているわけではない。

　また，精神障害犯罪者の被害者に目を転じると，被害者側の反応は以下のようになると思われる。すなわち，被害者側は，まず精神鑑定が要求されることに驚き，次に，責任能力の喪失・減弱の場合に不処罰とされたり，刑の減軽が認められたりすることに怒りをおぼえ，精神鑑定の結果を聞いて当惑する。精神鑑定において責任能力ありと判定された場合は，裁判の長期化に対する批判

注29）東京地判平成20年5月27日判例時報2023号158頁。
注30）大津地判平成20年1月17日判例タイムズ1261号349頁。
注31）上野正吉・兼頭吉市・庭山英雄「刑事鑑定の理論と実務」（1977年）114頁以下参照。

が出るし，責任能力がないとして無罪となったときは落胆するが，被害者の当惑が大きいのは，精神鑑定の結果が分かれたときである。たとえば，複数のベテランの精神科医が数カ月を要する正式鑑定を実施したときに，その結果が正反対のものになった前述⑥の土浦の事件などがその例として挙げられるし，旧くは連続幼女誘拐殺害事件の犯人である宮崎勤に関する鑑定の例もある。[注32]

　また，精神鑑定の拘束力に関する最高裁の見解は前述の通りであるが，2008年に注目すべき最高裁判決が出された。つまり，この判決は，責任能力判断は最終的に裁判所が決定するものであることを確認した後に，「生物学的要素である精神障害の有無及び程度並びにこれが心理学的要素に与えた影響の有無及び程度については，その診断が臨床精神医学の本分であることにかんがみれば，専門家たる精神医学者の意見が鑑定等として証拠となっている場合には，鑑定人の公正さや能力に疑いが生じたり，鑑定の前提条件に問題があったりするなど，これを採用し得ない合理的な事情が認められるのでない限り，その意見を十分に尊重して認定すべきもの」とされたのである。[注33]

2．裁判員制度と被害者の訴訟参加

　2009年5月から開始される裁判員制度とは，国民が裁判員として刑事裁判に参加し，被告人の有罪・無罪の評決と，有罪の場合の刑の量定を，裁判官とともに行うという制度である。原則として，裁判員は6人，裁判官は3人である。この場合，責任能力の有無が争われる場合が考えられる。その場合は，先に紹介した被害者の場合と同様のことが生じる可能性がある。また，被害者の訴訟参加制度が2008年12月から始まった。この制度は，被害者が訴訟に参加

注32）浅田和茂「完全責任能力が認められた事例」ジュリスト平成9年度重要判例解説153頁以下参照。精神鑑定の問題点を指摘するものとして，保崎秀夫「精神鑑定例を通して見た精神疾患と責任能力の問題」法と精神医療20・21号36-37頁参照。
注33）最判平成20年4月25日刑集62巻5号1559頁，判時2013号156頁，判タ1274号84頁。前田巌・時の判例ジュリスト1367号114頁以下，前田雅英「最新重要判例250刑法第7版」（2009年）72頁，安田拓人「責任能力の法的判断」刑事法ジャーナル14号93頁以下，上田正和「裁判所による責任能力の判断と精神医学者の鑑定意見」法学教室判例セレクト2008・30頁，笹倉香奈「責任能力の判断と鑑定」法学セミナー644号（2008年）136頁，木川統一郎「2人の鑑定人が責任能力なしと鑑定している場合に，裁判所が完全責任能力ありと判決することは許されるか」判例タイムズ1285号（2009年）13頁以下参照。

し，証人尋問や被告人質問を行うことができるというものである（刑事訴訟法316条の33，36参照）。

このように，日本の刑事裁判では大改革が行われることになった。従来は，法廷の中には，いわゆる法曹三者（裁判官，検察官，弁護士）と被告人しか存在しなかったのが，今後は，被害者と裁判員という一般国民が参加することになるのである。ここで，重要なのは，責任能力についての説明を，法曹と，精神鑑定を行う精神科医とが，裁判員や犯罪被害者などの一般国民にわかりやすく行うことができるかということである。これは，きわめて困難なことであると思われるが，今後の司法精神医学の発展にとっては，これを貴重な好機とすべきであろう。[注34] 法曹と精神科医の相互理解が促進されることによって，責任能力に対する理解が向上し，国民への説明がより明確になり，それが，ひいては，精神障害者の人権擁護につながることが期待されるところである。

おわりに

ここで，今後の課題を挙げれば，第一に，検察官の役割の問題がある。心神喪失者等医療観察法が施行されている現在でも，精神障害犯罪者の処遇を決定する役割の重要な部分を検察官が決定していることに変わりはない。このような制度が精神障害犯罪者の人権擁護にとって最適であるかどうかは検討の余地があろう。[注35]

第二に，一番重要なものであり，国民の幸福追求権に関わるものでもあるが，[注36] 精神障害犯罪者の社会復帰がある。上に見たように，現在の我が国の制度では，精神障害犯罪者は，さまざまなルートに振り分けられている。①精

注34) 岡田幸之「精神鑑定と裁判員裁判」中谷陽二編・前掲書（注24）105頁以下，同「裁判員制度における精神鑑定」司法精神医学4巻1号（2009年）88頁以下参照。後者は「シンポジウム　裁判員制度導入をめぐる諸問題」（司法精神医学4巻1号70頁以下）の報告のひとつである。責任能力についての理解を得るのが困難であることを指摘し，裁判員制度が「精神障害者の刑罰化を促進する方向に働く」とするのは，岡江・前掲書（注11）20頁。

注35) 中谷・前掲論文（注18）78頁参照。

注36) 大谷實「精神科医療の法と人権」（1995年）155頁以下参照。

神保健福祉法下の強制入院，②心神喪失者等医療観察法による強制治療，③責任能力があるときの刑事施設での処遇が主要なものであり，これらが接続される場合も考えられる。したがって，イギリスで行われているような継続ケア（through care）という処遇方法を取り入れることを検討すべきであろう。つまり，犯罪→審判→医療観察法による処遇→精神保健福祉法による入院→社会復帰（強制通院）というルートを辿る場合は，その引き継ぎをいかに行うかが処遇の成功の鍵を握ることになると思われる。さらに刑事施設に収容された場合は，そこでの治療の質が問われることになる。[注37]

また，多職種チームによる治療・ケアもますます発展してくることが予想される。これからは，これらの組織の調整を図ることが極めて重要になってくるであろう。このことによって，精神障害者に対する人権侵害を回避ないしは軽減することが可能になるからである。

第三に，精神医療審査会の改善が必要である。これを独立の機関とするとともに，スタッフの充実を図り，地域による格差を解消することが求められよう。さらに，心神喪失者等医療観察法の場合の人権侵害救済についても，将来の動向に応じて，改善を図る準備を整えておく必要があると思われる。さらに，精神障害者の人権擁護については，精神障害者へのアナウンスメントの重要性を指摘しておきたい。イギリスでは，精神保健法の改正を行う際に，保健省のホームページに，障害者用の簡約版を掲載していた。我が国では，そのような努力は見られなかったようである。この点の改善も検討されるべきであろう。[注38]

第四に，司法精神医学の充実が急務である。2003年に心神喪失者等医療観察法が成立したときには，附則として，3条1項において，「指定医療機関による医療が最新の司法精神医学の知見を踏まえた専門的なものとなるよう，その水準の向上に努めるものとする」と定められているにもかかわらず，その基礎を提供する司法精神医学に関して，大学の中に専門の講座が設けられていな

注37) この問題については，前掲拙著（注2）参照。さらに，近畿弁護士会連合会人権擁護委員会編著「刑事施設内医療を考える」（2009年）136頁以下参照。

注38) イギリスの動きについては，拙稿「イギリスの精神保健法改正案の動向」同志社法学304号（2005年）645頁以下，同「イギリスの新しい精神保健法」産大法学41巻4号1頁以下参照。また，白石弘巳「精神障害者の人権擁護／精神科医療の立場から」松下正明編「司法精神医学講座第1巻　司法精神医学概論」（2006年）300頁参照。

いのが現状である。このような状況は早急に改善する必要があろう。[注39] また，司法精神医学の発展に伴って，精神鑑定の質も向上するものと思われる。さらに，裁判員や被害者などの一般国民に責任能力などを明解に解説する努力が一層必要とされるのであるから，そのためにも司法精神医学の充実が望まれるのである。

　第五に，脳科学との関連についても触れておきたい。「責任」の在り方は，精神障害犯罪者の処遇に繋がるものである。その点で，社会的責任論の発想には正しいものがあったということは評価されるべきであろう。しかし，処遇が恩恵であると考えることによる人権の軽視という欠点が，脳科学の発展とともに再び現れる可能性があることを忘れてはならないであろう。脳科学は大きな発展を遂げてきているが，今のところ，精神障害犯罪者の処遇に直接の影響を与えるような動きは見られない。しかしながら，今後の展開に備えて，今から充分な議論をしておくことが肝要であると思われる。社会科学の宿命として，責任や人権の内容は時代とともに変化していくからである。[注40]

　第六に，精神障害犯罪者に対して，治療か処罰のいずれを優先すべきかという問題があるのは周知のことであるが，どちらが精神障害者にとって利益になるかを一概に決定することは困難である。[注41] 精神障害犯罪の被害者からは，犯罪者にとって治療が必要であるとしても，罪の償いとして刑罰を受けてほしいとの声が上がっているのであり，また，刑罰を受けて反省することが，犯罪者の治療にとって有効な場合があるとすれば，刑罰と治療とを併科するような制度を考えてみる価値はあると思われる。たとえば，アメリカの一部の州では，精神障害犯罪者に対して，精神科治療を受けた後に拘禁刑の執行を行うという

注39) 町野朔「法律家の視点からみた医療観察制度の問題点」司法精神医学1巻1号46頁，拙稿「心神喪失者等医療観察法成立の意義と今後の課題」法律のひろば56巻10号（2003年）46頁参照。

注40) 神田宏「脳科学・意思自由・刑法学－現代によみがえる意思自由論争？」近畿大学法学55巻4号（2008年）37頁以下，ローレンス R. タンクレディ「道徳脳とは何か――ニューロサイエンスと刑事責任能力――」（2008年）[書評：安田拓人（法と精神医療23号（2008年）118頁以下]，河島一郎「責任の有無は脳でわかるか――精神鑑定から脳鑑定へ――」，信原幸弘・原塑編著「脳神経倫理学の展望」（2008年）127頁以下など参照。

注41) 井原裕「精神鑑定における精神科医――39条の謙抑と情状の考慮――」司法精神医学3巻1号（2008年）96頁参照。

"guilty but mentally ill"という制度が設けられている。[注42] さらに，我が国においても，近年の統合失調症の軽症化に伴い，精神障害者から「裁判を受ける権利」を要求されることがある。[注43] これは，ノーマライゼーションの観点から，責任能力の認められる者が不起訴にされることに対する異議申し立てであると考えられるが，アメリカの制度は，これに応えるものであるし，また，心神喪失・心神耗弱を定める「刑法39条を廃止せよ」という主張[注44]に対しても一つの回答を与えるものとなるであろう。

さらに，治療については，夙に述べられていることであるが，この問題の本質に関する以下のような立場が改めて確認されるべきであろう。すなわち，「精神障害のために，適切な自己決定ができないと認められ，しかも医療保護が必要な精神障害者に対し，国がその自己決定を補い，後見的な立場に立って医療保護を加えることは，一見すると人権侵害のようでも，かえって（憲法13条の）幸福追求権を保障する」ことになるのである。[注45] また，刑罰についても，それを恩恵処分と考えるのは妥当ではないが，刑事施設において精神障害の治療を行うのは当然のことであり，そのレベルは通常のものでなければならない。このように，精神障害者の治療と刑罰とは相対立するものではなく，どこに境界を設定するかという問題である。今後の精神医学の発展を参照して，精神障害犯罪者の人権擁護に最大の考慮を払いつつ，あるべき処遇を追求していくことが今後の重要な課題であろう。

最後に，精神医学と法学の交流の問題をを取り上げたい。心神喪失者等医療観察法が制定される過程で，精神医学者と法律家の対話が促進されることになり，法施行以降もその動きは継続されているが，両者の交流は十分なものとは

注42) See, J. A. Fagin, Criminal Justice A Brief Introduction, 2007, pp.328-330 ; F. Schmalleger, Criminal Justice Today 9th ed., 2007, pp.143-147.

注43) 拙著「精神医療と犯罪者処遇」（2002年）207頁以下，同「法律家の立場からみた心神喪失者等医療観察法」松下正明編『司法精神医学第5巻　司法精神医療』（2006年）234頁以下参照。

注44) 佐藤直樹「刑法39条はもういらない」（2006年），同「刑法39条は本当に必要なのか」司法精神医学3巻1号101頁以下，神田宏「いわゆる刑法39条廃止論について——ノーマライゼーション社会における責任能力概念小論——」近畿大学法学53巻2号（2005年）1頁以下参照。

注45) 大谷實・前掲書（注36）88頁，158頁。

なっていない。国民の司法参加が促進されていく時代にあっては，精神医学界と法学界の相互理解をさらに深めていくことが求められている。その実現が，上に挙げた諸課題を解決する際の前提となるのである。

少年犯罪——処遇と責任能力——

奥村雄介 ● Okumura, Yusuke

はじめに

　成人の場合，行為の責任はその人格に帰着するという考え方に基づき，犯罪行為に対して刑罰を科することから，犯行時の責任能力の判定は量刑を決める上で重要な要素の一つになっている。自分の行った犯罪を自覚させ，罪を償わせるという意味で刑法が扱っているテーマは過去の清算であり，刑務所への収容目的は刑罰である。これに対して成長・発達の途上にある少年（未成年）の場合は，人格に可塑性があるため，その犯罪行為を全面的に人格に負わせて罪を償わせるのではなく，改善・更生のための矯正教育が行われる。少年院への収容目的は保護・健全育成であり，収容期間や矯正教育プログラムは未来志向的に決定される。端的に言うと処遇の基本は，成人の場合は応報であり，少年の場合は立ち直りのための支援である。

I　少年犯罪

　少年犯罪は，14歳以上20歳未満の少年による法的に規定された有責違法行為を指している。一方，「非行のある少年」とは家庭裁判所の審判に付すべき少年であり，①14歳以上20歳未満の少年による刑法またはその他の刑罰法令を犯した行為（犯罪行為），②14歳未満の少年で刑法またはその他の刑罰法令に触れた行為（触法行為），③20歳未満の少年でその性格・環境に照らして将来罪を犯し，または刑罰に触れるおそれのある少年の虞犯事由，の3つのいず

れかに該当する行状のある少年を指している。ちなみに虞犯事由とは，以下の4つである。
・保護者の正当な監督に服さない性癖のあること
・正当な理由がなく家庭に寄りつかないこと
・犯罪性のある人または不道徳な人と交際し，いかがわしい場所に出入りすること
・自己または他人の徳性を害する行為をする性癖のあること

　法的な規定では「非行のある少年」のうち，①のみが少年犯罪に該当するが，実際の警察庁の犯罪統計では少年犯罪を広くとらえ②も含んでいる。

II　責任能力と少年法改正

　刑法における責任能力とは，刑法上の責任を負う能力のことであり，事物の是非・善悪を弁別し，かつそれに従って行動する能力のことである。責任能力のない者に対しては，その行為を非難することができず，刑罰を科する意味に欠けるとされる。責任能力が存在しない状態を責任無能力と呼び，責任能力が著しく減退している状態を限定責任能力と呼ぶ。心身喪失や刑事未成年は責任無能力に該当し，心神耗弱は限定責任能力に該当する。ここでは社会生活において一個人として自由を享受し，権利を行使している者は，責任を全うし，義務を果たすべきであるという，言わば"比例の原理"が働いており，心神喪失者・刑事未成年者は不処罰となり，心神耗弱者の刑は軽減される。

　刑事事件において責任能力が問題となるのは成人の被疑者または被告人に関して精神障害が疑われ，犯行時の精神状態を判定する司法精神鑑定の場である。責任能力ありとされれば通常の裁判が行われて量刑が定められ，心身喪失または心神耗弱とされれば減免される。したがって成人の場合，司法精神鑑定の結果は減免措置という例外規定を運用する根拠の一つとなっている。これに対し，未成年の場合は，原則的に責任能力について問われることはなく，少年法に基づき，家庭裁判所の審判に委ねられ，保護処分の適否が決定される。未成年に関して責任能力が問題となるのは検察官送致（いわゆる逆送）の場合であり，少年法ではなく，刑法が適用される。逆送に該当するのは，非行事実を認定し，

要保護性についても考慮した上で、事案の罪質及び情状が保護処分の限界を超えており、刑事処分が相当であるとされた場合である。より具体的には、まず精神障害が認められないこと、次に悪質な秩序型の凶悪かつ重大な犯罪で社会に与える影響も大きく、さらに改善・更生の余地はないと判断された場合である。以上をまとめると責任能力判定が法の適用に影響を及ぼす分岐点が２つある。一方では刑法で裁かれる成人においては責任能力なしという判定が免責の根拠となり、他方では少年法で裁かれる未成年においては責任能力ありという判定が保護処分ではなく、刑事処分に付される根拠となる。このように責任能力の判定によって処分が交錯するのは、成長・発達には個人差があるにもかかわらず、犯罪行為を行った者に対して刑法を適用する場合の区分を単に生物学的な年齢で便宜的に分けているからである。

1997年、神戸児童連続殺傷事件を皮切りに、西鉄バスジャック事件や豊川市主婦殺人事件など17歳の凶悪犯罪が注目され、大人顔負けの悪質な事件が続く中で少年法改正が叫ばれ、2001年、少年の刑事処分相当年齢が16歳未満に引き下げられることとなった。さらに佐世保小６女児同級生殺人事件など小学校高学年の児童による殺傷事件も相次ぎ、従来の児童福祉施設では対処しきれなくなり、2007年、少年院送致の年齢の下限がおおむね12歳まで引き下げられた。要するに少年犯罪の凶悪・粗暴化と低年齢化の流れの中で、少年にもそれなりの責任をとらせるべく、厳罰化の方向に二度にわたって少年法は改正され、現在に至っているのである。なお改正少年法には審判手続きや保護処分のあり方の見直し、被害者への配慮、保護者の責任の明確化などが盛り込まれている。

Ⅲ 心神喪失者等医療観察について

１．医療観察法成立の経緯

重大な他害行為を行った者が司法精神鑑定において精神障害が認められ、心神喪失により、不起訴または無罪判決となった場合、措置入院制度が適応されてきた。1985年の宇都宮病院事件以前は措置入院の要件が広かったため、仮に精神障害が認められなかった場合に犯罪行為に科せられる刑期よりも長い期

間収容されることがあり，刑罰よりも不利であるとされ，問題となっていた。しかし，精神保健福祉法の改正後は逆に措置入院の要件が「診察時の自傷他害のおそれ」となり，狭くなった。そのため精神症状が消退すると速やかに退院させざるを得なくなり，再発・再犯を繰り返すケースが散見されるようになった。2001年，大阪教育大学附属池田小学校事件の犯人が何度も心身喪失により不起訴になった経歴の持ち主であることが判明し，この事件をきっかけに心身喪失と認められた者に対する処遇の問題が注目され，「心神喪失等の状態で重大な他害行為を行った者の医療及び観察等に関する法律（以下，医療観察法と略す）」が2005年に施行された。

2．医療観察法における鑑定

医療観察法における鑑定（以下，観察法鑑定と略す）は，重大な他害行為を行った者に関し，医療観察法医療必要性があるか否かを判断するために行われる。医療観察法医療必要性とは，"他害行為を行った際の精神障害を改善し，これによって同様の行為を行うことなく，社会に復帰することを促進するためにこの法律による入院または通院の医療を受けさせる必要性"のことである。医療観察法医療必要性の判断は，疾病性，治療反応性，社会復帰要因（またはリスクアセスメント）の3つの評価軸に時間軸を組み合わせて行われる。第一の疾病性とは，他害行為を行った際の精神障害に関するもの，第二の治療反応性とは，医療観察法医療による精神障害の回復可能性，第三の社会復帰要因とは，社会復帰と再発・再犯予防に関連する要因のことである。司法鑑定が犯行時の責任能力を評価するのに対して，観察法鑑定は当該他害行為と疾病の関連の強さを評価するという点において両者は一部重複している。また，精神保健福祉法による措置鑑定（または措置診察）では診察時の自傷他害のおそれを評価するのに対し，観察法鑑定では，社会復帰要因（またはリスクアセスメント）と時間軸の2つの評価軸の組み合わせによって，当該他害行為時，鑑定をしている現在，さらに将来の再発・再犯の予測など過去，現在，未来にわたり総合的な評価が行われる。また措置鑑定は入院時にだけ行われるが，観察法鑑定は入院時のみでなく，治療経過中および退院時にも行われる。表1は司法鑑定，措置鑑定ならびに観察法鑑定について，それぞれの特徴を挙げ，比較したもので

表1 鑑定の比較

鑑定の種類	準拠する法律	鑑定の内容	時間軸	鑑定人の資格
司法鑑定	刑事訴訟法	犯行時の責任能力	過去	専門家（特に資格はない）
措置鑑定	精神保健福祉法	診察時の自傷他害のおそれ	現在	精神保健指定医
観察法鑑定	医療観察法	疾病性 治療可能性 社会復帰要因	過去 現在 未来	精神保健判定医

表2 グルーレの二分法

	精神病性犯罪者	犯罪性精神病者
例示	覚せい剤による幻覚・妄想状態での通り魔殺人	内因性うつ病による愛他的動機に基づく子殺し
疾患と犯行の関連	主に病像修飾的	主に病像成因的
犯行の様態・特徴	人格親和的犯行 （人格の誇張・戯画化）	人格異質的犯行 （本来の人格とは対照的）
行動パターン	反規範的	過剰規範的
人格障害	あり	なし
狭義の精神障害	覚せい剤精神病	内因性うつ病
犯行時の責任能力	心神喪失	心神喪失
司法判断	有責（原因において責任ある行為）	無罪
準拠する法律	刑事訴訟法	精神保健福祉法または医療観察法
処遇方針	矯正医療	措置入院または医療観察法医療
治癒像	犯罪傾向あり	犯罪傾向なし

ある。

　成人における犯罪と精神障害の同時的発生にはグルーレの二分法が参考になる。表2のように精神病性犯罪者は矯正医療，犯罪性精神病者は措置入院または医療観察法医療の対象になると考えられる。ちなみに精神病性犯罪者とは，

社会で法に触れず生活している通常人が，感冒，糖尿病，高血圧などの病気に罹患することがあるのと同様に犯罪者も病気になることがあり，その病気が偶然，狭義の精神障害だったという場合である。犯罪性精神病者とは，本来の人格素質において犯罪傾向が全くないかごく軽微であり，精神病状態で犯罪に及んだ場合である。精神病症状が犯罪行為において主要な役割を担っており，精神病症状がなかったならば犯罪行為は成立しなかったと判断されるものである。

　司法鑑定および措置鑑定は，矯正施設への収容または医療施設への入院の適否を判断する，いわば入口鑑定であるのに対し，観察法鑑定は医療必要性を判断する入口鑑定のみならず，再発・再犯可能性や社会復帰の適否を判断する，いわば出口鑑定をも含んでいる。このように観察法鑑定は，過去，現在，未来を総合的に判断するものであり，医療観察法は刑罰を科するものではなく，治療と社会復帰を目指しているという点で少年法における保護処分に類似している。しかし，医療観察法は少年犯罪には適用されない。なぜならば，刑事未成年は責任無能力とされているため原則的に少年法の適用になり，仮に凶悪・重大犯罪で逆送される場合でも精神障害が認められないことが条件になっているために医療観察法医療必要性の要件を満たさないからである。したがって現状では，重大な他害行為を行い，かつ精神障害またはその疑いのある少年は少年法で裁かれ，医療少年院に送致されるのが通例となっている。

Ⅳ　医療少年院について

1. 医療少年院における治療・教育

　ここで医療少年院について簡単に触れる。まず，非行を犯した少年は少年鑑別所に収容され，家庭裁判所の審判で矯正教育が必要であるとされた場合に少年院送致の決定が下される。次に，少年院送致になった少年の中で精神または身体に障害があり，専門的医療が必要であるとされた者は別枠である医療少年院に送致される。また，一旦，一般の少年院に送られた後に発病し，医療少年院に移送される場合もある。医療少年院に収容される少年は非行と疾病の両方を抱えている。一方，受け入れる側の医療少年院の組織は教育部門と医療部門

の2つの柱から成り立っており，それぞれ非行と疾病の2つの問題に対応している。両部門は，裁判所の処遇勧告に基づいた収容期間を踏まえた上で，男女差，年齢差，非行の種類と程度，病気の種類と程度などを考慮し，個々の必要性に応じた治療・教育の計画を共同で作成し，実施している。収容期間はおおむね1年間で新入時教育・中間期教育・出院時教育の3つの期間に分かれ，それぞれの期間に応じて段階的教育目標が立てられる。段階的教育目標については，生活態度，教科学習，職業訓練，対人関係，非行の反省などの評価項目があり，それらをクリアしてはじめて次の段階に移ることができる。これは進級制度と呼ばれ，それぞれの項目ごとに成績がつけられる。成績がよい場合には表彰されたり，飛び級することもあり，成績が悪ければ進級は保留となる。また問題行動や逸脱行動は，注意，指導の対象になるが，一定の基準を超えると規律違反行為として調査が行われて審査会が開かれ，懲戒処分の対象となる。規律違反行為が悪質であったり，何度も繰り返される場合にも進級できず，足踏みすることになる。収容期間は，院長の権限により延長することが可能であり，上限は26歳となっている。予定された収容期間内に病気が治癒または軽快した場合には一般少年院に移送となり，残りの収容期間，引き続き矯正教育を受けることになる。矯正教育が終了しても依然として病気が治癒していない場合には，少年院から出た後，引き続き外来通院または入院治療を受けることになる。

　非行性と疾病性という二重の問題を抱えている少年に対する働きかけの要は，教育部門と医療部門の緊密かつバランスのとれた連携であり，個々の少年の問題性に応じて教育と医療がそれぞれの役割を分担することになる。ここからは精神障害を有する医療少年院の入院患者に限定して議論を進める。操作的診断基準に当てはめれば非行少年の大半は行為障害に該当するが，行為障害という診断名だけで医療少年院送致になることはほとんどない。ちなみに**表3**は行為障害の診断基準と非行・犯罪の比較であり，**表4**は行為障害と少年非行の比較である。つまり，反復・持続し，多方向にまたがる非行は重症の行為障害に該当し，行為障害に該当しない非行とは，道路交通法違反，覚せい剤取締法違反および売春防止法違反などの特別法犯，窃盗癖や放火癖などの単一方向の犯罪行為，または，いわゆる"いきなり型非行"に相当する単発の殺人や強盗

表3　行為障害の診断基準と非行・犯罪

診断基準	非行・犯罪
A 他人や動物への攻撃的行為	暴行，傷害，殺人，強姦など
B 他人の財産に損失や損害を与える行為	器物損壊，放火など
C 嘘をつくことや盗み	詐欺，横領，窃盗など
D 重大な規則違反	怠学，家出，不良交友など

表4　少年非行と行為障害

	少年非行	行為障害
概念	司法モデル	医学モデル
触法性	＋	±
反復性・持続性多方向性	±	＋

表5　精神障害の区分け

狭義の精神障害	広義の精神障害
内因性精神病（統合失調症，双極性障害など）	人格障害，行為障害
薬物性精神障害（覚せい剤，シンナーなど）	適応障害
器質性精神障害（頭部外傷，脳腫瘍など）	ASD，PTSD

などの犯罪行為である。

　治療・教育の対象となる精神障害は**表5**のように大きく2つの群に分けられる。**表6**は診断，症状，および治療の観点から見た医療と教育の役割分担である。まず，診断という面から言うと原則として狭義の精神障害については，医療部門が主導権を持って介入し，広義の精神障害については教育部門が主体となり，医療部門は側面から支えることになる。たとえば，急性期の幻覚・妄想状態では非行に対する矯正教育はひとまず保留にする。行動規制を緩和して受容的に接し，精神科治療を優先する。症状がおさまり，ある程度，現実検討能力が回復してきたところで教育的指導が始まる。これに対し，広義の精神障害

表6　医療と教育の役割分担

	医療部門	教育部門
診　断	狭義の精神障害	広義の精神障害
症　状	精神症状，身体症状	行動症状
治　療	薬物療法，精神療法	認知療法，行動療法，環境療法

に対しては教育部門が前面に立つが，拘禁反応が著しく，精神病レベルの混乱状態に陥っている場合は例外になり，精神科治療が優先されることになる。

　次に症状という観点から見ると精神症状と身体症状は医療部門が対応し，行動症状は主に教育部門が対応する。規律を乱すような問題行動が発覚した場合，精神科医が精神病理学的な解釈をする前に，教官が規範と照らし合わせて是非善悪の判断を下し，信賞必罰に基づいて対応する。ただし，行動症状が精神病に起因する場合にはドクターストップがかかり，その病状の重さによって懲戒処分の程度は斟酌される。審査会の中で両部門の意見がとり交わされ，規律違反に対する懲戒処分が決定される。

　さらに治療といった観点から見ると薬物療法と精神療法は主に医療部門が担当し，認知療法，行動療法および環境療法は主に教育部門が担当する。とくに行動症状が前面に出ている広義の精神障害に対しては，原則的に教育部門が主導権をとり，医療部門は側面から援助・補佐する。患者の神経症的な葛藤が言語化され，治療動機が芽生えた時点で精神療法に導入するといった手順を踏むことが重要である。教官による一貫した強固な行動規制の枠組みのないところで時期尚早に精神療法を試みることは，かえって患者を混乱させ，行動症状を悪化させることがある。逆に言えば治療者を操作したり，行動化により周囲を振り回すようなボーダーライン的な病像は矯正施設の中ではほとんどみられない。また，薬物療法は，患者が狭義の精神障害に該当していない場合でも本人の主観的な苦痛を軽減すると同時に興奮を抑え，攻撃性を緩和することによって，矯正教育をより効果的に行うための補助的な手段になる。

　要約すると医療部門のかかわり方は問題志向的（Problem Oriented）で，患者の症状や主訴に焦点を当てて受容的に耳を傾け，本来，患者に備わっている

自然な治癒力を基軸にしてその問題解決を促すのに対し，教育部門は理念志向的（Idea Oriented）で，社会的判断に基づき，あるべき姿に近づけるべく長所を伸ばす一方で欠点を指摘し，是正していくということができる。

2．医療観察法医療との比較

ここで医療少年院における治療・教育と医療観察法医療との差異について簡単に触れる。

第一点は贖罪についてである。医療少年院では，成長・発達の途上で人格の可塑性のある少年に対し，贖罪教育を中心とした矯正教育が行われることが治療の前提になっている。これに対し，医療観察法医療では他害行為に強く関連している疾病の治療が中心であり，直接的に罪を問われることはない。なぜならば司法精神鑑定において犯行時は心神喪失で責任無能力と判定され，かつ観察法鑑定において治療可能性という観点から反社会性人格障害は除外されるため，本来の人格は無垢であるとされているからである。ただし，医療観察法医療の中でも自分の行った他害行為や疾病について内省・洞察を深めるようにいわゆる内省プログラムが実施されている。第二点は施設内処遇から社会内処遇に向けての段階的行動制限解除である。医療少年院においては個別的段階目標が定められ，進級制度に従って矯正教育が進んでいく。そこでは，すでに述べた"比例の原理"が働いており，自由と責任，権利と義務が表裏一体の形で徐々に広がっていく。これに対し，医療観察法医療では病状や病識の程度と再発・再犯可能性が段階的行動制限解除の指標になっており，"比例の原理"ではなく，成人としての自由と権利の回復がテーマとなっている。

V 少年による凶悪・重大犯罪の処遇——Ｇ３処遇について——

医療観察法の対象は重大な他害行為を行った精神障害者であり，罪種は殺人，放火，強盗，強姦，強制わいせつ，傷害の６罪種に限定されている。これに相当する分類級として少年院送致の中にはＧ３というカテゴリーがある。Ｇ３は少年犯罪が粗暴・凶悪化，低年齢化する中で1997年，神戸連続児童殺傷事件を契機に設けられた。Ｇ３の対象者は「非行の重大性などにより，少年の持つ

問題性が極めて複雑・深刻であるため，その矯正と社会復帰を図る上で特別の処遇を必要とする者」となっている。G3に分類され，さらに精神病の可能性が疑われる場合は（G3）とされる。一般の収容期間がおおむね1年以下であるのに対し，G3や（G3）は2年を超え数年に及ぶこともある。彼らはほぼ例外なく司法鑑定を受けており，G3のほとんどは重症の行為障害に該当し，特別少年院送致になることが多く，（G3）は必ずしも行為障害に該当するわけではないが，狭義の精神障害または発達障害が否定できない場合には医療少年院に送致される。

　（G3）の治療・教育プログラムも，すでに述べた一般のプログラムに準じている。治療・教育プログラムは人格の可塑性と成長・発達を大前提にしており，医学的には年齢に応じた3つの節目がある。第一には10歳未満で行為障害の診断基準を満たしているか否か，第二には15歳未満で行為障害の診断基準を満たしているか否か，第三には18歳の時点で反社会性人格障害の診断基準を満たしているか否かである。10歳未満で行為障害の診断基準を満たしていれば若年発症型であり，予後について慎重な経過観察を要する。次に15歳未満で行為障害の診断基準を満たしていれば，将来，反社会性人格障害に発展する可能性は否定できない。さらに18歳の時点で反社会性人格障害の診断基準を満たしていれば，矯正教育による更生・改善の余地がほとんど残されていないことを意味している。長期におよぶ（G3）処遇において医療少年院では狭義の精神障害の治療が優先されるが同時に行為障害の治療および反社会性人格障害への発展を阻止することも重要な課題になっている。

Ⅵ　事　例

1．事例①　18歳　男子　殺人

　大工をしていた父親はアルコール依存症で，母親によく暴力をふるったという。患者が中学3年の時に父親は肝ガンで死亡する。母親，姉，患者の三人家族。母親は統合失調症で入退院を繰り返している。小学校のころから気性が荒く，よく喧嘩をしたという。中学校2年ころから衝動的な暴力や不良交友が始まる。喫煙，飲酒，有機溶剤吸引，無免許運転，傷害などを繰り返し，2回少

年鑑別所に入所している。高校に進学するが夏休み前には中退し，昼夜逆転の乱れた生活をしていた。このころ，独語，空笑，奇声，衝動行為が出現する。非行がエスカレートする中で通り魔的な殺人事件を起こし，3回目の鑑別所入所となる。ちなみに殺人事件については司法鑑定で統合失調症の幻覚・妄想状態のため心神喪失と判断され，不起訴処分となる。医療少年院入院時，「自分の中に別な人がいる」「体が勝手に動く」などの自我障害，霊がコソコソ話しかけてくるなどの幻聴体験が認められた。

2．事例①の解説

司法鑑定で心神喪失により不起訴となり，分類級（G3）で医療少年院送致となっている。10歳以前で行為障害の診断基準を満たし，中学生になって非行はエスカレートしている。また有機溶剤を大量かつ長期間吸引しており，薬物乱用後遺症も認められる。さらに高校中退後に発症したと思われる統合失調症の幻覚・妄想状態で通り魔殺人に及んでいる。殺人事件については「自分の中にカッパがいて，勝手に体が動いた」と事件への自分の関与を否定しており，後悔の念や罪悪感はみられなかった。また医療少年院では自己中心的，衝動的，暴力的で集団生活に馴染めず，しばしばトラブルを起こしていた。大量の抗精神病薬の服用にもかかわらず，病的な症状は遷延し，病識も不十分で寛解には至らなかったため，退院後は措置入院となった。

3．事例② 19歳 男子 殺人未遂

実母は患者が小学校1年生の時に死亡，以後は実父と二人で生活していた。実父からは精神的・肉体的に虐待されていたようである。小学校のころはおとなしく孤立しており，いじめられっ子だったという。中学校時代，成績は下位であったが柔道部に入り，真面目に通学していた。工業高校に進学するが，これといった理由もなく学校を休むようになり，2年の時に退学する。以後，大工見習など職を転々とするが，どの仕事も長続きせず，次第にひきこもるようになる。常日頃から父親に叱責されたり，叩かれたりすることがあったが，患者は手を出さず我慢していた。ある日，患者は，仕事から帰ってきた父親から激しく罵倒された時に包丁で父親の頭を切りつけ，殺人未遂で逮捕され，観護

措置がとられる。少年鑑別所では替え玉妄想ならびに「お腹の中でネズミが走っている」などの体感異常も認められ，統合失調症の疑いで医療少年院送致となる。

4．事例②の解説

司法鑑定は実施されず，通常の少年法のルートにのって医療少年院送致となっている。分類級も（G3）ではない。診断的には統合失調症であり，元来，真面目でおとなしく，粗暴性はない。カプグラの妄想（替え玉妄想）により，父親を本物そっくりの偽物と誤認し，暴力に及んでいる。犯行動機は，本人の妄想の中では，外敵の撃退であり，一種の自己防衛として位置づけされている。抗精神病薬服用後，幻覚・妄想などの陽性症状は背後に退き，陰性症状が前面に現れた。意欲低下がみられ，動作は緩慢であったが，少年院の規律を守り，集団日課に参加し，とくに問題行動は認められなかった。また被害者である父親との関係も病状回復と並行し，速やかに改善している。

5．事例①，②の比較

グルーレの二分法によると事例①は精神病性犯罪者に，事例②は犯罪性精神病者に相当する。事例①は反社会性人格障害の診断基準を満たす，難治性で再発・再犯可能性の高い処遇困難者である。これに対し，事例②は特に非行性は認められないため，矯正教育ではなく，統合失調症の治療がメインであった。したがって事例②には医療少年院送致よりも，むしろ医療観察法医療の方が適していると考えられた。

文　献

1) 奥村雄介，野村俊明：非行精神医学．医学書院，2006.
2) Gruhle, H.W.: Gutachtentechnik, Springer, Berlin, 1955, Verstehen und Einfuehlen, Springer, Berlin, 1953.（中田修訳：精神鑑定と犯罪心理，金剛出版，1979.）
3) 野村俊明，奥村雄介：非行と犯罪の精神科臨床──矯正施設の実践から──．星和書店，2007.

訴訟能力・死刑適応能力

刑事裁判と訴訟能力

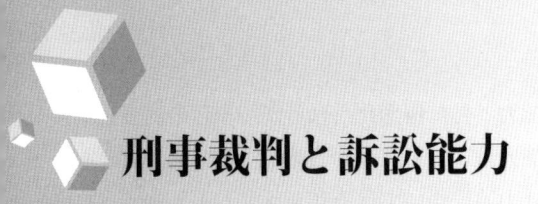

北潟谷　仁 ● Kitagataya, Hitoshi

はじめに

　国家の公訴権が適正に行使されるための前提として，その対象とされる者はいかなる精神的能力を持たねばならぬか。本稿は被疑者・被告人が自己の正当な防御権の行使のために要すべき精神的能力の内容と，その欠缺がもたらす法律効果について検討するものである。[注1]

注1）いうまでもなく人間の精神活動は知・情・意の綜合であるが，責任能力論においては知（弁識能力）と意（制御能力）の面が，訴訟能力論においては知（認識能力）の面が各々前面に出る傾向を否定できないであろう。但し，身体拘束や処罰に対する不安・恐怖や赦免願望などがもたらす（心因反応性の精神障害である）拘禁反応が知的能力を奪うことがあるように，情動面も軽視さるべきではない。また，知情意の精神作用・意識作用は必ずしも均衡的に存在するわけではない。精神医学的にみても，意識清明ながら主として認識や思考面が害される疾病があり（統合失調症など），同じく意識清明ながら主として感情面が害される疾病があり（気分障害，躁うつ病など），また，主として意識面が冒される疾病がある（脳器質精神病，外因反応型）。
　而して，精神医学は人間の精神作用を障害の側から経験科学的に把えようとするものである。たとえば精神医学において「意識とは何か」との問いが立てられることは少なく，「意識障害とは何か」との問いのもとに，その種々のタイプ（意識混濁，意識狭窄など）が論ぜられることが多い。「意識とは何か」との問いは「人間とは何か」という永遠の問いに転化し，問い自体が拡散されがちだからである。この点において精神医学は心理学と対蹠的であり，了解性の側から人間を見ようとする心理学と，疾病性の側から了解性の限界（了解不能性＝疾病性との境界）を究めようとする精神医学の基本的方法の差異の源もここに存するように思われる。
　本稿は刑事法学の立場から，被疑者・被告人の訴訟能力の中核をなす防御能力の問題について，精神医学的疾病論に照らして検討するものである。

なお，刑事法学上それは訴訟能力として概念化されるが，本邦の刑事法学において実体法的問題である責任能力論については相当豊かな学問的蓄積がある反面，手続法的問題である訴訟能力論についてはそれが乏しく，とりわけ被疑者の訴訟能力論はほとんど欠落状態といっても過言ではない。以下に司法実務とくに弁護実務を通して看取される問題を概観し，批判を求める次第である。[注2]

I 訴訟能力論の諸相

本邦の裁判例については中島[19]，金岡[8]等を参照されたい。ここでは筆者が理論的課題と考えるところを述べる。

1．訴訟能力の本質とその存在時期

責任能力が行為時の問題であることは一般に承認されているが，訴訟能力についても，それは防御能力を中核とする訴訟行為能力であるとされているから，論理的には各訴訟行為時の能力が問われるはずであるが，刑訴法314条は「被告人が心神喪失の状態に在るときは，検察官及び弁護人の意見を聴き，決定で，その状態の続いている間公判手続を停止しなければならない」と規定し，それを継続的な状態像の問題としているため，状態像としての心神喪失と個々の訴訟行為の有効要件としての訴訟能力の関係をめぐって困難な問題が生ずる。後述の個別的訴訟能力論はその表われであり，刑訴法が被疑者・被告人の個別的訴訟能力についての規定を欠くため，解釈論によって法の欠缺を補わなければならないことになる。[注3] [注4] [注5]

注2）刑事手続の進行によって対象者は被疑者・被告人・受刑者としてその法的地位を変えるが，事件時の責任能力，捜査・公判時の訴訟能力，受刑時の受刑能力には共通面と各々に特異的な面がある。なお，無実の被疑者・被告人の訴訟能力の問題が責任能力の問題との連続性を欠くことは自明のようであるが，必ずしもそうではない場合もある。事件現場に居合わせてトラブルに巻き込まれたものが，重度の精神障害や意識障害のため状況を把握できぬまま犯人と誤認されるような場合を考えれば，このことが理解されよう。その意味で，訴訟能力論も責任能力論の学問的蓄積に学ぶべき点が多いのである。

2．個別的訴訟能力論と部分的責任能力論

1）部分的責任能力論は責任能力の本質を最も先鋭的に問うている。精神医学的には司法精神医学の誕生を刻印する19世紀フランス（エスキロール [Esquirol, J.]，ジョルジュ [Georges ら]）のモノマニー論（部分的精神病論）の系譜を引くが，本邦における部分的責任能力論の主唱者である団藤[16]は19世紀末ないし20世紀初頭ドイツの精神医学者ツィーエン（Ziehen, Th.)[17]を

注3）刑訴法314条の心神喪失概念は刑法39条のそれと一致すべき必然性はなく，訴訟能力とは「一定の訴訟行為をなすに当り，その行為を理解し，自己の権利を守る能力」最決昭29. 7. 30（刑集8-7-1231）とされるが，真に防御をなしうるためには単なる意思能力では足りず，少なくともコミュニケーション等の実質的な能力が求められる。聴覚障害・言語障害ゆえに通訳を介しても各訴訟行為の内容理解や現在おかれている立場を理解できるか疑問があるとして，公判停止決定をすべきとした最決平7. 2. 28（刑集49-2-481）参照。また，知的障害者や発達障害者についても訴訟能力は重要な問題となりうる。

注4）心神喪失による公判停止が長期化した場合，憲法37条の迅速な裁判を受ける権利との関係が問題になる。中島[20]は起訴から30年，控訴審における公判停止から21年が経過する奥深山事件について，本件は高田事件判決（最判昭47. 2. 20，刑集26-10-631）の射程において「憲法的免訴」の可能性を論じることができ，裁判所による人権保障機能が再び発動されるべき事案なのであるとしている。最決平7. 2. 28にも「その後も訴訟能力が回復されないとき，裁判所としては，検察官の公訴取消しがない限りは公判手続を停止した状態を続けなければならないのではなく，被告人の状態等によっては，手続を最終的に打ち切ることができるものと考えられる。」とする千種裁判官の補足意見が付されていた。これは，公訴提起行為の違法性には還元できないが訴訟そのものが不当であると評価できる場合には訴訟条件のもつ「実体判決阻止機能」によって形式裁判が導かれるという寺崎[18]や，政策的あるいは救済的な側面から正義を増進するために必要とされる場合は手続を打切ることができるとする指宿[5]とも共通の思考を示すものであり，是認できよう。

また，近時の新聞報道（2009. 3. 17朝日新聞夕刊）によれば，1992年に強盗殺人罪で起訴された千葉県内の被告人が統合失調症による「心神喪失」であるとして94年に公判停止され，爾来16年以上も勾留され続けているという。この事件では再犯のおそれが懸念されているようであるが，それは精神保健福祉法の措置入院や医療観察法の問題であると言うべきではないか。

注5）受刑能力についても，死刑及び自由刑の執行停止にかかる刑訴法479条・480条は「心神喪失の状態に在る」ことを要件としており，法の規定の仕方は訴訟能力に関する同法314条と同様である。受刑者においては被告人のような個別的行為時の能力が問われることは少ないであろうが，しかし，それが全くないとはいえず，同様の問題が生ずることもありうる。

援用し，初期のモノマニー論が司法上は免責の原理として作用していたことを逆転させ，加罰の論理としてこれを用いた。〔モノマニー論においては，例えばモノマニー・ホミサイド（殺人狂），ピロマニー（放火狂），クレプトマニー（窃盗狂）はそれぞれその所為について免責的に作用するが，ツィーエンや団藤にあっては，人格の単一性ということから当然に一部責任能力を否定することはできないとし，ある方面についてだけ非難されうる能力があると考えることは可能であるとする。たとえば好訴妄想を有するパラノイア患者は誣告罪などについては責任無能力であっても，妄想と無関係の所為については有責とするのである。〕

而（しか）して，モノマニー論争史は個別的訴訟能力論に対しても有益な示唆を与えるものである。後述のピアノ殺人事件における控訴取下げ問題はこのことを教えている。[注6]

2）具体的訴訟行為と行為者能力の関係を問う個別的訴訟能力論は部分的責任能力論と共通の問題意識を蔵するように思われる。刑訴法は継続的な状態としての心神喪失を規定するが，実務的により重要なのは個別的訴訟行為の有効性の問題である。典型的事例の一つは最決平 7. 6. 28（刑集 49-6-785）であり，

注6）モノマニー論の精神医学史につき影山[7]，その司法的意義につき北潟谷[9]，法と精神医学の対話として保崎らの座談会[25]参照。

　モノマニー論は人格の単一性というユダヤ・キリスト・イスラムの一神教の基本思想と対立する如きである（人格の単一性につき，たとえばアウグスティヌス[1]参照）。それは近代の人間中心の思想であろうが（エスキロールはフランス革命を象徴する人の一人であるピネル［Pinel, P.］の直弟子である），さらに要素主義的な認識論を反映していると思われる。

　なお，ツィーエン説は特異な立場であり，疾患単位論ないし疾患形態論による現代精神医学の確立期において，症候論（すなわち現象論）を徹底させた。ツィーエン批判の代表としてアシャッフェンブルク（Aschaffenburg）[2]参照。アシャッフェンブルクは人格の単一性と調和する一時的精神病の概念を提唱している。

　また，団藤はツィーエンを援用するが，両者の思想には大きな隔たりがあるようにみえる。ツィーエンの疾病観・人間観が現象論的であるのに対し，団藤にあっては有責行為能力としての責任能力論を徹底せる行為時（極論すれば行為の瞬間）における人格の統一・人格の収斂による実存的な自由が考えられている。この自由は現代の実存主義よりもカントの実践理性に近いと思われるが，行為の時点における実践理性の要請が行為者に困難を強いることも事実であり，通説が部分的責任能力論に否定的なのは理由がある。

死刑判決に不服があるのに拘禁反応等の精神障害を生じて苦痛から逃れるために行われた控訴取下は無効とすべきとした。田宮[13]は「このように一般的に訴訟を適法に進行させるための『訴訟能力』と個々の行為の有効要件としての『訴訟行為能力』は多くの場合一致するが——区別される場合があるので注意すべきである」と述べ、白取[12]は一般的訴訟能力のほかに個別的訴訟能力を考えることができるとしている。(注7)

II 訴訟能力の認定

1. 本邦の刑事訴訟において検察官が責任能力(完全責任能力・限定責任能力)について挙証責任を負うことに疑問の余地はないが、訴訟能力については、裁判所の職権調査事項であり、また訴訟法上の事実であるから厳格な証明を要さず、裁判所が適当と認める方法によって認定すればよいといわれることがある。

このように本邦においては当事者(検察官)による訴訟能力の立証ということ自体が観念されていない。他方、米国法においては訴訟能力も当事者の立証事項であり、被告人側に証拠の優越性(preponderance of the evidence)によ

注7) 控訴取下げについては、二次的精神遅滞のある重度先天性聴覚障害者について訴訟能力を認めた最判平10.3.12があるが、ここではピアノ殺人事件について検討しよう。パラノイアである46歳男性が1974年に団地の階下の母娘3人を刺殺したが、幼い娘の弾くピアノの音が犯行を触発したことからピアノ殺人事件と呼ばれた。近隣騒音問題と関連づけ論じる向きもあったが、実際は長年にわたり育んだ被害妄想の所産であった[27]。東京高決昭51.12.16及び東京高決昭52.4.11(いずれも判時857号)は控訴取下げを有効としたが、山上[28]はパラノイア患者の行為能力について部分的行為能力を認めるべきであるという見解をひいたうえ、本例の控訴取下は病的な動機である自殺念慮にもとづいているので訴訟無能力が認められるべきであるとなし、中谷[21]は本件において「行為の法的効果の認識」が訴訟能力肯定の根拠とみなされたことを、最決平7.6.28が「取下げ動機の異常性」に着目したことと対比したうえ、「これは責任能力の場合と同様に論じられる問題でもある。妄想に動機づけられて殺人に及んだ人が、他人を殺せば法によって罰せられることを認識しているという場合はあり得るが、その場合にどちらの面を強調するかによって責任能力の判断は大きく分かれる。死刑を望んで控訴を取下げるという事例は実際は稀であるとしても、訴訟能力の判断基準について重要な示唆を与える」としている。責任能力と訴訟能力の関連性にかかる筆者の問題関心が理解されるであろう。

る訴訟無能力の証明を求める州が多いようである。なお，オクラホマなどの一部の州では明白かつ確信的証拠（clear and convincing evidence）による立証を求めてきたが，1996年のクーパー対オクラホマ州事件連邦最高裁判決[11]は，これが合衆国憲法修正14条違反であると判示した。[注8]

2. 本邦において訴訟能力の認定は裁判所の自由に委ねられるのであろうか。それが厳格な証明を要しない職権調査事項であるとしても，そこにデュー・プロセスの要請が存することは自明であり，法が裁判所の恣意を許すものであるはずはない。それは被疑者・被告人が主体的に刑事手続に参加するための要件であって，その重要性は責任能力に勝るとも劣ることはない。

しかるに，訴訟能力の内容についても，認定手続についても，十分な学問的検討を欠くがゆえに，ときに裁判所の安易な認定が放置されてきたのではなかろうか。近時のいわゆるオウム裁判麻原被告人の控訴審はその典型であるとの感を深くするのである。[注9]

3. 訴訟能力は各訴訟行為時の能力であるが，事件について追想能力を失った場合に訴訟無能力を準用する考えがある。松尾[26]は「理解」する能力はあるが，「権利を守る能力」が不十分な場合も稀には生じうる（たとえば，逆行性健忘症のため，「犯罪」当時の状況を完全に忘却し，防御ができないとき）。この場合も「心神喪失」に準じた取り扱う余地が絶無であるまいとしている。[注10]

Ⅲ　訴訟無能力者の訴訟行為の効力

1. 訴訟能力は個々の訴訟行為について考えるべきことは前述したが，訴訟

注8）米国の包括的犯罪規制法（1984）はヒンクリー（Hinckley）事件の影響をうけて連邦犯罪における責任能力の挙証責任を転換した特異な法制度である。本邦においても精神医学者の一部には（たとえば小田[6]）被告人に責任無能力の挙証責任があるかの如き理解のもとに，その存否が分明でないときは有責の方向で鑑定意見を述べる例も存するようであるから，法律家はその批判的検討を怠ってはならない。訴訟能力についても疑わしきはこれを否定すべきであろう。

無能力は訴訟行為を無効とすると考えねばならない。而(しか)して，手続形成行為については，このことに異論はないが，実体形成行為ことに直接に事実認定に向けられた行為（たとえば被告人の供述）については，原則として直接には無効原因とはならぬとする見解もないではない。旧刑訴法時代の団藤 (1937)[14] は「心証形成行為については，その効果の発生が行為者の意思とは全く独立のものであるばかりでなく，そこには強い実体的真実の要求と職権主義とが働くゆえに，訴訟能力の欠缺は無効原因とならぬと解すべきである」となし，現行法のもと

注9) オウム裁判の麻原彰晃被告人について，控訴審弁護人は親族から受任し，頻回の接見を試みたが，全くこれが不可であったため，被告人とコミュニケーションがとれない以上控訴趣意書は書けないと主張したところ，裁判官２名と書記官が「控訴趣意書提出に関する手続教示」と称して（弁護人不知の間に）拘置所で被告人に面会し，質問に対して「うん。うん」等の声を発したとなし，「被告人が訴訟能力を有するとの判断は揺るがない」と述べる一方，「慎重を期して，事実取り調べの規定に基づき，鑑定の形式により精神医学の専門家から被告人の訴訟能力の有無について意見を徴することを考えている」とした。西山詮医師の鑑定はかような経緯でなされ，麻原被告人の訴訟能力を肯定したが，多くの医師が被告人と接見のうえ西山鑑定に批判的見解を明らかにしたことは周知のとおりである。

この問題の詳細は別稿に譲り，ここでは一点を指摘するにとどめるが，西山鑑定書が引用する拘置所の報告には裁判所と西山に予断を与えたと思われる記述がある。即ち，東京拘置所長が提出した「被告人の生活状況等について（回答）」と題する書面であり，一審判決当日の帰所後に「なぜなんだ。ちくしょう」と大声を出したとされる部分である。この報告は裁判所に強烈な印象を与えたと思われ，控訴棄却決定においても決定的な根拠として扱われている。

而(しか)して，裁判所のこの証拠評価は公正でない。上記書面を正確に引用すれば，このことは直ちに理解される。書面は「判決当日の帰所後，30分ほど食事に手をつけず，午後６時３分ころ，音が割れてよく聞き取れなかったが，区事務室に設置してある本人の居房モニタースピーカーから『なぜなんだ。ちくしょう』と大声が聞こえたので，職員が居房に赴くものの，その後，大声は確認できなかった。夜間に布団の中で『うん。うん』と声を発したり，笑い声を上げる動静があった」というものである。しかるに，裁判官も西山も「よく聞きとれなかった」という点はすっかり忘れてしまったかのようで，自らモニタースピーカーの音を聴取することはおろか，当該拘置所職員に対する調査すらした形跡がないのである。詳細は秋元・北潟谷[3]参照。

注10) 健忘症ゆえに訴訟能力が争われた事例は本邦及び英米でいくつか知られている外，ニュルンベルク国際軍事法廷においてナチ副総統であったルドルフ・ヘスの弁護人は冒頭手続においてアムネシアを主張し，中立国スイスの医学者による鑑定を求めたが，裁判所はこれを退け，英米仏ソの専門医からなる調査委員会を任命し，結局，弁護人の申立は却下された[29]。

においてもおおむね同様に主張しているが[15]，現在では是認しがたい。

2． 団藤の上記論文は本邦刑事法学の代表的業績であるが，やはり時代的制約のゆえというべきか。団藤説は刑法理論上は行為時における行為者の主体的責任を強調する一方，刑訴法理論上は行為者の主体的訴訟行為能力を軽視するものであり，理論的一貫性についての疑問は別論としても，二重の意味で被告人に過酷な結果を導くものと評する外はないように思われる。

Ⅳ　被疑者の訴訟能力と自白の任意性

1． 訴訟能力は被告人と被疑者を問わず必要とされること，もとより当然である。刑訴法27～29条は被疑者（及び被告人）が訴訟能力を有しない場合の訴訟進行のための扱いについて規定するのみで，ここにも被疑者を刑事手続の客体とする思想の影響が見えるというべきであろう。

また，被疑者の訴訟能力に関する学問的議論が少ないことも不可解であるといわねばならない。このことは捜査構造論とも密接に関連することであり，諸家の検討を求めたい。注11)

2． 被疑者の訴訟行為にも種々のものがある。積極的な手続形成行為としては弁護人選任の申出や勾留理由開示の請求などが代表的であるが，捜査機関からみて最も重要なのは被疑者の取調であろう。

而して，被疑者が訴訟能力を欠くとき，その供述（とくに自白）はどのように評価されるべきか。前提問題として再確認すべきは，第一に被疑者も訴訟能力を要するとともに，第二に実体形成行為（その典型は供述）においても訴訟

注11) 捜査の構造について，平野[22]が「糾問的捜査観」と「弾劾的捜査観」を対比し，後に井戸田[4]がこれは真の捜査構造論ではないと批判して訴訟的捜査構造論を提唱したことは記憶に新しい。本稿の問題意識に照らしても，井戸田説は被疑者の訴訟能力論を基礎づけるうえで有益であると思われる。ただ，本邦の司法実務において，検察官をしていかに訴訟的捜査構造における裁判官的役割を担わせるかという大きな課題が残されている。

能力の欠缺は無効原因になるということである。そうとすれば，訴訟能力なき被疑者による黙秘権の放棄（すなわち供述）はそれ自体が背理であって無効であり，当然に証拠排除されねばならない。また，かような自白の任意性は否定されて然るべきである。

このように考えると，被疑者が精神病性の異常心理体験に支配されていたり，中等度以上の知的障害者である場合，その少なからざるケースにおいて違法な取調べと公判における自白調書の違法な証拠採用がなされていることが理解されるであろう。

否，問題はこれにとどまらない。健常者であっても拘禁による不安・恐怖ゆえに反応性の精神障害に陥ることがあり，とくに心理的防衛機制（心の準備）を欠く無実の被疑者にその傾向が強い。すなわち冤罪事件における虚偽自白は急性一過性の拘禁反応ゆえの訴訟無能力状態においてなされることが少なくないのである。虚偽自白に対する心理学的な了解性の立場からの信用性批判とともに，精神病理学的な任意性批判が重要な所以である[9]。[注12]

V　訴訟構造論と訴訟能力論

1．訴訟構造との関連における訴訟能力論について検討しよう。そもそも被告人を糾問の客体としてのみ扱う訴訟構造のもとでは訴訟能力という観念自体が育ちにくいのであって，それは訴追者と対立当事者たる被告人という観念の成立と軌を一にする，すなわち当事者主義的訴訟構造を前提とするように思われる。(なお，捜査構造論については，被疑者の訴訟能力に関連して先に述べた。)

2．訴訟能力の本質論やその存在時期に関する議論は上記と不可分の関係にある。今日でも訴訟能力の本質は意思能力で足るとする見解が多いが，かような見解は，それを継続的な状態像をもって把える傾向があり，このため被告人が一定の時間的経過を要する公判にたえる精神的能力を有せぬときは公判手続を停止することになる。(もっとも，意思能力も本来的には変動的・浮動的でありうるのであるが，訴訟能力論においてこのことは余り自覚されていない。)

他方，被告人を訴追者たる検察官と対等の当事者と観念するとき，訴訟能

は単なる意思能力では足りず，民法上の行為能力に準じて実質的に自己を防御する能力が要請されるとともに，その存在時期も各訴訟行為の時点でなければならないことになる。

而(しか)して，一般的な訴訟能力は継続性と，個別的訴訟行為能力は一時性と調和しやすいが，両者を別個の存在と考えるべきではなく，一般的訴訟能力と呼ばれてきたものは本来的には個別的な訴訟行為能力が維持継続されたものであると考えれば足るように思われる。

3． 状態像としての訴訟能力論の時代的背景について医学と法学の両面から考えることができる。医学的には，1950年代の精神薬理学の成立以前は治療無力論が根強く，長期入院患者の多かったことが影響したであろう。法学的には，状態像としての訴訟能力は訴訟の客体ないし主体的な訴訟行為を著しく制

注12) 刑事訴訟の基礎理論上どのような立場をとるにせよ，供述は一般に（法律行為ないし意思表示的行為に対する意味で）事実行為であるとされている。信用性判断はその事実行為性に着目する評価であるといえよう。（供述の信用性判断は供述者の誠実性評価と関連しており，従って価値の問題と全く無関係とはいえないが，しかし，その核心は供述内容と過去の客観的事実もしくは記憶という主観的事実との合致の有無にあり，供述を事実性の面からみていることは否定できない。）

しかるに，少なくとも被疑者・被告人に関する限り，供述のかような理解は，誤りとはいえないまでも，不十分であり，このことは供述が黙秘権の放棄と同義であることに思いを致せば直ちに理解されるはずである。

すなわち，それはカント哲学の文脈でいえば事実問題（quaestio facti）である前に権利問題（quaestio juris）なのである。

また，黙秘権との関連において考えれば，供述という訴訟行為においても訴訟能力は継続的な状態像としてよりも個別的行為能力として考うべきことがわかる。すなわち，黙秘権は本来的に1回の取調べや一公判の被告人質問の全体に対してのみでなく，個々の問いに対して行使しうるのであり，被疑者・被告人は答の一言一句について防御能力を要するからである。しかも，取調受認義務を否定すれば格別，それがあるかの如くに取調室に入ることを強制している実務の現状においてはなおさらである。無実の被疑者に対する取調べを想定すれば，黙秘とは取調べの圧力に対する一瞬一瞬，一呼吸一呼吸の闘いの連続であるとともに，その間における防御能力はしばしば変動し，中途からそれを失うことも少なくないのである。

結局，被疑者の供述を事実行為性の面から見てきた多くの見解においては黙秘権の権利性についての洞察が皮相であったといわざるをえず，この権利性の認識は自白任意性批判の視点へとわれわれを導くのである。

約された者の属性であって，本邦の刑訴法314条はかような糺問的な訴訟構造と被告人の主体的活動を要請するそれとの中間的ないし過渡的な規定であると思われるのである。

（なお，本稿では当事者主義的訴訟構造を糺問的なそれとの対比をもって述べた。当事者主義という用語を職権主義との対比で用いる場合もあるが，誤解を避けるためここでは職権主義の用語を用いない。）[注13]

おわりに

弁護実務を通して看取されたいくつかの問題を概観した。筆者がとくに焦眉の課題と考えるのは，不任意自白排除のための被疑者の訴訟能力論，オウム事件にみられるような裁判官の恣意的認定に代る被告人の訴訟能力認定手続基準の確立，そして訴訟能力論の延長上に位置する既決囚とくに死刑囚の受刑能力調査のための司法的関与である。

いずれも全くといってよいほどに学問的検討が及んでいない問題であり，各位の批判をお願いする次第である。

注13) 今日でも刑訴法教科書の多くが訴訟能力の実質を意思能力で足るとしているが，批判を免れない。旧憲法時代の団藤（1937）[14]は「民事財産法におけるごとく行為能力を意思能力より遥かに高いところへ置くことは当事者主義からは主張され得よう。……しかしかくのごときは本質的に職権主義・官権主義的な刑事訴訟においては到底認められないのである」とするが，この論理は憲法秩序と訴訟構造の変化に照らし再検討されるべきであろう。

また，平野[23]は，刑事訴訟では被告人の方から請求する行為が多いので，高い能力を要求すると，かえって十分にその権利を行使することができなくなるおそれがあるので，意思能力があれば訴訟能力があるとしてよいとするが，この主張も首肯できない。平野は被告人の保護のためであると考えたのかもしれぬが，その結果はむしろ逆である。この論に従えば被告人に意思能力さえあれば判断力が十分でなくとも訴訟行為は有効ということになる。その問題性は上訴取下げの場合を考えれば明らかであろう。この考え方は被疑者・被告人の能力に多少問題があっても迅速に手続を進めたいとの立場からは歓迎されようが，弁護の立場からは然らずである。また，平野は被告人の方から請求する行為の面を見ているが，訴追側の圧力に抗する面を直視していない。特に拘禁状況下の被疑者は後者の面が圧倒的に大きいのであり，上述の主張は平野の訴訟能力論が被疑者を視野に入れていないことを示しているというべきである。

文　献

1) アウグスティヌス：告白　第8巻．10章など，400年頃．
2) G. アシャッフェンブルク：(萩野了訳：司法精神病理学より見たる独逸刑法．精神神経学雑誌，41(9-11), 1937-38.)
3) 秋元波留夫，北潟谷仁：訴訟能力と精神鑑定——オウム事件を素材として——．季刊刑事弁護，47, 2006.
4) 井戸田侃：刑事手続の構造序説．有斐閣，1971.
5) 指宿信：刑事手続打切りの研究——ポスト公訴権濫用論の展望——．日本評論社，1995.
6) 小田晋編：司法精神医学と精神鑑定．医学書院，1997.
7) 影山任佐：フランス慢性妄想病論の成立と展開．中央洋書出版部，1987.
8) 金岡繁裕：訴訟能力に関する刑事裁判例研究．季刊刑事弁護，47, 2006.
9) 北潟谷仁：弁護実務から見た司法精神鑑定と今後への期待．法と精神医療，15, 2001.
10) 北潟谷仁：弁護活動と精神医学．日弁連研修叢書：現代法律実務の諸問題（平成16年版）．第一法規，2005.
11) Cooper, V., Oklahoma, 517 U. S. 348, 1996.
12) 白取祐司：刑事訴訟法（第3版）．日本評論社，2004.
13) 田宮裕：刑事訴訟法（新版）．有斐閣，1996.
14) 団藤重光：刑事訴訟行為の無効．法学協会雑誌，55(1・2・3), 1937, 同：訴訟状態と訴訟行為．弘文堂，1949.
15) 団藤重光：刑事訴訟法綱要（七訂版）．創文社，1967.
16) 団藤重光：責任能力の本質．日本刑法学会編：刑法講座（第3巻）．有斐閣，1963.
17) Th. Ziehen : Neuere Arbeiten über pathologische Unzurechnungsfähigkeit. Mschr. Psychiat. Neur., 5-52, 1899.
18) 寺崎嘉博：訴訟条件論の再構築——公訴権濫用論の再生のために——．成文堂，1994.
19) 中島直：刑事裁判における訴訟能力についての裁判例の検討．精神神経学雑誌，108(11), 2006.
20) 中島宏：長期にわたる公判手続きの停止と「手続き打切り」の可能性．法学セミナー，1月号，2003.
21) 中谷陽二：司法精神医学と犯罪病理．金剛出版，2005.
22) 平野龍一：刑事訴訟法．有斐閣，1958.
23) 平野龍一：刑事訴訟法概説．東京大学出版会，1968.
24) V. フランクル (1947)：(強制収容所における——心理学者の体験——．霜山徳爾訳：夜と霧．みすず書房，1956.)
25) 保崎秀夫，影山任佐，中谷陽二，浅田和茂，北潟谷仁：座談会・司法精神医学と刑事責任能力論の回顧と展望．季刊刑事弁護，32, 2002.
26) 松尾浩也：刑事訴訟法（上）．弘文堂，1979.
27) 山上皓：ピアノ殺人．中谷陽二ほか編：司法精神医学6　鑑定例集．中山書店，2006.
28) 山上皓：偏執型と殺人．犯罪学雑誌，43(4), 1977.
29) Trial of Major War Criminals before The International Military Tribunal Vol. 1, 1947.

死刑適応能力および再審請求能力が問われた事例

中島　直　● Nakajima, Naoshi

はじめに

　筆者は以前，死刑適応能力について文献的に調査したことがある[4]。最近，日本精神神経学会法・倫理関連問題委員会が，これに関連した事例について意見を述べることを求められ，筆者が担当委員としてこれにあたる機会にめぐまれた。また，この事例は，再審請求についての訴訟能力の問題も提起した。筆者にとっても示唆的な事例であり，これについて報告し，御批判を仰ぎたい。

　なお，この事例の発表については，事例本人（以下「本人」），本人の姉，意見書依頼者である弁護士から書面にて了承を得た。但し，本人の同意書には，日付の「年」の部分に架空の元号と思われるものが付されており，氏名の欄には本名の署名もあったがその上に意味不明の字句が連ねてあったため，姉にはその複写も提示した。匿名を用い，本稿の趣旨と関連の薄い事柄については省略した。

I　事　例

1．前提

意見を求められた事項は以下である。
①本人の現在の心身の状況は医学的に診断してどのような状態か。それは精神病院ないし医療刑務所に移して治療を要する状態かどうか。
②本人は現在再審請求中であるが，いわゆる訴訟能力を充足していると言え

るか。近い将来の手続（例えば再審公判又は次の再審）を見通した場合にはどうか。
③仮りに死刑の執行に直面したとき，本人の状態は，刑事訴訟法479条にいう「心神喪失の状態」にある，と言えるか。

よって筆者は，関係書類を精読し，弁護士らとともに拘置所で約1時間本人の問診を行い，また姉からの事情聴取も行った。

意見が求められた当時，本人は第一次再審請求中であったが，その後これが棄却され，現在（意見書提出日現在，2009年1月現在も同様）は姉による第二次再審請求中である。

2．死刑確定まで

家族歴・生活歴には特記すべき事項はない。K味噌専務取締役方の強盗殺人・放火事件が発生する。一審判決文で認定された「罪となるべき事実」の概略は，「被告人は，X−1年1月ころからK味噌に味噌製造工員として勤務し，従業員寮に住込んでいた者であるが，X年Y月30日午前1時すぎごろ，K味噌の専務取締役H方住居に侵入して金員を物色中，Hに発見され，所携のくり小刀で胸部等を数回突刺し，さらに，物音に気付いて起きてきたHの妻の肩，頸部等を数回，Hの長男の胸部，頸部等を数回，Hの次女の胸部，頸部等を数回，それぞれ前記くり小刀で突刺し，次いで，Hが保管していた売上現金等を強取し，さらに混合油をHら4名の各被傷体にふりかけ，マッチでこれに点火して放火し，よって，住宅一棟を焼毀し，4名を失血，全身火傷，一酸化炭素急性中毒等によって死亡せしめて殺害した」というものである。

本人は，この件の後も，K味噌で稼働していた。同年Y+2月18日，警察署に任意出頭の求めに応じて出頭し，逮捕状を執行された。

警察での取調べは厳しいものであった。一審判決でも，本人の司法警察員に対する供述調書28通は，毎日平均12時間の取調べが行われ，否認に対して執拗に追及がなされたこと，Y+3月6日午前10時ころはじめて本人が自白したこと，弁護人の接見は3回のみのごく短時間であったこと等から，強制的・威圧的な取調べがなされたとし，証拠能力がないと結論された。検察官に対する供述調書17通も，1通を除いては起訴後に取り調べられたもので証拠となら

ないとされた。

　これらの調書では犯行を認めている。その真偽はともかくとして，精神的な異常が発生したことをうかがわせる記載はない。また，公判では否認しており，その調書にも特に精神的な異常をうかがわせる点はない。家人の面会でも特に異常は感知されていない。

　X+2年，地方裁判所は，死刑を判決し，本人は控訴した。親族の不幸もあったが全般に元気であった。控訴審での公判調書にも精神異常を示す言動はない。X+10年，高等裁判所は，控訴棄却を判決し，上告されたが，X+14年，最高裁判所は，棄却判決を出した。

3．死刑確定以降の経過
1）面会等

　姉によれば，本人は，死刑が確定して2週間ほどし，死刑囚用の房へ移されてから，看守2名が「電気」や「痛みの電波」を出すと主張する等，精神的な変調を示した。

　再審申請を考え，X+15年，日本弁護士連合会の支援を求め，本人も一部を担当し申立書を作成した。同会が救済に当たることが決定され，本人にもこれが知らされた。上記の"電気"等の訴えは続いていた。

　拘置所によれば，X+18年12月以降，食事に毒が入っている旨の被害妄想的な言動が，X+19年9月以降，発信信書の内容に実在しない相手との結婚に関する記載が，X+21年7月以降，「電波」に関する妄想と思われる言動が，それぞれ認められるようになった。

　姉と支援者Fの面会の際，本人はFから「弁護士は何もやっていない」と告げられた。数カ月後，姉とFとの面会を拒否した。その後，ほぼ毎月訪れる姉の面会を，X+25年には応じていた由であるが，X+26年は1月に実現して以降拒否している。

　拘置所によれば，X+26年1月，知人からの接見の申入れを「そんな人知らない」「支援なんかいらない」等として断った。2月，約10日間，拘置所の食事を拒んだが，差入れのリンゴ，カステラ，牛乳等は飲食していた。姉ら2名からの接見の申入れに無言で「おことわり，面会は神の国で」と記載したメモ

用紙を示した。その後も接見の拒否が繰り返された。3月からは資料や信書,パンフレットを読まずに廃棄した。この中には,姉が請求した人身保護請求書,弁護人からの差入れによる関係資料,弁護人からの信書等が含まれている。地方裁判所からの,人身保護請求事件の請求書,同様の事件についての決定書は受け取ったが,読んだかどうかは不明で,同決定書に係る特別抗告受理通知書は捨てている。4月からは,副食を食べず,主食を水洗いし牛乳を混ぜて食べた。居房のバケツに放尿し,便器に石けんの泡をあふれさせた。「電波を弱くするため」として厚着していた。睡眠はときどき1~2時間程度のこともあるが,総じて7時間程度とっていた。拘置所の医療対応として,精神科医の診察(カウンセリング)を行っている。次第に多くを語り,1回の診察に40分程度を費やすようになり,また反抗的・攻撃的な言動が少なくなったが,投薬は不能であった。

久々に実現したX+27年3月の面会では,「1000メートルもある猿が電波を送るので顔が変わる」「今,X-3年である。これから起きる事件でなぜ俺が犯人にされたのだ」等とした。同年4月,5月と面会できたが,それ以外の数回は拒否である。X+28年2月の面会で,弁護士に会う気はないかとの問いに「神の国の都合で今年中にのびたから会う必要がなくなった」と答えた。その後は国会議員の仲介等で数回の面会が実現しているが,それ以外は拒否が目立つ。

X+28年,地方裁判所は,「本件再審の請求を棄却する」との決定を出した。

X+33年2月には,姉に3年7カ月ぶりに面会したが,短いやりとりで,「俺が誰だか言ってみろ」と問い,姉の「××(本人の本名)じゃない」との応えに「○○の神(よくききとれなかった),それじゃ違うわ。ああそれじゃしょうがないわ。違う人だ」と言って自分からすうっと出ていった。

拘置所によれば,X+36年1月,低栄養状態等により病舎に収容され中心静脈栄養が施された。変身誇大妄想や被害妄想があるが,無為の状態ではなく,摂食,睡眠も良好であり,起居動作,入浴,洗濯,物の購入申込等も介助なしで行っており,本人の希望がないのでカウンセリングは行っていない。

同年12月,拘置所の係官に,お菓子の話があるからと騙して連れて来られ,面会室に押されるように入った。「ばい菌が……だから洗って食べなければならない」等と言い,姉に対しては「知らん人だ」とした。X+37年3月にも拘

置所側の配慮により隠して連行され，姉，衆議院議員，弁護士と面会した。「（姉に対し）知らない人だよ」「俺に歳はない」「ばい菌を殺す判決をとった」「私は全能の神」「神の儀式で決まった。死刑囚はしょうがない。死刑も廃止した。監獄は廃止した。東京国家調査所で決まった。一番えらいのは私。所長だ」等と発言した。結局，肉親との面会が叶ったのは，X+28年に3回，X+29年に2回，X+33年に1回，X+36年に1回，X+37年に1回のみであり，弁護人とはX+28年8月以降不能であった。X+37年3月に拘置所側の努力により姉，衆議院議員，弁護人との面会が実現したが，それ以降は拒絶した。

X+38年，高等裁判所は，即時抗告を棄却する決定を出した。本人に対し決定書を見せたが自分とは関係ないと受け取らなかった。

X+40年11月からX+41年12月までの間は，記録で明らかにされているうち，36回の面会申し入れ中26回に応じている。日常生活に関する会話では比較的自然な会話ができることもあるが，自分は神である，学習院の機械，ばい菌の電波等の意味不明な言葉も混入した。ちなみに筆者の問診もこの間のX+41年10月に行い得たものである。しかしその後はまた面会ができていない。

X+42年，最高裁判所は，特別抗告を棄却する決定を出した。弁護士の面会申入れは拒否され，決定を受け取ったかは不明である。

2）手紙

多数残されている。得られた範囲では，X+23年までは精神的な異常は感じられない。

X+24年9月の手紙から「悪魔の手先の電波」による「攻撃」があるという被害的な内容がみられる。本人自身がそれに対する防御をしており，「気の抜けた」「やや毒気をぬかれている」等と，その攻撃は力弱いものであることが強調されている。数日後の手紙では，「このところ，2週間ほど，東京は，この時期としては涼しすぎる観がありましたが，実はこの現象，私を襲うために，冷電波を得意にしている悪魔の手先が，自然をも破壊して，馬鹿涼しくしたものなのです。（中略）しかし，私は，聖丹の騎士で，神術によって守られ，常に神と共に戦って居るものなのです。（中略）悪魔の手先に気取られないよう，脳波を動かさないように，神術を駆使して居たんです」とされている。本人に

対する攻撃は，ここでは，天候すら動かせるほど強大なものとなっており，それに対抗する本人もまた常人を超えた特殊な能力を持つ者となっている。誇大的と言ってよかろう。

　数週後の手紙には「私の場合いは，代用監獄における取調べの際に，それは起こった事ですが，これまではっきりと有りました記憶が，スーッと無くなり，自分自身が，今，何を遣って居るのか，また何を遣ろうとして居るのか，皆目わからなくなったんです。そうした状況の中で，いわゆる超能力者の業として，生命を受けたエネルギーが，私の頭脳の中に飛び込んで来たのです。そして，そのエネルギーが，私が殺人を犯しましたという一種の記憶と成って頭脳の中に居座ったのです」とされ，自白すらも妄想上の迫害者の力によってなされたとの主張となっている。

　このころは，連日手紙が出されており，本人の立場からは正当な内容も記されている。明らかに病的とは言えない，宗教的と把握できる記載も多い。文脈としても，若干の冗長さはあるが，粗大な思路障害を感じさせるほどではない。字も比較的まとまっている。但し，このころから，「愛する妻よ」で書き出される手紙が目立つようになるが，このころの本人には「妻」と呼べる人物は実在しない。

　X+24年11月の手紙は「勝利の時は来た。神の奇跡は明白に世を改める事となった。(中略)弛まぬ闘いは，確実に，真実勝利の道を開いた。その過程は，実に，厳しくもあり，また，国民と共に喜びを知るものでもあった」「私の正義への闘いは，最早，完全に勝利した。実に，この闘いは尊いものなのでありましたが，逆に，事実上の決着が付いた」等とされている。「勝利」「喜び」が強調されているが，その具体的内容が判然としない。

　X+25年3月に至ると，「人間に，本来的に，与って(ママ)くれている，力と，言うものは，無論，常に，流動的でありますが，しかし，その，揺れ動く，能力と言うものは，その推移を見れば，偉大な力に寄って，左右されている事が，人間的な観察によっても，相当に，はっきりと，掴み得るものである事は，今日的な信仰の正しさに寄れば，明らかでありますが，但し，一般的に評価して見まして，大多数の，人々の人的な欠陥として，誤まりの無い，努力というものに，確実には，立ち得ない傾きが，抜き難い所，自然な流れとして，当たり

前の事と成る，社会的な，尊い影響力には希薄と成らざるを得ない人が多い，というのが，甚だ，残念ながら，真相で有ると見なければ，成らない現状は，矢張，真の生き方に，大きな問題が蓄積されているからであろう」等と，既に言葉の意味連関が崩れ，一文一文をとってもその内容が判然としない，滅裂なものとなっている。全人類，神といった語，再審，裁判，死刑等の言葉も出てくるが，どう捉えているのかは判然としない。

漢字がほとんどなくなり平仮名の文となり，カタカナで書くべき部分も平仮名で，助詞の"は"が"わ"，"を"が"お"と記され，その後縦書きであるが左から右へ書き進める等の形式的な異常も見られるようになる。滅裂さはさらに悪化する。「それわ，実に，大昔の，大大将公，真理，××（本人の本名）とも，同一の，血統線でございまして，今日的に，よく良く，拝受致しますと，物凄い，類似性において，総じて同一であります」

X+25年9月ころから，本人からの手紙がほとんど出されなくなった。

この後のわずかな手紙には，X+27年2月「前略　神の国において　ついに完全勝利致しました」，X+28年2月「前略　日々神の国に勝ち貫いてございます」，同年7月「前略　宝家△（本人の本名の名），××（本人の本名）の儀式名にて，御願い致します」，X+32年6月「宝家3年6月発信（娑婆の日時）」等と記されている。

4．現在症

知り得た範囲では特記すべき身体的異常所見を認めない。服装は整っている。挨拶に対して自然に返礼する。表情はやや快活であるが比較的自然に動き，視線も同様である。早口で当方の記録におかまいなしにしゃべる。失礼な質問にも激することなく，快活な表情と語り口を保つ。問診の一部を引用する。

　　××（本人の本名）さんですね――それで入っている。儀式名ですね。今は名前が増えちゃってね。トーカロリー本尊××（本人の本名），それで拘禁されてるんだね。
　　トーカロリーというのはどういう字を書きますか――いろんな書き方あるんだけどもね。ひらがなでも，カタカナでも。
　　名前が変わっちゃっているわけですか――かつて偉くなったということで名前

が増えてきたんだね。
　かつて偉くなったんですか——そうですね。儀式は戦いですからね。それで負けなしで勝ってきたからね。それで名前が増えてきたわけです。世の中で一番偉いということです。
　何に勝ったんですか——世の中の問題すべてを，自分が思えばそうなる。偉くなったということですよ。世の中そうなってきた。
（中略）
　人間じゃないということ——人間ですよ。神であって人間である。
　ここはどこと認識しておられますか——世界中にT拘置所（実際に本人がいるところ）がある。それを飛び回っているんだ。どこに国でも行っちゃえるんだから。
（中略）
　私は，××（本人の本名）さんがここに閉じこめられていると聞いていますが，違いますか——違いますね。儀式で入っている。自分の希望によって入っているんだから。世界を支配しているということで，負けたらおしまいなんだ。
（中略）
　裁判受けたでしょう——あれは書いただけで，事件もありゃせんし，逮捕もありゃせんし，××（本人の本名）が頂点で，ミコ様との戦い。分裂してなったということ。魔法の知恵が働いているんだね，機械が。どこっていったかな。
（中略）
　検察官というのもいましたか——書かれているんだね。現存の世界でやってもつまらんということで。明日だったらこの事実はないんだ。馬鹿馬鹿しいっていうか，この面会だって明日だったらないんだから。T拘置所でも明日はないんだから。馬鹿馬鹿しくってしょうがないんだ。
　裁判官もいましたか——忘れちゃうわね。学習院の機械が，それは書いてるんだから。
　弁護士がいて，検察官がいて，裁判官がいて，××（本人の本名）さんはどういう場所にいましたか——現存の世界では警視総監ですよ。
（中略）
　××（本人の本名）さんは裁判の中では被告人ということでしたね——無論そうですよ。
　裁判官が裁くわけですね——そうですね。
　弁護人は何をしますか——何ていうのかな。ついた弁護人は私選でやってるんだから，あくまで味方しなきゃならん。払うもの払うんだから。私は警視総監だから。これは嘘の地位で，偉くなるために保証していくものだから。
　検察官は何をしますか——直結の部下ですからね。警視総監の。保証するため，収入を保証するためにいるんだね。偉くなっていくためにつけられてるんだね。
　有罪の判決を受けたと聞いていますが——これは書いただけの嘘の問題だね。無罪だから，有罪にするという決定があるんだね。機械だから。それで金もらっ

てるんだから，そういうことで存在してきた。
　死刑の判決を受けたと聞いていますが──あれは書いただけのことであって，こちらは無罪の判決をもらっているんだね。無罪っていえば事件にならんわね。
　（中略）
　死刑というのはわかりますか──知恵というのは死なない。そういう知恵において，これは知恵だからね。死にゃあせんわね。世界に女性いっぱいいるし，動物いっぱいいるし。これでみんな物を感じて生きてる。象だって竜だって。私が死ぬわけないんだから。
　死刑になったら死んじゃうでしょう──死なないわね。死んじゃう人はいない。どっかで神のところで生きることはできるわね。
　もう1回裁判をする，というのが再審ですね──無駄なことをやるのは国家は待てないんでね。できゃあせんわね。やろうったって無理ですよ。警視総監によって，もう1回やろうっていうのは，今これからの時間でやろうというのは。
　再審というのは無駄ですか──無駄ですよ。そんな時間は与えられてないんだから。
　（中略）
　今日は何日ですか──10月の15日。
　今日は16日ですね──戻ったんだね。私の決定。
　16日の火曜日ということだと思いますが──変わっちゃったんで。15日に。
　曜日はどうですか──曜日はそのとおり進んでいきますね。火曜日だと思いますね。
　（中略）
　今年の夏は暑くなかったですか──暑いのは，ばい菌とのたたかいのために私がしてるから，文句言えないが，暑いということは私が勝ってるんだから。
　そうすると，最近朝晩めっきり寒くなってきましたが，負けちゃってるということですか──終わったんだね。ばい菌が戻ってきて。こんなの寒くはないわね。
　（中略）
　××（本人の本名）さんには財産ってありますか──地球自体が私が作ったものだからね。日銀の総裁……。
　財産っていうと，普通はお金とか，貯金とか，土地とかの不動産とか，株券とかですね──世の中から儀式に入ってるから承知していることですよ。
　たとえば，ご親族の誰か亡くなったりすると，相続の問題が生じたりしませんか──全部私のもんだからね。私の財産とったって私になっちゃう。盗めやしない。
　（中略）
　××（本人の本名）さんは，一時期，面会の人に会わないと言っておられましたよね──会っちゃ不利益だからね。たまには行ってると思う。顔まで変わって来るんだからね。
　顔が変わっているかどうか会わないとわからないじゃないですか──変わって

るんですよ．決めがあってね．
　会うと不利益がありますか——忙しいんだね．こっちが．朝から晩まで．なかなか面会に応じられない．とてもじゃないが不利益だから．

　質問には答えるが，関連する事項を述べるのみのこともある．誇大的で，自らは戦いに勝利し世界の支配者になったと語る．思考障害を認め，一見滅裂思考にもみえるが，日付の質しや「最近寒いのは負けているのか」との質問には言い逃れをする等，質問への理解を示す所見もある．明細化を図る質問には最終的には話題をそらす．言語新作類似の，意味不明の言葉が多数出現する．
　裁判官，弁護人，検察官，被告人，再審，死刑といった言葉は利用可能である．「（ここは）T拘置所」「（弁護士は）味方」「無罪」といった発言が自発的にある．しかし自らはそれらよりも上の地位にあり自らの処遇は自ら決められるとの発言もある．

II 考　察

1. 精神医学的診断

　本人が精神的異常を来す時期は，情報源により若干のずれはあるが，死刑が確定した後のおおむね X+25 年前後ということになる．このころは被害妄想が主体であった．その内容を裏付ける幻覚の存在も疑われる．徐々に誇大妄想も出現している．X+34 年ころから，手紙の内容も崩れ始め，滅裂な内容となり，文の記し方の形式面すらも障害されていった．種々の奇行も確認されている．現在も言語新作類似の現象や思考障害を認めるが，質問の意味それ自体は理解していると思われる．世界の支配者になった等との誇大妄想を認めるが，一方で裁判関係者への理解をも示す．こうした経緯および現在症を示す疾患として，第一に考えられるのは拘禁反応である．
　中田[8]は拘禁反応にみられる，正しい回答ではないが類似の回答をする現象である的はずれ応答につき，「知っていたくない」「知っていたい」という2つの対立する意志の力関係の結果の現象であるとした．すなわち，「知っていたくない」だけであれば正解からはるかにはずれた回答をしてもよいわけで，

「知っていたい」という意志があるからわずかにずれるだけの回答になるのである。的はずれ応答が正しくないが類似の回答をするものであり，本人の応答は正しい認識と誤った認識が交代して出現するものであるから，応答の形式は若干異なるが，同様の機序が働いていると考えてよかろう。

さらに，本人の場合，現在の場所や状況を正確に答えない等，見当識の障害も疑わせるが，正しい認識も示し，わざとらしさが目につく。偽痴呆としてよかろう。これらの諸症状は軽度とは言えないが，睡眠や食事等の生命維持活動にはほぼ支障がない。

本人のこうした症状は，死刑確定の後出現している。自らに被害を及ぼす者として拘置所職員を示唆し，それが次第に強大な力を持つようになり，それに応じる形で自らも人並み外れた能力を持つとの誇大妄想が生じる等，拘禁状況に強く関連している。そして，手紙の内容および形式が大きく崩れるころからこの状態が悪化したと考えられる。そしてそれは面会拒否や拘置所内での奇行につながっていく。一時面会が再開され，また拒否されるようになった理由は明らかでない。

（意見書では統合失調症との鑑別，ICD-10 や DSM-Ⅳ等の国際的操作的診断基準との関連も考察したが，本稿では省略する）

詐病との鑑別を検討する。そもそも拘禁反応と詐病との密接な関係および相互の移行の可能性については多くの論者が一致しており[16]，実務的にも，両者の鑑別を論じることは難しい場合が多いが，あえて試みる。本人の発言の中にみられるわざとらしさ，意図性は，拘禁反応でもしばしばみられる。本人には正しい認識と誤った認識を交代に表明するという特徴的な所見があり，上述したように的はずれ応答に類似した機序が作用していると考えられる。過程をみても，拘禁反応の特徴に合致し，すべてを完全な演技として把握するのは難しい。本人の病態においては詐病の色彩は比較的薄いと言える。

ガンザー（Ganser, S.）は，的はずれ応答，意識混濁，妄覚，ヒステリー兆候，その後の健忘等を示す未決拘禁者の症例を報告しており，後にこうした諸特徴を示す病態がガンザー症候群と呼ばれるようになった。この病態については，詐病として把握する，ないし患者自身の意思の関与を強調する立場があるが，ガンザー自身はヒステリー性もうろう状態と考えた[9]。ヒステリーとは，

無意識的な心因によって種々の症状が引き起こされるもので，誰にでも生物学的に備わっている原始的な反応と考えられている．疾病と非疾病の間に位置すると考えてもよかろう[10]．本人の言動の少なくとも一部にわざとらしさを感じ，意図が見え隠れすると感じることは自然であるが，これを意図と同一視することは適切でない．

2．死刑適応能力に関する参考意見

刑事訴訟法479条は「死刑の言渡を受けた者が心神喪失の状態に在るときは，法務大臣の命令によって執行を停止する」と定めている．この「心神喪失」が扱う能力を死刑適応能力と呼ぶこととし，参考意見を記す．

この問題については，本邦では議論は活発とは言えず，その内容，判断基準について，本邦の刑事訴訟法には規定がなく，筆者の知る限り裁判例も見当たらなかった．しかし米国を中心として本邦以外での議論は少なくない[4]．死刑の意味を理解していること，という「理解面の基準」がまず第一に挙げられる場合が多いが，米国では不服申立の手段が多いこともあって，執行の最後の瞬間まで弁護士を助けて上訴等の法手続きを行う能力という「援助面の基準」も重視されている．さらに，精神的・心理学的に死への準備ができているかどうか，という「準備基準」を挙げる論者もある[4]．どの基準を用いるべきかは明らかでないが，基準を狭めるのは鑑定人ではなく法廷の仕事であり，基準が定まっていない場合は，鑑定人は最も広い基準，すなわち理解基準，援助基準，準備基準のすべてを用いるべきであるとの見解[12,13]に倣い，ここではそのすべてについて検討することとする．なおこれに際しては医師としての倫理的な問題も生じ得る[4]が，これについては，本邦の現状ではこの問題に関与をしていくことがむしろ重要であるという，平成16年の日本精神神経学会理事会の「見解」[11]に従う．

考察の便宜上，まず援助基準から検討する．本人においては，本件の犯人であることを否定し死刑判決を不当と考え，再審申立てをしたにもかかわらず，弁護人との面会に応じず資料を読まずに廃棄している．自らが裁判関係者よりも上位にあり，裁判を超えて自己の処遇を決定できるとの発言がある．援助基準が満たされていないことは明らかである．

次に理解基準を検討する。手紙や問診をみると，自らの状況について自らの自由になるかのような記載や発言が多く，これはまさに死刑の意味を理解していないとみえる。一方で，手紙の中に裁判や死刑に関する記述があり，問診でもそれらの語は利用可能であり，状況の認識も示す。まさに「知っていたくない」「知っていたい」という対立する意志の反映であり，拘禁反応の症状であると言える。本人の意思の介在を重視すれば，理解しているとの判断も可能である。しかし，この「理解」には感情的な理解も含まれるとする見解[17]に従えば，この点は甚だ疑問であり，むしろ理解が乏しいと判断される。

最後に準備基準である。本人は死刑について，「死なない」「どっかで神のところで生きることはできる」としている。これを宗教的な確信とみることもでき，心情的な準備ができているともみなせる。しかし，「あれ（死刑判決）は書いただけのことであって，こちらは無罪の判決をもらっているんだね」ともしており，これによれば死刑判決を否認しており，準備ができていないということになる。

すなわち，死刑適応能力につき，3つの基準で検討するに，理解基準，準備基準については見方によって解釈が分かれ得るが乏しいと考えられ，また援助基準の観点からは決定的に欠如していることが指摘できる。

境界域知能をもつてんかん者で，拘禁精神病状態にあり，死刑の意味を了解しているが，生き返って拘束から逃れられるという妄想を持つ一方で，死刑を逃れるために再審を願望し，もしくは自分は無罪であるという妄想をいだいていた例[1, 3, 15]，および拘禁反応等の精神障害を生じ，その影響下において，その苦痛から逃れようとした例[2]それぞれにつき，死刑判決を受けた被告人による上訴取り下げについて，能力がなかったものと認定し，これを無効とした最高裁判所の決定がある。これらはいずれも死刑適応能力そのものではなく特定の訴訟行為の能力が問われた事例であるが，いずれもそれが上訴を取り下げ死刑をもたらすという司法上の権利の放棄であることが重視されている。他の裁判例では，通常，拘禁反応によるものや裁判への理解がある程度ある場合には訴訟無能力は認められない傾向があるが，それに比してこれらの例では著しく緩和された無能力の基準が用いられているのには，このことが影響しているとしか考えられない[5]。そうすると，死刑適応能力の判断においても，自らの

適切な権利行使が行われているかについては重視されると思われる。本人の場合に問題になっているのは上訴の取り下げではなく再審申し立てへの非協力であるが，同様の効果をもたらすものである。すなわち，これまでの最高裁の判断から考えても，死刑適応能力の判定につき，援助基準を考慮に入れることは正当であると考えられる。そして，本人の場合，援助基準を欠いているのであるから，死刑適応能力は喪失していると考えるべきである。

3．再審請求能力に関する参考意見

本意見書作成の過程で，第一次再審請求の特別抗告棄却決定が出ており，姉による第二次再審請求が出されている。刑事訴訟法439条は，「再審の請求は，左の者がこれをすることができる。一　検察官，二　有罪の言渡を受けた者，三　有罪の言渡を受けた者の法定代理人及び保佐人，四　有罪の言渡を受けた者が死亡し，又は心神喪失の状態に在る場合には，その配偶者，直系の親族及び兄弟姉妹」としている。この「心神喪失」が扱う能力を再審請求能力と呼ぶこととし，参考意見を記す。筆者が調べ得た範囲では，この条項に関する判例等は見当たらなかった。

まず第一次再審請求についてである。最高裁判所での上告棄却判決の後の本人は，「電波」等の訴えがあり，既に精神症状が始まっているが，裁判に対する行動自体は一貫しており，再審請求能力は保たれていたと考えられる。その後「神」等々と述べ，自ら自分の処遇が決定できるかのような発言が目立ち，面会拒否等の行動につながったことは，再審請求という行為の理解が減弱し，またその理解に基づく行動が困難になっていること，すなわち再審請求能力が低下していることを示している。しかし，請求を行った時点では能力はあったので，その後の能力低下による実質的な手続上の問題は生じないとし，この際の能力を問題にしないと考えることは充分に可能である。

しかし，第一次再審請求が棄却され，第二次請求の準備の段階では，事情が異なっている。裁判に関連する言葉が一応利用可能であっても，現在自らが死刑囚で，いずれ死刑が執行される立場にあることを否認し，自分は死なない，自分の処遇は自らに決定権があるとしている者と，再審の意味，効果，主張内容等の協議をすることは困難であろう。そもそも面会が実現しなければ，再審

申立書や弁護人選任届への署名にも支障が生じる。無論再審請求を行うかどうかは選択の問題で、これを行わないからと言って即座に能力がないと決めつけることはできないが、少なくとも公判では無実を主張し、多くの弁護士や支援者も本人のこうした言動を理解し、再審請求を充分に行い得ると考え準備している状況をみれば、発病前の本人であれば当然にこの第二次請求を行ったであろうと予想される。これを行うための行動をとらないのであれば、やはりその時点では再審請求能力は失われていると判断するべきであろう。但し、仮に、再審申立書に署名する等、形式的な請求の実務を行えれば、第一次請求棄却前と同様、実質的な問題は生じないので、その時点での能力を問題にしないことも可能である。

再審請求能力は再審の訴訟能力である。本人の診断は拘禁反応であり、拘禁反応では訴訟無能力を認めないのが通説である。従って再審請求無能力とするべきではないのではないか、とする反論もあり得る。確かに拘禁反応では原則として訴訟無能力を認めないとする立場が有力であり、筆者も支持している。しかし、まず第一に、訴訟能力は検察官によって公訴提起されたものに受動的に対応する自己防御が問題となるのに対し、再審請求能力は能動的に動くことが問題にされるという意味で、両者の性格が異なっている。第二に、拘禁反応で訴訟無能力を認めないというのはあくまでも原則であって、例外的にはこれを認めるべきである[7]。これまでの本人の経緯からすれば当然に再審請求を行うべきと考えられるにもかかわらずそれが行えないのであれば、この例外状況に当たると考えられよう。第三に、死刑適応能力についての検討の節で述べた、本邦の最高裁判所の、死刑事件の上訴の取り下げについては、拘禁反応によるものであっても無能力とみなす傾向がある。上訴取り下げは重大な権利放棄であるから安易に能力ある行為とみなすべきでないとの判断と考えられ、再審請求を行わないことも同じ判断が成り立ち得る。以上のとおり、再審請求能力を再審の訴訟能力とみなす視点からしても、現在の本人を再審請求無能力とみなすことが自然であるということとなる。

なお、仮に再審請求が認められ、再審公判が開始されれば、その際の訴訟能力が問題となり得る。厳密に言えばこれはその時点でしか答えられないということになるが、再審請求が認められれば、拘禁反応である本人の精神状態は改

善する可能性が高い。おそらくこの時点では訴訟能力が問題となることはないのではないかと感じる。

4．今後の治療等に関する参考意見

本人は拘禁反応に罹患しており，誇大妄想，偽痴呆，思考障害等の精神症状を呈している。一般論としては治療が必要な状態である。しかし，一時的に精神科病院等へ移しても，軽快すれば拘置所に戻すことが前提であれば，症状軽減にも限界があるだろうし，また軽快しても拘置所へ戻すとまた再燃するということも考えられる。本人への投薬治療が行えておらず，確実に治療を加えるためには強制医療しかないことも考慮に入れる必要がある。

限界が予想されるのであるから，治療としては，何を目的に，どの程度の軽減を目標に加えるのか，ということが問題となる。直ちに治療を加えなければ，ごく近い将来において充分に生命の危険が予想されるというような状況であれば，治療を加えることには多くの方々の同意を得られよう。しかし，本人においてはそうした状況ではない。

死刑適応能力がないから治療を加えるとの考え方はあり得る。但しこれは，治療が奏功すると死刑が執行され生命を奪われるという矛盾を抱えることとなる。現実に米国ではこの点についての深刻な議論がある[4]。筆者自身も死刑適応能力の回復のみを目的とした治療は許されないと考える。また，死刑囚であっても強制的なものを含めて治療を加えることを正当化する主張の主眼は，その病者の苦痛の軽減であるが，本人はむしろ快活であり，少なくとも表面上は自らの精神症状のために苦痛を感じているとは考えにくい。

これらの，治療を加えることに懐疑的となる根拠を提供する諸点を検討してもなお，筆者は，結論としては治療を加えるべきと考える。その根拠の第一は，軽快する可能性も充分にあることである。拘禁反応に対する治療とそれによる軽快については，報告もあり[14]，筆者自身も経験が少なからずある。本人においても，軽快や治癒を無理と諦める根拠はない。拘禁反応の原因論を重視し，治療論としてもごく狭義の精神療法のみに限定して，原因が除去されなければ軽快しないと考える立場もあり得るが，精神疾患に対しては原因に対する治療というよりも対症療法的な薬物療法および広義の精神療法が大きな部分を占め

ており，これでかなりの快癒が見込める。拘禁反応も例外ではない。少なくとも，治療を試みる前から，改善が見込めないと断定する根拠は全くない。

　治療を提供すべきと考える根拠の第二は，弁護士や親族をも含めた面会をも拒否しているという現状の深刻さである。再審請求能力の問題は措いても，この状態は，家族との交流や，再審に向けた弁護士たちとの協議に明らかに大きな支障を来している。そして，これは，これまで無実を主張してきた本人の意思から考えても不自然で病的であるし，周囲の動きにもそぐわないものである。

　そして，上記のとおり，現状では本人に治療を加えようとすればそれは強制的な投薬を含む。筆者個人としては，これを矯正施設内で行うことに絶対的に反対するという立場ではないが，この決定に向けての第三者関与等の法的セーフガードの不存在，致死的な身体的副作用が生じた場合の外部医療機関への移送システムの未確立，本人の不服申立制度の未整備等の現状では，きわめて懐疑的とならざるを得ない。精神科病院に移送し，精神保健福祉法に基づいた治療が行われるようにすべきであろう。これが困難であれば，せめて医療刑務所に移送するべきである。

　こうは言っても，長期かつ充分な治療でも軽快しないこともあるし，医療刑務所ないし精神科病院での治療で軽快しても拘置所に戻されると悪化する事例も存在する。しかし，本人がこのようになると確実に予測されるわけではない。また，こうしたことが強く予想される事例で，期限を定めて治療を行い，それなりの成果を収めた事例も，筆者は見知っている。本人の精神状態の病態，経過および重症度に鑑み，例えば，半年ごとに状態の改善度を評価しつつ，2年を限度として精神科病院等での治療を加えるということは非現実的な話ではない。治療の目標としては，無論精神症状がすべて消失することが望ましいが，そこまでいかなくとも，親族や弁護士との面会の大半を理由なく拒否することがなくなる，という程度でもよかろう。治療が困難である可能性があるとは言え，それをもって治療を行わないことは許容され得ない。

おわりに

　死刑適応能力や死刑囚の治療が問われた事例について紹介した。本来，こう

した文では，事例検討を踏まえ，総論的な考察を付すべきであろうが，くり返してきたようにそれは既に筆者が行っており[4]，また事例の考察自体が総論的な内容を含んでいるため，それを行わなかった．但し再審請求能力は精神医学領域ではあまり扱われてこなかった分野であり，さらなる検討が望まれる．

　本例に関する法律家の評価は2009年1月現在明らかでない．本邦においても死刑囚は100名前後に達しており，最近改善傾向にあるとは言え未だ充分に情報が出されているとは言えないから，同様の問題が他の事例でも生じている可能性がある．引用した精神神経学会理事会の「見解」に倣い，精神科医としても関わっていくべき課題であると感じる．

補：報道によれば，2009年3月，本人に対し，成年後見制度の保佐が相当となった由である．

文　献

1）最高裁判所第二小法廷：平成5年5月31日決定．判例時報，1466，157-158，1993．
2）最高裁判所第二小法廷：平成7年6月28日決定．判例時報，1534，139-141，1995．
3）寺崎嘉博：公判手続の停止に関する刑訴法314条1項の規定は上告審の手続に準用されるとされた事例．ジュリスト，1094，170-173，1996．
4）中島直：死刑執行への精神科医の関与についての文献的調査．精神経誌，104(3)，229-240，2002．8）にも所収
5）中島直：刑事裁判における訴訟能力についての裁判例の検討．精神経誌，108(11)，1128-1141，2006．8）にも所収
6）中島直：犯罪と司法精神医学．批評社，2008．
7）中田修：訴訟能力，弁論能力．懸田克躬，武村信義ほか編：現代精神医学大系24　司法精神医学．中山書店，1976．
8）中田修：的はずれ応答の精神病理について．同著：増補犯罪精神医学．金剛出版，1987．
9）中田修：的はずれ応答とL.スネル．同著：精神鑑定と供述心理．金剛出版，1997．
10）西山詮：心因説の社会的意義とその基礎．精神経誌，78(8)，529-554，1976．
11）日本精神神経学会理事会：死刑執行への精神科医の関与に関する当学会の見解（第二報）．平成16年12月24日．精神経誌，107(7)，776-777，2005．
12）Heilbrun, K., McClaren, H. A.：Assessment of competency for execution? a guide for mental health professionals. Bull Am Acad Psychiatry Law 16(3), 205-216, 1988.
13）Heilbrun, K., Radelet, M. L., Dvoskin, J.：The debate on treating individuals incompetent for execution. Am J Psychiatry 149(5), 596-605, 1992.
14）福島章：拘禁反応．同著：犯罪心理学研究II．金剛出版，1984．
15）福島章：訴訟能力の精神鑑定．石川義博編：精神科臨床における倫理――法と精神医学の対話3――．金剛出版，1996．

16) 朴光則, 山上晧：拘禁反応. 風祭元, 山上晧編：臨床精神医学講座 19 巻　司法精神医学・精神鑑定. 中山書店, 1998.
17) Radelet, M. L., Barnard, G. W.：Ethics and the psychiatric determination of competency to be executed. Bull Am Acad Psychiatry Law 14(1), 37-53, 1986.

海外の動向

アメリカにおける Insanity Defense
——合憲性の問題を中心に——

横藤田　誠　●Yokofujita, Makoto

I　アメリカの責任無能力制度

　日本において,「心神喪失者の行為は, 罰しない」(刑法39条1項) と定める刑事責任無能力者制度の骨格は100年以上変わっていない。心神喪失とは, 精神の障害により事理を弁識する能力, またはその弁識に従って行動を制御する能力を欠くことであるとする大審院判決 (昭和6年12月3日) からでも80年近くが経つ。心神喪失者等医療観察法の施行が責任無能力制度の運用にどのような影響を与えるか注目されるところである。

　このような日本と比較したアメリカ合衆国の責任無能力制度の特徴として, 日本刑法が大陸法系であるということ以外にも次の2点を挙げることができよう。第一に, 連邦制の国であり刑法が法域 (連邦・州) ごとに制定されるアメリカは, 責任無能力制度の動向について, 試行錯誤を厭わないアメリカ法の特質もあいまって, 壮大な歴史の実験場の様相を呈する。第二に, アメリカの場合, 責任無能力制度に限らず刑事司法に対する憲法の制約が重要な論点となっている。「何人も, 法律の定める手続によらなければ, その生命若しくは自由を奪はれ, 又はその他の刑罰を科せられない」と定める日本国憲法31条の規定は, 手続・実体を法律で定めることにとどまらず, 定められた手続が適正であること, さらには定められた内容 (実体) が適正であることをも要求している, と一般に解されている。実体的適正として通常あげられるのは, ①刑罰規定の明確性, ②罪刑の均衡, ③刑罰の謙抑主義である。責任主義を憲法上の原則と捉える見解もないわけではないが[5], 責任無能力制度をめぐって憲法論が

展開されることはほとんどない。これに対してアメリカでは，精神的能力が問題となる刑事司法の各段階（犯行時・公判時・受刑時）で憲法との適合性が問われ，訴訟で争われることも稀ではない。ただ，その中にあって責任無能力制度は微妙な位置づけにあることは後に述べる。

本稿は，アメリカにおける責任無能力制度（心神喪失の抗弁 insanity defense）の歴史を概観した後，現行法の状況を把握するとともに，同制度と憲法との関係に特に光を当てて考察するものである。

II　心神喪失抗弁（insanity defense）の歴史

アメリカにおいて，責任能力の基準や判定手続をどうするかは各法域（連邦・州）に任されている。時代によってその潮流も変化を被ってきたが，最も重大な画期はヒンクリー事件（1982年）であった。

1．ヒンクリー事件以前
1）マクノートン・ルール

現在に至るまで長年，強い影響力をもってきたのが，イギリスのマクノートン（M' Naughten）判決（1843年）に由来する「マクノートン・ルール」である[2, 19, 24]。これは，「心神喪失（insanity）の理由による抗弁を成立させるためには，その行為を行った時に，被告人が，精神の疾患のために，自分のしている行為の性質（nature and quality）を知らなかったほど，またはそれを知っていたとしても，自分は邪悪な（wrong）ことをしているということを知らなかったほど，理性の欠けた状態にあったことが明確に証明されなければならない」というものである。行為の認識・正邪の認識という知的要素にのみ着目し，情意の要素である制御能力を考慮していない。この基準では，多くの精神障害者の責任能力が肯定されることになるとの批判に加え，人間は統合した人格であって，その人格の一要素にしかすぎない知性をもって行動の決定要因と見ることはできないといった難点が指摘された[22]。

2）抵抗不能の衝動テスト

そこで，これを拡張しようとする動きが強まり，各州の判例で「抵抗不能の衝動（irresistible impulse）テスト」が採用されるようになった[19, 21]。これは，自分が何をしているかわかりそれが不法だとわかっていても，それを抑圧する強い衝動によって犯罪行為が起こることがよくあるという精神医学の主張に応じたものである。しかし，この基準に対しては，「衝動に抵抗できないこと」と「衝動に抵抗しないこと」との区別が可能なのか，このテストは精神の統一性という観念を無視しているのではないか，といった批判が当初からなされ，採用を拒否する州も多かった。

3）ダラム・ルール

ここに登場したのが，ダラム（Durham）・ルールであった。コロンビア特別区巡回区連邦控訴裁判所は，1954年のダラム事件判決において，より幅の広いテストが採用されるべきであるとして，「被告人の違法行為が精神の疾患または精神の欠陥の所産（product of mental disease or mental defect）であった場合には刑事責任を負わない」という新たな基準を打ち出した[2, 22, 35]。最終的な事実認定は陪審が行うものの，事の性質上精神医学的な鑑定が重要な役割を演ずることになる。このルールの登場により，精神病質・神経症・麻薬常用等を含め，鑑定人が「疾患」「欠陥」とした者は自動的に無罪となるという現象が生まれたという。しかし，実際にこのルールを採用した法域はほとんどない。

4）模範刑法典ルール

1972年のブローナー判決においてコロンビア特別区巡回区連邦控訴裁判所は，自ら創設したダラム・ルールを廃棄した[34]。ダラム・ルールによる限り，専門家証言による不当な支配を免れることができないというのが最大の理由であった。ダラム・ルールは結局,「ラベルによる裁判」へのドアを開くことになったというのである。

新たに採用したのが，アメリカ法律協会（American Law Institute）の「模範刑法典（Model Penal Code）ルール」（1962年）であった[2, 19]。同ルールは，

「①犯罪行為の時点で，精神の疾患または欠陥（mental disease or defect）の結果として，自己の行為の犯罪性（criminality）〔邪悪性（wrongfulness）〕を弁別し（appreciate），または自己の行為を法の要求に従わせる実質的（substantial）能力を欠く者は，刑事責任を欠く。②本条にいう『精神の疾患または欠陥』なる用語は，犯罪または反社会的行動の反復という形でのみ現れる異常性を含むものではない」と規定する。ここで用いられている言葉は，法律家・医学者・陪審の三者間において共通理解が十分可能なものであると，ブローナー判決は判断したのである。

マクノートン・ルールが「行為の性質・正邪の認識」のみを求めたのに対して，このルールは「自己の行為を法の要求に従わせる」制御能力をも規定している点が大きく異なっている。他にも，従来の基準が，責任能力の完全なる欠如を要求していたのに対して，「実質的能力を欠く」場合にも責任無能力の余地を認めた点，「知る」に代えて「弁別する」という語を用いることでより深い理解を求めた点などに特徴を有する。「精神の疾患または欠陥」（ダラム・ルール），「自己の行為の邪悪性を弁別する能力」（マクノートン・ルール），「自己の行為を法の要求に従わせる能力」（抵抗不能の衝動テスト）と，既存のルールを総合した形になっている。日本のルールとほぼ同じ内容である模範刑法典ルールは半数以上の州，ほとんどの連邦控訴裁判所で採用された。これが普遍的な責任能力基準となるかと思われた矢先，ヒンクリー事件が起こり，新たな道を模索する動きが始まったのである。

2．ヒンクリー事件以後
1）ヒンクリー事件と包括的犯罪規制法

1981年3月30日，ワシントンのホテルを出たレーガン大統領に向け，6発の弾丸が発射された。胸を撃たれた大統領をはじめ報道官，シークレット・サービス，警察官が負傷したが，幸い生命に別条はなかった。大統領暗殺未遂，連邦公務員の傷害，銃器使用罪，銃器不法所持等13の訴因で起訴された犯人ヒンクリー（John Hinckley）に対して，1982年6月21日，コロンビア特別区の陪審は，模範刑法典ルールに基づいて心神喪失による無罪との評決を出した[35]。この無罪評決が全米に巻き起こした憤激は，責任能力基準の大幅な修

正を余儀なくさせ，3分の2以上の州が何らかの形で責任無能力制度を改定した。

　連邦議会は1984年，それまで判例に委ねていた責任能力基準について，立法的解決に乗り出した。包括的犯罪規制法（Comprehensive Crime Control Act）は，「（a）被告人が犯罪行為時に，重大な（severe）精神の疾患または欠陥の結果，行為の性質または邪悪性を弁別できなかったことは，連邦法の下での起訴に対する抗弁となる。その他の場合には，精神の疾患または欠陥は抗弁とならない。（b）被告人は明白かつ説得力のある証拠（clear and convincing evidence）によって心神喪失を証明しなければならない」と規定した（18 U. S. C. §20(a)）[10, 20, 25]。精神の疾患または欠陥に「重大な」という限定を付したことをはじめとして，責任無能力の範囲を狭めようとする明確な意図に貫かれた立法であり，ヒンクリー事件がもたらした「果実」の象徴的な例であるといえよう。

2）心神喪失抗弁の廃止

　ヒンクリー事件後の改革の方向は6点にまとめることができる[1]。第一に，端的に心神喪失の抗弁を廃止した州がある。モンタナ州（1979年），アイダホ州（1982年），ユタ州（1983年），カンザス州（1996年）が独立の心神喪失抗弁を廃止した。ネヴァダ州も1995年に同抗弁を廃止したものの，州最高裁はこれを違憲とした（後述）。

　心神喪失抗弁を廃止した州では，精神疾患に関する証拠を公判に持ち出すことが一切許されないかといえばそうではない。訴追された犯罪の成立に必要な精神状態（mens rea 犯意）を被告人が欠いていたことを立証するためにこれらの証拠が提出されることは許されている。このような方式を「メンズ・レア・アプローチ」と呼ぶ。妄想に基づく犯罪行為であっても，意図してそれを行った限りメンズ・レアが存在するとみなされる。被告人がレモンを絞っていると信じて人を絞め殺した場合は，殺人の犯意が存在せず，従来の心神喪失抗弁でも新しい制度でも無罪となるが，生命を奪うことが道徳的・法的に悪であることを被告人が認識していない場合，被告人が抵抗不能の衝動に基づいて行動した場合，相手が自分を殺そうとしていたという妄想から相手を殺した場合，い

ずれも人間を殺すことはわかっているのだから有罪となるのである[23]。

3) 制御能力基準の削除

次に，心神喪失の範囲を狭めようとする立場がある。ヒンクリーを無罪に導いた「自己の行為を法に従わせる実質的能力」という基準は，これを測定する科学的基礎を欠き，抗弁制度そのものを危殆に陥れるとして，削除が主張された。その結果，少なからぬ州法・判例が，制御能力基準をはずした新たな基準を打ち出した。前述の包括的犯罪規制法によって，連邦の裁判管轄区では制御能力の欠如は抗弁として認められないこととなったのである。

4) 立証責任の転換

日本では，責任能力については検察官が立証責任を負うことに疑問の余地はなく，アメリカでもかつては多くの法域でそうだった。ところがヒンクリー事件後，従来立証責任を検察側に負担させていた法域のうち，半分が被告人側に転換した。連邦では従来，被告人の責任能力を検察官が合理的な疑いの余地なく立証しなければならなかったが，1984年の包括的犯罪規制法では，被告人側が明白かつ説得力のある証拠で心神喪失を立証しなければならなくなった。

5) 精神科医の証言範囲の限定

日本では，責任能力の判定は法律判断であって，裁判所は鑑定人の結論に拘束されないことになってはいる。しかし，実務では鑑定人の判断が重視されている。鑑定人は被告人の「精神医学的診断」のみならず，「行為の是非善悪を弁識する能力及びその能力に応じて自己の行為を制御する能力」を「鑑定事項」として求められことがほとんどであるという[31]。

アメリカでも同様な状況だったが，アメリカ精神医学会（American Psychiatric Association）は，法概念としての責任無能力の問題は精神科医が専門性を発揮しうる事柄ではなく，精神科医の証言は被告人の精神状態や動機の解明に限られるべきであると主張し，連邦証拠規則も，「被告人の精神状態や状況についてのいかなる鑑定証人も……起訴された犯罪構成要素や抗弁を構成する精神の状態や状況に被告人があったか否かまで，意見や推論を断言する

ことは許されない」と，この趣旨に改正されている[7]。

6）心神喪失者の収容

責任無能力により無罪となった者に対する強制権を強化する動きが強まった。その方法は，釈放に条件を付けること，危険性や精神疾患という通常の強制入院の要件が備わっていない場合であっても一定期間の収容を義務づけること，収容・釈放手続を裁判所で行うこと，その際の立証責任を無罪者側に転換することなどである。

7）有罪ただし精神疾患

従来は「有罪」，「無罪」，「心神喪失による無罪」（not guilty by reason of insanity）のみであったが，「有罪ただし精神疾患」（guilty but mentally ill）という評決を選択できる州が増加した。この評決形式は，ヒンクリー事件前の1975年にミシガン州で初めて採用され，事件後少なからぬ州がこれに続いた[25]。心神喪失による無罪を主張する被告人が，精神疾患ではあるものの心神喪失の要件に合致しないと判断したとき，陪審はこの評決をなすことができる。被告人は刑務所で治療を受け，あるいは，精神科施設に収容されて治療を受け改善後は残りの刑期を刑務所で過ごす。つまり，責任無能力と完全責任能力の中間領域を定めたものである。

III 現行法の責任無能力制度

1．心神喪失の定義

このように変遷を辿ってきたアメリカの責任無能力制度は，現在，**表**のようになっている。責任無能力の定義は，①自分が何をしているかわからない，認識無能力（cognitive incapacity），②自分が行っていることが悪いこと・不法であることがわからない，是非弁別無能力（moral incapacity），③悪いとわかってはいるが，行動をやめることができない，制御無能力（volitional incapacity），④精神疾患の所産，という4つの要素のいずれかを含む。

2006年時点の各法域の心神喪失基準は次のようになっている[9]。17州と連

表　アメリカ各州の責任無能力制度（2006年）

	立証責任[1]	責任無能力の基準[2]【認識基準，是非弁別基準，制御基準の有無】	評決の型[3]	治療	退院決定
アラバマ	被告人　C	M'N【認＋弁】	NGBD	裁量的	裁判所
アラスカ	被告人　P	M'N 修正【認】＊弁別無能力は GBMI の要素	NGBD/GBMI	NGBD 裁量的 GBMI 必要的	裁判所
アリゾナ	被告人　C	M'N 修正【弁】	GBI	必要的	裁判所
アーカンソー	被告人　P	A.L.I 修正（「実質的」なし）【弁＋制】	NGBD	裁量的	裁判所
カリフォルニア	被告人　P	M'N【認＋弁】	NGBI	裁量的	裁判所
コロラド	検察官　B	M'N【認＋弁】	NGBI	必要的	裁判所
コネティカット	被告人　P	A.L.I.【弁＋制】	NGBD	裁量的	裁判所
デラウェア	被告人　P	M'N【弁】	NGBI/GBMI	必要的	裁判所
コロンビア特別区	被告人　P	A.L.I.【弁＋制】	NGBI	必要的	裁判所
フロリダ	被告人　P	M'N【認＋弁】	NGBI	裁量的	裁判所
ジョージア	被告人[4]	A.L.I【弁＋制】	NGBI/GBMI/GBMR	NGBI は必要的，他は裁量的	裁判所
ハワイ	検察官　P	A.L.I.【認＋弁＋制】	＊[5]	裁量的	裁判所
アイダホ	Insanity defense 廃止（犯罪成立要件に精神状態が影響することはありうる）		GBI	裁量的	裁判所
イリノイ	被告人　C	M'N 修正【弁】	NGBI/BGMI	裁量的	裁判所
インディアナ	検察官　B	M'N 修正【弁】	＊[6]/GBMI	裁量的	裁判所
アイオワ	被告人　P	M'N【認＋弁＋制】	NGBI	必要的	裁判所
カンザス	Insanity defense 廃止（犯罪成立要件に精神状態が影響することはありうる）		NGBD	必要的	裁判所
ケンタッキー	被告人　P	A.L.I.【弁＋制】	NGBI/GBMI	裁量的	裁判所
ルイジアナ	被告人　P	M'N 修正【弁】	NGBI	必要的[7]	裁判所
メイン	被告人　P	M'N 修正【弁】	NGBI	必要的	裁判所
メリーランド	被告人　P	A.L.I.【弁＋制】	＊[8]	裁量的	裁判所
マサチューセッツ	検察官　B	A.L.I.【弁＋制】	NGBI	裁量的	州立病院
ミシガン	被告人　P	M'N＋制御無能力【認＋弁＋制】	NGBI/GBMI	必要的	規定なし
ミネソタ	被告人　P	M'N【認＋弁】	NGBI	必要的	裁判所
ミシシッピー	検察官　B	M'N【認＋弁】	ABI	必要的[9]	裁判所
ミズーリ	被告人　P	M'N【認＋弁】	NGBD	必要的	裁判所
モンタナ	Insanity defense 廃止（犯罪成立要件に精神状態が影響することはありうる）		GBI	裁量的	裁判所
ネブラスカ	被告人　P	M'N【認＋弁】	NGBI	裁量的	裁判所

（次ページにつづく）

アメリカにおける Insanity Defense——合憲性の問題を中心に——

	立証責任[1]		責任無能力の基準[2] 【認識基準，是非弁別基準，制御基準の有無】	評決の型[3]	治療	退院決定
ネヴァダ	被告人	P	M'N【認＋弁】	NGBI	裁量的	
ニューハンプシャー	被告人	C	精神疾患の所産	NGBI	必要的	裁判所
ニュージャージー	被告人	P	M'N【認＋弁】	NGBI	裁量的	裁判所
ニューメキシコ	検察官	B	M'N＋抵抗不能の衝動【認＋弁＋制】	NGBI/GBMI	裁量的	裁判所
ニューヨーク	被告人	P	M'N【認＋弁】	*[10]	裁量的	裁判所
ノースカロライナ	被告人[11]		M'N【認＋弁】	NGBI	必要的	裁判所
ノースダコタ[12]	被告人	P	N'N 修正【認】	NG, 責任無能力	必要的	裁判所 毎年審査
オハイオ	被告人	P	M'N 修正【弁】	NGBI	裁量的	裁判所
オクラホマ	検察官	B	M'N【認＋弁】	ABI	裁量的	裁判所
オレゴン	被告人	P	A.L.I.【弁＋制】	*[13]	裁量的	精神科保安審査会
ペンシルヴェニア	検察官	B	M'N【認＋弁】	NGBI/GBMI	裁量的	裁判所
ロードアイランド	被告人	P	A.L.I.【弁＋制】	NGBI	裁量的	裁判所
サウスカロライナ	被告人	P	M'N 修正【弁】	NGBI/GBMI	必要的	行政法判事
サウスダコタ	被告人	C	M'N 修正【弁】	NGBI/GBMI	裁量的	裁判所
テネシー	被告人	C	M'N【認＋弁】	NGBI	必要的	裁判所
テキサス	被告人	P	M'N 修正【弁】	NGBI	暴力犯は必要的，非暴力犯は裁量的	裁判所
ユタ	Insanity defense 廃止（犯罪成立要件に精神状態が影響することはありうる）			GBI	裁量的	裁判所
ヴァーモント	検察官	B	A.L.I.【認＋弁＋制】	NGBI	裁量的	裁判所[14]
ヴァージニア	被告人	P	M'N＋抵抗不能の衝動【認＋弁＋制】	ABI	裁量的	裁判所
ワシントン	被告人	P	M'N【認＋弁】	NGBI	裁量的	裁判所
ウェストヴァージニア	検察官	B	A.L.I.【認＋弁＋制】	NGBD	必要的	裁判所
ウィスコンシン	被告人[15]		A.L.I.【認＋弁＋制】	NGBD	裁量的	裁判所
ワイオミング	被告人	P	A.L.I.【認＋弁＋制】	NGBD	裁量的	裁判所

出典：David Rottman et al. "Table 35. The Defense of Insanity：Standards and Procedures", Bureau of Justice Statistics, State Court Organization, 2004, pp.199-202（August 2006）の表を基に，Clark v. Arizona, 548 U.S. 735, 750-752（2006）における整理に従って一部修正した。

1) 求められる証明の程度は，高い順に，「合理的な疑いの余地のない証明（beyond a reasonable doubt）＝B」，「明白かつ説得力のある証拠（clear and convincing evidence）＝C」，「証拠の優越（preponderance of the evidence）＝P」。「被告人　P」は，被告人側が自分には責任能力が<u>ない</u>ことを「証拠の優越」で証明できれば責任無能力とされることを意味し，「検察官　B」は，検察官が被告人には責任能力が<u>ある</u>ことを「合理的な疑いの余地なく」証明しなければ責任無能力とされることを示す。
2) M'N＝マクノートン・ルール。「その行為を行った時に，被告人が，精神の疾患のために，自分のしている行為の性質（nature and quality）を知らなかったほど，またはそれを知っていたとしても，自分は邪悪な（wrong）ことをしているということを知らなかったほど，理性の欠けた状態にあった」。

　　A.L.I.＝アメリカ法律協会基準（模範刑法典ルール）。「被告人が，自己の行為の犯罪性（criminality）〔邪悪性（wrongfulness）〕を弁別し（appreciate），または自己の行為を法の要求に従わせる（conform）実質的（substantial）能力を欠く」。

　　抵抗不能の衝動テスト（irresistible impulse test）。「被告人が当該犯罪の事理およびそれが悪いことであることを理解できていたとしても，精神の障害によって，当該犯罪行為をなす抵抗不能の衝動を経験した場合」。
3) 陪審が行う評決の形式は以下の通り。
　　NGBI＝心神喪失により無罪（not guilty by reason of insanity）
　　ABI＝心神喪失により無罪（acquitted by reason of insanity）
　　NGBD＝精神の疾患または欠陥により無罪（not guilty by reason of mental disease or defect）
　　GBI＝有罪ただし心神喪失（guilty but insane）
　　GBMI＝有罪ただし精神疾患（guilty but mentally ill）
　　GBMR＝有罪ただし精神遅滞（guilty but mentally retarded）
4) NGBIには「証拠の優越」，GBMI・GBMRには「合理的な疑いの余地のない証明」が要求される。
5) 「責任を除外する身体的・精神的な疾患，障害，欠陥により無罪」。
6) 「心神喪失により責任なし(not responsible by insanity)」。
7) 治療が必要的なのは死刑事件の場合であり，それ以外の事件では被告人側が立証責任を負担する聴聞による。
8) 「心神喪失により責任なし(not responsible by reason of insanity)」。
9) 被告人が心神喪失であり危険であると陪審が認定した時に必要的となる。
10) 「精神の欠陥により責任なし(not responsible by reason of mental defect)」。
11) 陪審を納得させられるかどうかによる。
12) 心神喪失抗弁が利用できるのは犯罪成立要件に関してのみ。実質的には廃止されている。
13) 「有罪ただし心神喪失（guilty except for insanity）」。
14) 裁判所が退院決定権を行使してもよいが，通常はDEV/Mental Health Serviceに委任している。
15) 「たしかな証拠を重視して」判断されることになっている。

邦は①認識無能力，②是非弁別無能力を含むマクノートン・ルールを採用している。アラスカ州は①認識無能力のみを，アリゾナ州など10州は②是非弁別無能力のみを要求している。13州とコロンビア特別区では模範刑法典に従って，②是非弁別無能力と③制御無能力との混合型が採用されている。3州は①②を含むマクノートン・ルールに③制御無能力を加えた方法を採っている。ニュー・ハンプシャー州は古くから④精神疾患の所産であることのみを求めている。相当多くの州で，伝統的な「心神喪失による無罪」という評決に加え，選択的な評決として「有罪ただし精神障害」を規定している。最後に，前述のように，4つの州で積極的抗弁としての心神喪失抗弁を廃止した。

2．心神喪失の立証

心神喪失の定義に加え，その立証の仕方も重要である。マクノートン・ルールの下では，心神喪失は被告人が立証しなければならない積極的抗弁 (affirmative defense) であるとされている。その際の証明の程度には，高い順に，理性のある人なら当然抱くであろうような疑いを容れない「合理的な疑いの余地のない証明 (proof beyond a reasonable doubt)」，確信を抱く程度の証明が要求される「明白かつ説得力のある証拠 (clear and convincing evidence)」，相手方よりわずかに証明力が勝っていればよいとする「証拠の優越 (preponderance of the evidence)」の3種類がある。心神喪失は積極的抗弁ではなく，反証可能な推定の問題だとする法域もある。つまり，人は責任能力を有することが推定されるが，被告人が心神喪失であることを示す証拠が提出されると，検察官が合理的な疑いの余地なく同人の正気を立証する責任を負担することになる。

心神喪失抗弁が最も認められやすいのが，検察官が合理的な疑いの余地なく被告人の責任能力ありを立証することを求める方法であろうが，現行法では，検察官が立証すべきとするのは11州にすぎない。大部分の州は被告人に立証責任を課している（表）。最も心神喪失が認められにくいのは，被告人が心神喪失を合理的な疑いの余地なく証明することを求める方法であろうが，現行法には存在しない。29州が「証拠の優越」でよしとしているが，「明白かつ説得力のある証拠」を要求する州もある。

Ⅳ 心神喪失抗弁と憲法との関係

1. 心神喪失抗弁廃止の試み

　心神喪失の抗弁をめぐって議論はとどまるところを知らず，社会の理解を得ることに難渋している。いっそ，この抗弁を廃止してしまおうという動きが出てきても不思議ではない。実際，心神喪失の抗弁を廃止する試み自体は，実はヒンクリー事件を待つまでもなく，20世紀初めから見られた。ルイジアナ州，ミシシッピー州，ワシントン州で抗弁廃止の立法が成立したが，いずれも州最高裁によって無効とされている。

　ワシントン州最高裁のストラスバーグ判決（1910）[15]によれば，心神喪失を犯罪成立に対する抗弁としない州法は，犯意（criminal intent）が犯罪の必須の要素であるから州憲法のデュー・プロセス条項に違反し，また犯意の問題を陪審から取り上げることになるから州憲法の陪審裁判を受ける権利を侵害する。次に，ランゲ判決（1929）[18]において，ルイジアナ州最高裁は，陪審と裁判所ではなく行政委員会による心神喪失の認定を最終決定とする法律は陪審裁判を受ける権利，裁判所の管轄権，デュー・プロセスに関する憲法規定に違反する，と判示した。また，ミシシッピー州最高裁のシンクレア判決（1931）[11]は，犯行時の被告人の心神喪失を殺人の起訴に対する抗弁としない州法は，州憲法のデュー・プロセス条項に違反するとした。

　しかし，当時問題になった法律は，犯行時の精神状態を含め公判段階で精神的障害に関する証言を一切認めないというものであって，抗弁を廃止した近年のいくつかの州法の枠組みとは異なることに注意が必要である。それでは，20世紀初頭の廃止法と違って，心神喪失の抗弁の廃止は，憲法上問題はないのだろうか。

2. 心神喪失抗弁廃止の合憲性をめぐる州裁判所の判例
1）モンタナ州最高裁の合憲判決

　1979年のモンタナ州を初めとして，5州の議会が心神喪失抗弁を廃止し，ネヴァダ州を除く4州で州最高裁がそれを合憲とした。どのような論理で合憲

性を肯定したのだろうか。モンタナ州は，立法によって責任無能力の抗弁に関する規定をすべて削除し，「被告人に精神の疾患または欠陥があったという証拠は，被告人に犯罪の要素である精神状態があったか否かの証明に関しては関連性がある」(Montana Code §46-14-102) という規定のみを残した。州最高裁のコーレル判決（1984）[2, 13, 25, 35] は，以下のように述べてこの規定を合憲とした。

①心神喪失の抗弁は連邦憲法制定以前にコモン・ローの一部となっていたものであり，基本的権利であるから，これを廃止するのは連邦憲法修正14条のデュー・プロセス条項に違反する，と被告人は主張するが，連邦最高裁は心神喪失の抗弁が憲法上の権利であると判示したことはなく，それどころか，この抗弁の内容をどうするかは州の権限に属するとする先例が存在している[27]。心神喪失の抗弁が積極的・独立の抗弁として認められたのは19世紀のことである。心神喪失の抗弁を廃止した州法を違憲とした州裁判所の古い判例があるが[11, 15, 18]，そこで問題になった法律は公判段階で精神的障害に関する証言を一切認めないというものであって，モンタナ州法とは異なっている。以上の理由から違憲とはならない。

②妄想によって行為する被告人や制御能力を欠く被告人がメンズ・レアをもつとして有罪とするのはデュー・プロセスを侵害すると被告人は述べるが，これらの要素は量刑の段階で考慮されるから，憲法上の権利が侵害されたとはいえない。

③心神喪失の抗弁を廃止するのは，連邦憲法修正8条の残酷かつ異常な刑罰の禁止に違反するとも主張されるが，モンタナ州法は犯罪行為を行っていない精神障害者の処罰を許すものではないからこの主張は当たらない。

④刑事裁判で精神障害者に有罪のスティグマを課すのは基本的な正義の原理に反するとも主張されるが，モンタナ州のようなポリシーは，行為の犯罪性を弁別する能力を欠く精神障害者に対しては犯罪抑止の効果を持たないけれども，社会防衛と教育という目的は増進される。

2）アイダホ州最高裁の合憲判決

1982年，アイダホ州はいかなる犯罪行為の起訴に対しても抗弁として精神

状態を使用することを禁止し,「犯罪の要素とされているメンズ・レア又は精神状態に関する専門家の証拠を証拠法則に従って許容することを妨げない」と規定した (Idaho Code §18-207)。被告人は心神喪失抗弁の禁止がデュー・プロセスを侵害していると主張したが,州最高裁のサーシー判決 (1990)[2, 14, 26]は,次のような理由を挙げて合憲とした。

①被告人は,心神喪失抗弁を禁止した州法が,自由と正義の基本的原理を奪いデュー・プロセスを否定していると主張するが,コモン・ローにおける心神喪失抗弁の歴史は極めて多様である。アイダホ州法は,責任のある被告人のみが有罪とされるというコモン・ローの基本的前提を否定していない。

②連邦最高裁のウィンシップ判決 (1970)[4]が,デュー・プロセス条項は「被告人が訴追されている犯罪を構成するのに必要なあらゆる事実について,合理的な疑いの余地のない証明がある場合を除いて,同人を有罪判決から保護する」と述べているが,州法によれば,被告人が犯意を否定するために精神障害の証拠を提出することは禁止されていない。

③本件の争点について連邦最高裁は直接扱っていないが,関連の判決文からはむしろ,デュー・プロセスは州が独立の抗弁としての心神喪失を提供することを要求していないことが示唆される。レーランド判決 (1952)[36]は,デュー・プロセスによって特定の責任能力基準が要求されることを否定した。パウエル判決 (1968)[27]は,メンズ・レア,心神喪失等の法理は刑法の目的と人間についての宗教・道徳・哲学・医学的見解との調整の役割を果たすが,その調整は州の職分であると判示した。さらに,エイク判決 (1985)[6]におけるレーンキスト裁判官の反対意見は,デュー・プロセスによって州が心神喪失の抗弁を利用させなければならないか疑わしいと述べた。

④同じく心神喪失抗弁を廃止したモンタナ州法について,同州最高裁はこれを合憲とした[13]。

3) ユタ州最高裁の合憲判決

ユタ州は 1983 年,「被告人が精神疾患の結果,起訴されている犯罪の要素として必要な精神状態を欠くことは,いかなる法令の下での起訴についても抗弁となる」としつつ,「精神疾患はその他の場合には抗弁とならない」と規定し

た（Utah Code Ann. §76-2-305（1））。州最高裁は，ヘレラ判決（1995）[16]において，次のように述べて違憲の主張を退けた。

①被告人は連邦最高裁のレーランド判決を，心神喪失基準のいずれを採用しても自由だがそのすべてを拒絶してメンズ・レア・モデルを採用することは憲法上許されない旨を判示したものと解したが，同判決は，州に対して心神喪失の被告人を処遇するさまざまなアプローチについて一定の実験を許したものと読むべきである（パウエル判決等も引用）。

②積極的な抗弁としての心神喪失抗弁が我が法システムに深く根ざしており，その廃止は法と正義の基本的原理を傷つけるからデュー・プロセスを侵害すると被告人は主張するが，アイダホ州最高裁のサーシー判決がいうように，その歴史は不統一で多様である。また，モンタナ州最高裁のコーレル判決と同様，コモン・ローと秩序ある自由（ordered liberty）という基本的原理はメンズ・レア・モデルによって傷つけられるわけではないと判断する。

③被告人は心神喪失抗弁を廃止した州法を違憲とした20世紀初頭の3判決に依拠するが，そこでは公判で精神状態に関する証言を一切排除する制度が対象になっており，被告人が犯罪成立に必要な精神状態を否定するために精神疾患に関する証拠を提出することが許されるユタ州法とは異なる。

④ユタ州が心神喪失者・精神障害者の治療のパイオニアであった歴史のゆえに，州憲法のデュー・プロセス保護は連邦よりも手厚く，従って心神喪失抗弁の廃止を許さないと被告人は主張するが，歴史のユニークさと州憲法の解釈は別問題である。州のポリシーは州憲法のデュー・プロセスの権利を侵害しない。

⑤同じ妄想に基づく殺人でも，メンズ・レア・モデルの下では，人間ではなく物だと思って人を殺した場合にはメンズ・レアがないことになるが，攻撃されるという妄想から正当防衛のつもりで殺した場合には有罪となる。これは妄想の内容によって人を不合理に差別するものと被告人は主張するが，メンズ・レア・モデルは意図をもって行動した者に責任を負わせるという目的のための正当な手段であるから，両者の区別には合理的な基礎がある。

4）カンザス州最高裁の合憲判決

同州は1996年に心神喪失抗弁を廃止した。「被告人が精神の疾患または欠陥

の結果，起訴されている犯罪の要素として必要な精神状態を欠くことは，いかなる法律上の起訴に対しても抗弁となる。精神の疾患または欠陥はその他の場合には抗弁とならない」(Kansas Statutes Ann. 22-3220) と，ユタ州法と類似の規定となっている。ベセル判決 (2003)[17] において州最高裁は，次のように述べて合憲とした。

①心神喪失抗弁の廃止は，「我が人民の伝統と良心に根ざすがゆえに基本的と位置づけられる正義の原理を傷つけ」[28]，従って連邦憲法修正14条のデュー・プロセス条項に違反するか否かについて，被告人側はネヴァダ州最高裁のフィンガー判決（後述）に依拠し，州側は心神喪失抗弁を合憲とした3州の最高裁判決を引用する。両者を区別する鍵は，メンズ・レアに対する見方の違いである。フィンガー判決が「邪悪性」（wrongfulness）こそがメンズ・レア概念の不可欠な要素と見るのに対し，3州最高裁は行動が「悪」であると知っていることは一般的に犯罪の要素とはいえないと捉える。フィンガー判決が心神喪失をデュー・プロセス条項の下で基本的原理と見るのも，それをメンズ・レア概念のコロラリーと見ているからである。歴史を見る際にも，フィンガー判決は正邪を識別できない被告人を保護してきた長い歴史に目を向け，基本的な原理と位置づけるのに対して，他の3州は心神喪失抗弁の歴史のみを見て基本的とは捉えない。我々は，積極的な心神喪失抗弁は19世紀の創造物であり，基本的といえるものではないと結論する。

②精神疾患の結果として犯罪を行った者を処罰することは，彼が精神疾患を持つがゆえに処罰することと同じであり，修正8条で禁止される残酷で異常な刑罰であると，被告人は主張する。しかし，州法が精神疾患を犯罪としていないのは明らかであり，違憲とはならない。

5）ネヴァダ州最高裁の違憲判決

以上4州の心神喪失抗弁廃止がそれぞれの州最高裁によって合憲のお墨付きを得たのに対し，ネヴァダ州の最高裁は異なる結論を出した。ネヴァダ州は1995年に，「心神喪失により無罪」の評決を廃止し，代わりに「有罪ただし精神疾患」を創設した。併せて，犯罪成立に必要な目的，動機または意図を審理する際に心神喪失を考慮に入れてもよいと規定した。州最高裁は，フィンガー

判決 (2001)[30] において，同種事案で初めて違憲判決を下した。

①デュー・プロセス条項は，アメリカの正義にとって基本的とみなされる諸原理を保護する。犯罪遂行に必要な意図（メンズ・レア）を形成することができない被告人が有罪とされてはならないというのは基本的原理である。それは，人間の意思の自由と同様に成熟した法体系において普遍的かつ永続的なものである。メンズ・レアは刑法の基本的側面であり，心神喪失も同様に基本的原理である。心神喪失を抗弁とすることは，何世紀にもわたり文明化された法体系すべてによって認められてきた核心的な原理である。歴史的にこの抗弁はさまざまな定式化を経験してきたが，その本質は，被告人が自分の行為の性質およびそれが悪いことであることを知る精神的能力を持たなければならないということである。メンズ・レア・モデルはすべての犯罪から邪悪性の概念を除去する効果を持つ。

②我々の結論は，同じ争点を考察した20世紀初頭の州最高裁判例[11,15]と一致している。州側は，これらの判例は心神喪失の証拠を公判にまったく持ち出せない制度に関わるもので本件には適用できず，むしろ近年の心神喪失抗弁廃止を合憲とした州最高裁判決[13,14,16]に従うべきだという。後者の3判決は連邦最高裁判決[6,27,36]に依拠して，心神喪失抗弁にデュー・プロセスの保障が及ばず，州に委ねられていることを強調する。しかし，先例のこのような読み方には無理がある。

③心神喪失抗弁は堅固に確立した基本的原理であり，従って連邦・州憲法のデュー・プロセス条項によって保護されている。これを廃止した州法は違憲であり，執行することができない。抗弁の提起の仕方（積極的抗弁か，反証可能な責任能力の推定か）や証明の程度については立法府が自由に決定できる。しかし，心神喪失抗弁を廃止したり，基本的原理を傷つけるような仕方でそれを画定してはならない。立法府が邪悪性の概念を除去しうるとすれば，それは犯罪自体を再定義する場合のみである。

④積極的抗弁として心神喪失を提起することが連邦・州憲法上要求されてはいないが，犯意（criminal intent）を持たない被告人が有罪とされることは禁止されている。現行制度は，犯罪遂行の意図を構成する精神的能力を欠く場合であっても有罪とされうる点で，連邦・州憲法上のデュー・プロセスを侵害する。

3．心神喪失の抗弁と連邦最高裁
1）心神喪失抗弁の憲法問題

　心神喪失の定義や立証のあり方については多様であるが、この問題を扱ったすべての州で，人を有罪にするためには何らかの形で精神疾患を考慮に入れることがデュー・プロセスによって要求されていると判断している。積極的抗弁としての心神喪失を廃止した州にあっても，州最高裁は，その廃止は合憲とするものの，メンズ・レアの要素として精神疾患を考慮することがデュー・プロセスに適合していると判示しているのである。ベセル判決・フィンガー判決で明らかなように，心神喪失抗弁廃止の合憲・違憲を分岐させるものはメンズ・レアを憲法上どう位置づけるかという視点の違いである。心神喪失抗弁を基本的原理と見るか否かを判断する際に持ち出される歴史に関する証拠の内容も，その解釈によって異なる。

2）訴訟能力問題と憲法

　連邦最高裁は，心神喪失抗弁の憲法的位置づけについて正面から判断したことはない。しかし，関連領域である「訴訟能力」問題については豊富な検討の歴史がある。被告人の精神が異常である間，公判に付すことは許されないとの原則は，コモン・ローによって古くから確立していた。これをより具体的に，法的に無能力である被告人を有罪にすることはデュー・プロセスを侵害するから，一定の場合には訴訟能力を判定する機会を設けることを，裁判所に課せられた憲法上の義務であると明言したのが，連邦最高裁のペイト判決（1966）[32]であった。

　さらに，訴訟能力の判定手続の際に必要とされる立証責任や証明の程度について連邦最高裁が初めて取り組んだのが，メディーナ判決（1992）[33]であった。最高裁は，刑事手続を規制する州の権限は，「我が人民の伝統と良心に根ざすがゆえに基本的と位置づけられる正義の原理を傷つける」[28]ことのない限り，連邦憲法修正14条のデュー・プロセス条項の統制を受けないと述べて，被告人が訴訟無能力を「証拠の優越」によって証明しない限り訴訟能力が推定されると定めるカリフォルニア州法の規定がデュー・プロセス条項に違反しないと判示した。州はこの領域に精通しているし，刑事手続は長年の伝統の上に成立

しているものであるから，州議会の判断を尊重することが望ましいからというのである。

　ところが，被告人側が訴訟能力を欠くことを「明白で説得力のある証拠」で証明するよう求める州法に対しては，連邦最高裁の態度は違った。クーパー判決（1996）[8]は，刑事手続を規制する州の権限は尊重されるべきであるが，「我が人民の伝統と良心に根ざすがゆえに基本的と位置づけられる正義の原理を傷つける」場合には，デュー・プロセスの要求に従わなければならないと述べて，この基準を違憲とした。英米のコモン・ローで採用された証明基準は一貫して「証拠の優越」であったし，現行法を見ても，「明白で説得力のある証拠」を要求するのはわずか4州にすぎず，その他の州では，「証拠の優越」か，あるいは証明責任を（被告人ではなく）州側に課している。このように被告人の権利を擁護する基準がほぼ普遍的に採用されていることが違憲判断の主要な根拠とされた。

3）連邦最高裁の判断基準

　訴訟能力に関する判例からうかがえるのは，刑事手続に関しては州の裁量が広く認められるが，州の制度が「伝統」と「良心」に基づいて見出される「基本的な正義の原理」を傷つける場合にはデュー・プロセス違反とされることがありうる，という判断枠組みである。その判断要素として重要なのがコモン・ローの状況や州法の潮流だが，心神喪失抗弁の場合，訴訟能力問題と比べても判定基準・手続ともにはるかに多様であることが，憲法上の要求を定式化する困難を増しているように思われる。

　州最高裁の判決で引用されているように，連邦最高裁がこれまで心神喪失抗弁について明確に論じたのは，犯罪行為と抗弁を定めるのは州の職分であるというパウエル判決（1968）と，精神医学の不確実性や心神喪失抗弁の一貫性のない歴史を思えば，特定の心神喪失基準の採用がデュー・プロセス条項によって要求されてはいない，抵抗不能の衝動テストの採用が秩序ある自由の概念に含まれてはいない，としたレーランド判決（1952）に限られる。抗弁廃止を合憲とした州最高裁はこれに拠って，心神喪失抗弁に対する憲法上の権利は存在しないと解したのである。

4）クラーク判決

この問題について，連邦最高裁のクラーク判決（2006）[9, 12]から一定の示唆が読み取れるかもしれない。1993年にマクノートン・ルールの2つの構成要素のうち認識無能力の部分を削除し是非弁別能力のみとしたアリゾナ州法の合憲性を扱ったこの判決は，心神喪失基準について次のように述べた。

①上訴人は，マクノートン・ルールから認識能力を削除することは「我が人民の伝統と良心に根ざすがゆえに基本的と位置づけられる正義の原理を傷つける」と主張するが，歴史は同ルールが基本的原理のレベルまで高められたことを示していない。いかなる心神喪失基準もデュー・プロセスの基本線にはなっておらず，相当程度州のポリシーに委ねられている。

②1993年まで採用していた完全なマクノートン・ルールは憲法上適切だが，現在のルールも認識能力の欠如に関連しており，同様に適切である。是非弁別能力基準を適用して行為の性質に関する認識能力を評価できるわけではないというのは上訴人の言うとおりだが，認識無能力が是非弁別無能力を示す十分な証拠となることは認められる。もし被告人が自分が何をしているか知らなかったら，悪いことをしていることが分かるはずもないからである。デュー・プロセスは，アリゾナ州が心神喪失の基準として是非弁別能力のみを用いることを禁止していない。

アリゾナ州は心神喪失抗弁を廃止したわけではないのだから，この判決が心神喪失抗弁の憲法的位置づけについて結論を出していないことは確かである。しかし，気になるのは，脚注で，最高裁は心神喪失の抗弁が憲法上要求されていると判示したことはないと述べ，続いて，それが憲法上要求されていないと判示したこともないと付け加えていることだ。特に後者の表現をもって，最高裁が「抗弁は憲法上要求されていない」と断定したくなかったのだと解する論者もいる[29]。この論者は，メンズ・レアには，故意など特定の犯罪の構成要素としての精神状態を意味する「特別な」メンズ・レアと，刑事責任の前提条件としての法的能力を意味する「一般的な」メンズ・レアとがあり，デュー・プロセスはその両方を要求している。メンズ・レア・アプローチは後者を削除するものだから違憲だとしている。

このように，判例の主流はメンズ・レア・アプローチを合憲とするが，この

学説やネヴァダ州のフィンガー判決のような違憲論も無視できない。ある州最高裁が,責任無能力に関する法は「精神障害者の行動から公衆を守る必要性と,重度の精神障害者の中には精神保健問題を持たない者と同等の責任を保有していない者がいるかもしれないという我々の認識との間の対立をめぐる社会の継続的な苦心の産物」[30]と述べている。犯罪と刑罰の理念と実情とのせめぎあいの中で,社会の関心に強く影響されながら形作られ修正されてきた責任無能力制度の試行錯誤はまだ終わっていない[3]。

文 献

1) Appelbaum, P. : Almost a Revolution. Mental Health Law and Limits of Change. Oxford University Press, 1994.
2) 岩井宜子:精神障害者福祉と司法(増補改訂版). 尚学社, 2004.
3) 岩井宜子:アメリカにおけるInsanity Defenseの動向. 司法精神医学 3(1), 88-92, 2008.
4) In re Winship : 397 U.S. 358 (1970).
5) 内野正幸:憲法解釈の論理と体系. 日本評論社, 1991.
6) Ake v. Oklahoma : 470 U.S. 68 (1985).
7) 岡田幸之他:米国の刑事責任鑑定――「米国精神医学と法学会 心神喪失抗弁を申し立てた被告人の精神鑑定実務ガイドライン」の紹介(その1)――. 犯罪学雑誌 72(6), 177-188, 2006.
8) Cooper v. Oklahoma : 517 U.S. 348 (1996).
9) Clark v. Arizona : 548 U.S. 735 (2006).
10) 佐藤興治郎:アメリカ連邦刑事法改正と責任能力・保安処分. 判例タイムズ 550, 116-126, 1985.
11) Sinclair v. State : 132 So. 581 (Miss. 1931).
12) 新谷一朗:アリゾナ州法の心神喪失条項および同法モット・ルールの合憲性. Clark v. Arizona : 126 S.Ct. 2709 (2006). 比較法学(早稲田大学) 41(3), 143-151, 2008.
13) State v. Korell : 690 P.2d 992 (Mont. 1984).
14) State v. Searcy : 798 P.2d 914 (Idaho 1990).
15) State v. Strasburg : 110 P. 1020 (Wash. 1910).
16) State v. Herrera : 895 P.2d 359 (Utah 1995).
17) State v. Bethel : 66 P.3d 840, 844 (Kan. 2003).
18) State v. Lange : 123 So. 639 (La. 1929).
19) 墨谷葵:責任能力規準の研究――英米刑法を中心として――. 慶応通信, 1980.
20) 墨谷葵:アメリカにおける責任能力論の動向. 中谷陽二:精神障害者の責任能力――法と精神医学の対話――. 237-265, 金剛出版, 1993.
21) 田中圭二:精神障害と刑事責任能力の規準(テスト)――アメリカ法におけるいわゆる「抵

抗不能の衝動（irresistible impulse）」テストについて——．鹿児島大学法学論集 10(1)，79-113，1974．
22) Durham v. United States : 214 F. 2d 862（D.C.Cir. 1954）．
23) Dressler, J. : Understanding criminal law.（2d ed）Matthew Bender & Co, 1995.
24) 野阪滋男：英米法における刑事責任能力規準(1)．茨城大学人文学部紀要 社会科学論集 32，147-166，1999．
25) 林美月子：情動行為と責任能力．弘文堂，1991．
26) 林美月子：責任無能力抗弁廃止のその後——アイダホ州及びモンタナ州の判例を中心として——．神奈川大学法学研究所研究年報 14，103-132，1996．
27) Powell v. Texas : 392 U.S. 514（1968）．
28) Patterson v. New York : 432 U.S. 197（1977）．
29) Phillips J.K.G. & Woodman R.E. : The insanity of the mens rea model : Due process and the abolition of the insanity defense. Pace Law Review 28, 455-494, 2008.
30) Finger v. State : 27 P.3d 66（Nev. 2001）．
31) 福島章：刑事責任能力と精神鑑定——法曹と精神医学の協働と統合をめざして——．現代刑事法，36，2002．
32) Pate v. Robinson : 383 U.S. 375（1966）．
33) Medina v. California : 505 U.S. 437（1992）．
34) United States v. Brawner : 471 F. 2d 969（D.C.Cir. 1972）．
35) 横藤田誠：法廷のなかの精神疾患——アメリカの経験——．日本評論社，2002．
36) Leland v. Oregon : 343 U.S. 790（1952）．

ドイツにおける責任能力鑑定と触法精神障害者の処遇
―― 人格障害者対策を中心に ――

山中友理 ● Yamanaka, Yuri

はじめに

　2005年7月に施行された「心神喪失等の状態で重大な他害行為を行った者の医療及び観察等に関する法律」(医療観察法)は，予定通りであれば2010年に見直しが行われる。その際，今まで棚上げにされていた触法人格障害者・人格障害を患っている犯罪者（以後，これら両者をまとめて人格障害者と呼ぶ）の対策に関しても議論し，方針を決定する必要性がある。現在，このことを念頭に，専門家の間で欧米の制度や実務を参考にした人格障害者の対策・処遇の研究が進められている。

　筆者もその一人として，これまでに日本の医療観察制度とドイツの保安処分を比較・考察してきたが，その中で両国の人格障害者に対する対応には隔たりがあることを指摘してきた[注1]。その際，ドイツでは責任能力鑑定で人格障害という診断が下されたすべての者に対して，保安処分に基づく医療を施しているという誤解を与えてしまった可能性も否めない。そこで，本稿では，今後の

注1) 山中友理：ドイツ刑法63条の精神病院収容の現状と課題. 中谷陽二編：精神科医療と法. 215頁，弘文堂，2008. Yamanaka,Y.: Das Gesetz zur Medizinischen Beobachtung—Eine neue Maßnahme gegenüber psychisch kranken Tätern in Japan : In : Jehle, J.M., Lipp,V., Yamanaka,K. (Hg.), Rezeption und Reform im japanischen und deutschen Recht, Zweites Rechtswissenschaftliches Symposion Göttingen-Kansai. Universitätsverlag Göttingen, 2008, 241-242, Yamanaka,Y.: Maßnahmen bei psychisch kranken Straftätern, Ein Vergleich zwischen Deutschland und Japan, Herbert Utz Verlag München, 2008, 288.

日本における人格障害者対策の参考となるように、今一度、ドイツの責任能力鑑定と確定判決後の精神障害者の処遇について詳細に扱い、整理することを試みる。

ドイツの裁判官は、専門家である鑑定医の鑑定や意見を参考にして、被告人に対する刑罰や保安処分（刑法61条以下）を決定する。被告人が公判において責任無能力（刑法20条）もしくは限定責任能力（刑法21条）と認定された場合には、加えて、精神病院収容処分（刑法63条）の条件を満たすかどうかが判定される。この刑法63条の保安処分の言渡しを受けるか否かによって、被告人が確定裁判後に歩む道は大きく異なることになる。そこで本稿は考察対象を、責任能力鑑定だけでなく、保安処分が必要であるかどうかの鑑定、さらには、確定裁判後の処遇にまで広げる。ドイツにおける責任能力鑑定を理解する上で、被告人が確定裁判後に歩む道を知っておくことは、不可欠であると考えるからである。

本稿では、前述の通り、全体を通して人格障害者にまつわる部分を重点的に解説、検討していく。

はじめに、刑法20、21条の内容及び責任能力鑑定一概について紹介、検討する。その際、刑法20条に規定されている第4番目の第一メルクマール「その他の重い精神的偏倚」に重点を置く解説を心がける。また、日本でも注目度の高い、2005年に発表された「鑑定医が責任能力鑑定において最低限満たすべき要件」[注2]（以後、ミニマムスタンダード）の大半部分とネドピル（Nedopil）[注3]の提唱する模範的な鑑定経過・内容についても紹介する。

後半は、ドイツにおける重大な違法行為を犯した精神障害者（触法精神障害者、又は、精神障害犯罪者）に対する処遇について統計等も用いながら考察する。これらの者は、確定裁判の後、はじめに[注4] ①司法精神病院、②刑事施設、③社会治療施設、④その他のいずれかに収容される。①は、裁判で責任無能力、

注2）Boetticher, A., Nedopil, N., Bosinski, H. A. G., Saß, H. : Mindestanforderungen für Schuldfähigkeitsgutachten, Forens Psychiatr Psychol Kriminol 1, 2007, 3-9.

注3）Nedopil, N. : Forensische Psychiatrie, Klinik, Begutachtung und Behandlung zwischen Psychiatrie und Recht, 3., überarbeitete und erweiterte Auflage, Georg Thieme Verlag, 2007.

又は限定責任能力の認定を受けると同時に刑法63条の精神病院収容処分を言渡された場合，②は，裁判で責任能力が認められた場合，もしくは限定責任能力の認定を受けたが，刑法63条の条件は満たさなかったため刑罰のみが執行された場合，③は，刑事施設に収容されたが，一定の条件を満たしたため移送された場合，そして，④は，無罪判決を言渡されるなど全く収容をされないか，その他の処遇（任意の医療入院）を受ける等の場合である。これらの収容に関して，はじめに，法的根拠，制度内容，執行内容を，続いて，人格障害者というキーワードを基に，各収容の執行の実態を統計なども用いて考察する。

I 責任能力鑑定

1．刑法20，21条

ドイツ刑法は，「行為遂行時に，病的な精神障害，根深い意識障害，又は精神薄弱若しくはその他の重い精神的偏倚のため，行為の不法を弁識し又はその弁識に従って行為する能力がない者は，責任なく行為した者である（20条）」，「行為の不法を弁識し又はこの弁識に従って行為する行為者の能力が，20条に掲げられた理由の一つにより，行為遂行時に著しく減弱していたときは，49条1項により刑を減軽することができる（21条）」と規定している。これらによると，責任能力は，ある特定のメルクマールによって定義されるのではなく，ある状況にあることで例外的に責任能力が否定されるという消極的な状況を列挙することで説明されている（……者は，責任なく行動したものである）。つまり，ドイツ刑法は，通常の成人の場合，責任能力があることを前提にしているため，責任能力があることに関しては，詳細な理由付けは不要である。反対に，この前提が疑われるような事情が存在する場合には，通常専門家の協力を得て，責任能力の有無を詳しく調査しなければならない[注5]。専門家に意見

注4）ドイツでは，限定責任能力者や薬物依存者（刑法64条）のように保安処分と刑事処分が併科される者がいるため，ここでは，確定判決後最初に収容される（場所）という意味で「はじめに」と表現した。なお，併科される場合は，原則的に保安処分が先行する（67条1項）。

注5）BGH NStZ 1989, 190.

を求めることが省略されるのは，被告人の責任能力の減弱につながる徴候が存在しない場合に限られる。

　刑法20，21条は，いわゆる二段階構造という混合的方式をとっている[注6]。この二段階は，第一段階（第一メルクマール）で，特定の精神医学の所見が挙げられ，続いて第二段階（第二メルクマール）で，行為の不法を弁識する能力もしくはその弁識に従って行動する能力に対する所見の影響が考慮されるという構造をとる。これは，「生物学的－心理学的」方法とも呼ばれているが[注7]，第一段階で生物学的メルクマール，第二段階で心理学的メルクマールを考慮するわけではないので，正しくは，「精神的－規範的」方法と呼ぶべきである[注8]。なぜなら，弁識と制御という行為者の規範的能力に対する精神医学の所見の影響を考慮しているからである[注9]。

　ただし，注意すべきなのは，第一段階においても，単なる精神状態を表しているのではなく，たとえば「病的な」「根深い」「重い」というように，規範的な評価を含んでいる点である[注10]。つまり，精神医学の病理概念を，規範的評価を考慮しないでそのまま適用するわけにはいかないのである。刑法20条は，責任能力がないとされる例外的状況を4つ列挙しているが，これらは絶対的なもので，類推適用は認められない[注11]。責任無能力の認定に結びつく精神状態として定められているのは，①病的な精神障害，②根深い意識障害，③精神薄弱，④その他の重い精神的偏倚である。はじめに，これらが確認され，加えて，

注6）フィッシャー（Fischer）は，二段階構造という呼び方は誤っているとしている。Fischer, T : Strafgesetzbuch und Nebengesetze, 55. Auflage, Verlag C. H. Beck München, 2008, § 20 Rn. 5. 刑法20，21条の二段階構造についての詳細は，Roxin, C. : Strafrecht Allgemeiner Teil Band I Grundlagen・Der Aufbau der Verbrechenslehre, 4. Auflage, Verlag C. H. Beck München, 2006, 886 f.
注7）Lackner, K./Kühl, K. : Strafgesetzbuch Kommentar. 26., neu bearbeitete Auflage, Verlag C. H. Beck München, 2007, § 20 Rn. 1.
注8）Jescheck, H. -H., Weigend, Th. : Lehrbuch des Strafrechts, Allgemeiner Teil, 5. Aufl., 1996, 473, Anm. 19 ; Rasch, W. : Die Zurechnung der psychiatrisch-psychologischen Diagnosen zu den vier psychischen Merkmalen der § 20/21 StGB, StV 1984, 265.
注9）注8）Rasch, W. ; Schreiber, H. -L. : Bedeutung und Auswirkungen der neugefassten Bestimmungen über die Schuldfähigkeit, NStZ 1981, 46 ; Schönke, A./Schröder, H. : Strafgesetzbuch Kommentar, 27. Auflage, Verlag C. H. Beck München, 2006, § 20 Rn. 1.
注10）注6）Fischer, T., 同上．

第二段階の規範的段階において,弁識及び行為能力に対するこの精神状態の影響が決定されることによって責任無能力か否かが見極められる。これら4つの状態は,単独で存在する必要はなく,たとえば,神経症(Neurose)という偏倚とアルコール中毒という病的な精神障害が基になって情動という意識障害を引き起こし,これらすべての状況が制御能力の欠落の要因であった[注12]というように,複数の状況が累積的に影響することも考えられる。

2．限定責任能力

限定責任能力は1933年11月24日の常習犯罪者対策法により導入された。導入の主なきっかけとなったのは,責任無能力の前提条件として第一段階で挙げられている精神障害が,減弱した形で現れることがあることが分かったためである。この程度の精神障害では,弁識・制御能力が欠落していたとまでは言えないが,法基準に合わせて行為することが難しくなる程度にまで,行為者の弁識・制御能力が「限定」されていたことは認定できるとされたのである[注13]。限定責任能力は,責任無能力と責任能力の間にある独立した第三のカテゴリー(いわゆる「半責任能力」)ではなく,概念が表しているように,刑法20条で欠落しているとみなされるのと同じ観点によって,完全な状態ではなく限定されているとみなされる責任能力の形態である[注14]。刑法20,21条は,同様のシステムにより構成されており,両者とも精神的－規範的メルクマールを用いる。

注11) 注9) Schönke, A. /Schröder, H. 同上。ただし,シュライバーとローゼナウは,条文の意識障害,偏倚という単語が十分広義であるため,問題となるべき現象はすべてここに吸収されることになり,20条に挙げられた状況を類推することとさして変わりはないとしている。Schreiber, H. -L. /Rosenau, H. : Rechtliche Grundlagen der psychiatrischen Begutachtung. In : Venzlaff, U. ; Foerster, K. (Hg.) : Psychiatrische Begutachtung, 5. Auflage, Urban & Fischer Verlag, 2008, 84.

注12) 注8) Rasch, W. ; Schaffstein, F. : Die Entschuldigte Vatertötung. In : Ranschmidt, H. et al. (Hg.) : Festschrift für Hermann Stutte, 1979, 268.

注13) Lenckner, T. : Strafe, Schuld und Schldfähigkeit. In: Göppinger, H., Witter, H. (Hg.) : Handbuch der forensischen Psychiatrie, Bd. I, 1972, 122. 限定責任能力に関する詳細は,注6) Roxin, C., 902 ff. ; 注11) Schreiber, H. -L./Rosenau, H., 100 ff.

注14) 注13) Lenckner, T., 121 f.

3. その他の重い精神的偏倚

　第4番目の第一メルクマールである「その他の重い精神的偏倚」は，1975年に刑法に追加された。「その他の重い精神的偏倚」とは，証明可能な器質的欠損や過程に基づかない，もしくはそれを不可欠な条件としない，正常とは異なる精神状態の偏向のことで，いわゆる精神医学の病気概念によると，病的でない精神障害のことである[注15]。このメルクマールは，「病的な精神障害」とは切り離され独自の「偏倚」というメルクマールとして存在している。「偏倚」に含まれるのは，多種多様な感情，意思や性欲の障害で，精神薄弱のように遅滞しているのではなく，異なる様相に発展したものである[注16]。主として精神病質，神経症ならびに性欲異常が当てはまる[注17]。

　ただし，この3つは，精神病理学ならびに病因学による統一的な分類ではなく，記述的な類型である[注18]。「偏倚」という用語に関してラッシュ（Rasch, W.）[注19]は，該当者を軽蔑し，差別するニュアンスがあると批判している。「偏倚」という精神医学の診断名も存在せず，フェンツラフ（Venzlaff, U.）[注20]も，精神医学の「洪積層」から生まれた用語であると述べており，刑法改正代案で提案された「同程度に重い精神障害」や「人格障害」という概念を採用すべきであったと言われている[注21]。代案では，社会適応性のかなりの主観的な故障や不足が強調された人格的特徴の現れである[注22]とされていた。いずれにせよ，刑事裁判において被告人を「偏倚」だと証明しなければならないのは，侮辱的で不必要な精神的負担をかけることである[注23]ため，鑑定医は法廷でこの概念

注15) 注9) Schönke, A./Schröder, H., § 20 Rn. 19; 注6) Roxin, C., 897 ff. 参照。
注16) Jakobs, G. : Strafrecht, Allgemeiner Teil, 2. Aufl., De Gruyter, 1991, 530.
注17) 注6) Fischer, T., § 20 Rn. 36; 注9) Schönke, A./Schröder, H., § 20 Rn. 19 ff.
注18) Rasch, W. : Forensische Psychiatrie, 2. Aufl., 1999, 262 ; Foerster, K. : Gedanken zur psychiatrischen Beurteilung neurotischer und persönlichkeitsgestörter Menschen bei strafrechtlichen Fragen, Monatschrift für Kriminologie und Strafrechtsreform 72, 1989, 86.
注19) Rasch, W. : Angst vor der Abartigkeit, NStZ 1982, 177 ff.
注20) Venzlaff, U. : Methodische und praktische Probleme nach dem zweiten Strafrechtsreformgesetz, Nervenarzt 1977, 257.
注21) 注11) Schreiber, H. -L./Rosenau, H., 93.
注22) Saß, H. : Psychopathie, Soziotherapie, Dissozialität, 1987, 14.

を用いないようにしている[注24]。

　ラッシュは，精神的な偏倚は，疾患のように人格に突然現れるものではなく，個人の行動——たとえ，この行動がその他の状況とも関連するものであったとしても——に対し常に，もしくは長期に渡り決定的であるものであるとしている[注25]。クルト・シュナイダー（Kurt S.）[注26]によると，精神病質とは，性格，意思，感情の異常によって，該当者自身又は社会が悩まされる人格の偏向のことである。

　どの範囲で精神病質が責任無能力もしくは限定責任能力とみなされるのかに関しては，激しく争われ，今までほとんど解決されていない問題である[注27]。司法精神医学と司法において採られている見解は，判例においても広く用いられているものであるが，これによると，精神病質のために責任無能力が認定されるのは，ごくわずかな例外において特別な条件を満たす場合のみである[注28]。シュライバーとローゼナウ（Schreiber, H.-L./Rosenau, H.）は，21条の適用でさえ例外に留まるべきとしている[注29]が，その理由は，もともと想定されていた区分方法では，「偏倚」は刑法21条で責任を軽減させるメルクマールとして考慮されるにすぎなかったからである[注30]。刑法20条に規定されたのは，かなりの程度の偏倚というほとんどない例外の場合にも，適切な法枠を与えるという目的だけによるものなので，精神病質が将来的に寛大に責任無能力と認定されるようになるという誤信をしてはならない[注31]。さらに，刑法21条の適用範囲の拡張も意図されていない[注32]。ヴィッター（Witter, H.）[注33]は，

注23）注19）Rasch, W., 178.
注24）注11）Schreiber, H.-L./Rosenau, H. 同上。
注25）注18）Rasch, W., 261；注6）Fischer, T., § 20 Rn. 36.
注26）Schneider, K. : Die psychopathischen Persönlichkeiten, 9. Aufl., 1950, 3 f.
注27）注11）Schreiber, H.-L./Rosenau, H., 94.
注28）注9）Schönke, A./Schröder, H., § 20 Rn. 22.
注29）注11）Schreiber, H.-L./Rosenau, H. 同上。
注30）注11）Schreiber, H.-L./Rosenau, H. 同上。
注31）注11）Schreiber, H.-L./Rosenau, H. 同上。
注32）注13）Lenckner, T., 119；注9）Schönke, A./Schröder, H., § 20 Rn. 23.
注33）Witter, H. : Die Bedeutung des psychiatrischen Krankheitsbegriffs für das Strafrecht. In : Warda, G. et al. (Hg.) : Festschrift für Richard Lange, 1976, 733.

偏倚の責任無能力は，精神病に近い障害が問題となる時，つまり，精神病と精神病質及び脳器質的障害による人格変化との境界領域や交差領域にある場合のみ認められるべきだとしている。

ここで明らかにしておきたいのは，責任無能力の厳格な制限が医学的ではなく，刑事政策的な動機によるものだということである。精神病質と神経症を患う者には，器質的な，もしくは内因性の精神病と少なくとも同程度の偏向が存在し得，精神病質による障害が精神病によるものよりも軽度であるとはいえないということに注意しなければならない[注34]。つまり，精神病質も神経症も重く苦痛を与える状態を意味し，個々や社会的な影響が身体的に説明できる障害と比較して，原則的に程度が軽いものであるとは言えない[注35]ということである。

以上で見てきたように，目下のところ精神病質の概念を明確にすることに成功していないので，精神病質者の責任能力は，第二の規範的な基準，つまり弁識・制御能力を考慮して鑑定されているのが実状である[注36]。これに対し，ラッシュ[注37]は，精神病質を既知の病気や症候群に関連付けたメルクマールで説明しようと試みている。ラッシュは，「偏倚」の類型として，とりわけ発達・生育過程に問題が多いこと，性的倒錯，医薬品もしくは薬物中毒，神経症性うつ病ならびに人格の偏りを挙げている。これによって本質的に考慮されうる類型は示されたが，責任能力の問題に十分的確に対応する病名診断がなされたわけではない[注38]。

さらに，注意すべきなのは，刑法のコメンタールなどで用いられている「疾

注34）注11）Schreiber, H. -L./Rosenau, H. 同上。

注35）Meyer, J. E. : Psychiatrische Diagnosen und ihre Bedeutung für die Schuldfähigkeit im Sinne der § 20/21 StGB. ZStW 88, 1976, 49 ; Wegener, H. : Einführung in die forensische Psychologie, 1981, 103 ; Venzlaff, U. Ist die Restaurierung eines engen Krankheitsbegriffes erforderlich, um kriminalpolitische Gefahren abzuwenden? ZStW 88, 1976, 58 f.

注36）Krümpelmann, J. : Die Neugestaltung der Vorschriften über die Schuldfähigkeit durch das zweite Strafrechtsreformgesetz vom 4. Juli 1969, ZStW 88, 1976, 19 f ; 注9）Schreiber, H. -L., 48.

注37）注19）Rasch, W., 182.

注38）注9）Schreiber, H. -L., 48.

病値」(Krankheitswert)[注39]という責任無能力の有無の判定の際に用いられる基準である。この概念は，障害の質的な程度を決定する手段として不適切であると批判されている[注40]。というのは，「疾病」は，軽度なものから重度なものに至るまで，精神の異常性の程度とは全く関係のない観点で測られるものだからである[注41]。責任能力鑑定において肝心なのは，障害の影響の程度である[注42]。従って，新しい判例[注43]では，「疾病値」という概念ではなく，病的な精神障害と同程度の障害，並びに人生や社会適応において病的な精神障害と同様の程度に支障を来す症状を表す障害という概念が用いられている。

4．ミニマムスタンダード

以前の責任能力鑑定は，鑑定医の質によって鑑定結果にばらつきがあったり，鑑定書作成の際の形式的及び内容的な基準が設けられていなかったことから，統一性に欠けるものであったりしたため，多くの批判にさらされていた[注44]。

そこで，2005年に，司法精神医学の問題に特に関心を持っている法学者，司法精神科医，心理学者と性医学の専門家という学際的な研究グループ（以後，当該グループとする）は，刑法20，21条に基づく責任能力鑑定のために以下で述べる提案を行い，発表した。当該グループは，連邦裁判所（BGH）の首席判事3名[注45]，連邦裁判所の裁判官6名[注46]，連邦検察官2名[注47]，犯罪学者[注48]，弁護士[注49]，司法精神科医9名[注50]，性医学の専門家2名[注51]，司法心

注39）注6）Fischer, T., § 20 Rn. 37；注9）Schönke, A./Schröder, H., § 20 Rn. 22.
注40）注6）Fischer, T., § 20 Rn. 38.
注41）注36）Krümpelmann, 29.
注42）BGH, NStZ 1999, 395；NStZ 2000, 192；BGHSt 37, 401.
注43）BGH, NStZ-RR 1998, 174.
注44）多数の鑑定の質に対する調査結果をまとめたものとして，Nowara, S.：Gefährlichkeitsprognosen bei Maßregeln, Zur Güte von Prognosegutachten und zur Frage der Legalbewährung. In：Barton S. (Hg.)：„ … weil er für die Allgemeinheit gefährlich ist!". Prognosegutachten, Neurobiologie, Sicherungsverwahrung, Nomos, 2006, 175-185 がある。
注45）① Dr. Rissing-van Saan, ② Nack, ③ a. D. Dr. Schäfer
注46）① Basdorf, ② Dr. Bode, ③ Dr. Boetticher, ④ Dr. Detter, ⑤ Maatz, ⑥ Pfister.
注47）① Hannich, ② Altvater.
注48）Prof. Dr. Schöch.

理士[注52]で構成されている。これらの構成員全員をまとめて司法精神医学の専門家たちと呼ぶことにする。

司法精神医学の専門家たちの提案はまず，責任能力の有無や限定に関して鑑定をする同職者に対してなされたものである。これらの提案を参照することで，法的な判断に影響を及ぼす可能性もあるということに関しては，法律家の賛同を得ている。当該グループの法律家によるとこの提案は法的な拘束力を持たないが，連邦裁判所の5つの刑事部によって出される判例で考慮されることになるという。

提案の目的は，司法精神医学の専門家たちが専門的に見て正しい責任能力鑑定を行うようになるということと，訴訟当事者たちが証拠の評価をすることを容易にすることであり，刑事訴訟法73条以下の専門家の選任や刑事訴訟法244条の証拠収集の際に用いることができる。

まとめると，
・鑑定人の専門的知識が疑わしいかどうか，
・鑑定が誤った事実前提を基にしているかどうか，
・鑑定に矛盾が生じているかどうか，
・他の専門家を卓越した調査手段を持っているかどうか
を判断する際の助けとなるものである。

続いて，提案されたミニマムスタンダードの内容を和訳[注53]で紹介する。ただし，当該グループが提案した，人格障害者と性犯罪者の鑑定のためのミニマムスタンダードという特別事項のうち性犯罪者の部分は，本稿の内容と関係がないため割愛した。

注49) Dr. Deckers.
注50) ① Prof. Dr. Berner, ② Prof. Dr. Dittmann, ③ Prof. Dr. Foerster, ④ Prof. Dr. Kröber, ⑤ Prof. Dr. Leygraf, ⑥ Dr. Müller-Isberner, ⑦ Prof. Dr. Nedopil, ⑧ Prof. Dr. Saß, ⑨ Dr. Habermeyer.
注51) ① Prof. Dr. Beier, ② Prof. Dr. Bosinski.
注52) Prof. Dr. Köhnken.
注53) 第Ⅰ節責任能力鑑定4．1）から3）までの内容は，ローマ数字による区分なども含め，注2）ミニマムスタンダードS.1からS.7までの原文通りの内容となっている。

1）法学的観点から見た責任能力鑑定

　法律は，——とりわけ，自由剥奪を伴う改善と保安の処分や観察のための入院を言渡す時のような——特定の場合には，専門家に意見を求めるよう定めている。しかし，その他の場合では，裁判官の専門的知見だけで十分であるとしてる。ただし，異常，もしくは障害が理由で刑事責任が問えるか疑わしい場合には，裁判官の専門的知見だけによって，刑法20，21条の前提条件を判定したのでは，原則として不十分となる。このような場合に専門家が登場することになる。専門家とは，事実，知覚や経験則による特別な専門的知見に基づいて情報を与えたり，ある特定の実情を判定できる人のことをいう。検察官や裁判官は専門家の仕事を指導しなければならない（刑事訴訟法78条）。これは，専門家が何について調査するかという指導で，どのように調査するのかという指導ではない。

a．判例から生み出された基本原則

　連邦裁判所の5つの刑事部は従来より，責任能力鑑定の個々の分野に関して精神医学や心理学の学問的基準を取り入れ，事実審の裁判官は，判決で鑑定によって得た知見を説明し，課題である法律問題に答える際には，決定を理由付けなければならないとしていた。とりわけ，情動犯，薬物依存者における責任能力の障害，及びアルコールの影響下で行われた犯罪行為を判定する際の行為形態に対する精神科診断基準の適用に関して，理由付けが必要になるとされている。これらの判例と学際的な研究グループによって以下の司法精神医学の責任能力鑑定の一般原則ができあがった。

①診察手段の選択

　専門家は，鑑定をする際には，最新の学術的知識に見合った手段を用いなければならない。認可された適当な方法が多数ある時は，彼の義務上の裁量によって選択できる。この枠組みの中では，専門家は——裁判所による指導権限という条件付きで——どのようにして決定的な情報を集めようと，どの観点を評価に用いようと自由である。

②診断基準

　法律家は学際的なディスカッションを機に，司法精神医学の専門家が，通常，刑法上の責任能力を判定する際は，司法精神医学で使われている診断的，統計

的分類を基にしていることを知っている。(ICD-10, DSM-IV-TR)

③精神障害の程度

専門家が,障害が ICD-10 や DSM-IV-TR の分類の1つに当てはまるか,診断が重複・混合する場合に当てはまることを確認した場合は,精神障害の程度と犯行への影響を決定しなければならない。その際,被鑑定人の人格の総合判断,障害の程度,障害の社会適応能力への影響について言及しなければならない。法律的には,所見を ICD-10 や DSM-IV-TR による分類に当てはめたかたらといって,精神障害の程度や司法精神医学的な鑑定の結果を示したことにはならない。もっとも分類に当てはまるということは,通常ごくわずかだとは言えない程度の障害があることを現すものではある。

④説得性

鑑定は,説得力があり分かりやすいものでなければならない。どのような根拠事実(被験者による供述,捜査結果,事実に対する裁判所の基準値,別の行為可能性)によって,もしくは,どのような鑑定方法と専門家の考え方によってそのような結果に至ったのかについて述べなければならない。

⑤鑑定の証拠基礎

社会的,生育学的なメルクマールに関しては,とりわけ精神病理的な異常の恒常性に考慮して調査しなければならない。被験者の供述が鑑定の根拠となるのか,またはどの供述が鑑定の根拠となるのかを明確にしなければならない。とりわけ,裁判所でまだ調査すべき追加事実を強調しなければならない。公判における鑑定は公判で明らかになった証拠結果——場合によっては裁判所によって示された事実のバリエーション——を基になされなければならない。裁判官の判決の基礎となるのは,公判において口頭でなされた鑑定だけである。ただし,事前の書面の鑑定の内容については,専門家も裁判所も把握している必要がある。

b.事実審裁判官の専門家を通しての審議

①精神科診断と刑法20,21条の第一メルクマール

ICD-10 と DSM-IV-TR の精神科診断は,刑法20条の第一メルクマールと同視してはならないものである。専門家の所見が刑法20条の第一メルクマールに包括されるかどうかは,裁判官の専門的な審議によって決められる。

②障害の程度

被疑者に，刑法20条の4つのメルクマールのうち一つが当てはまることを確認しただけでは，刑法20，21条の条件に当てはまるかという質問に完全に答えたことにはならない。刑法20，21条の条件を満たすかどうかは，障害の程度とその障害が社会適応能力に影響するかどうかで判断される。確認された精神病理的な行動様式を基に，精神機能が害されているかどうかを調べなければならない。

犯行後も続いている障害の場合，障害の程度を評価するには，とりわけ犯行以外の日常生活において職業や社会活動能力に制約があったかどうかが重要である。

c．犯行時の責任能力の評価

裁判官は，刑法20，21条を適用するかどうかを法規上の条件とそれを越えて連邦裁判所の判例で列挙された要件に合致するかどうかで決めなければならない。

①具体的な犯行に対する影響

刑法20，21条に該当するかどうかは，制御能力が一般的に欠如していることや法的に著しく制約されていることとは関係ない。重要なのは，犯行当時の状態である。この法的問題の評価のために事実審の裁判官は，専門家による診断，障害の程度と犯行への関係を調べることになる。この調査は，公判における証拠結果の基礎となる。行為の種類に関して裁判官は専門家と共に言及しなければならない。

②「著しさ」は法的問題である

刑法21条で用いられている「著しさ」の問題は，専門家の意見を聞いた後で，裁判官が自らの責任で答えなければならない問題である。ここでは，規則的な観点が用いられることになる。法規則がすべての者に対して求めている要請が重要となる。この要請は，問題となる犯罪が重ければ重いほど高いものになっている。

d．上告審の裁判官の調査基準

上告審の責任能力判定に関する調査は，今までの調査基準を用いてなされる。司法精神医学の専門家は，自らの責任で資料，診察手段，調査の範囲を決定す

ることになるということは上告審でも変わらない。
　e．研究グループによって結論が出なかった問題
　学際的な研究グループは，当然のことながら責任能力鑑定に関する広範囲の問題の中の一部分だけについてのみ言及した。当該グループは，刑法20条の4つのメルクマールのすべての障害について言及できたわけではない。当該グループの審議では，目下のところ最も頻繁に問題となり，評価するのが難しいその他の重い精神的偏倚に重点が置かれた。さらに，他の行為者グループと原則や手段は同じであるが，性的に倒錯した動機による性犯罪の被疑者について，あえて言及した。性犯罪者に対する専門家の評価と裁判所の決定が一般市民にとってのとりわけの関心事であり，また，評価の失敗が重大な結果を生み出す可能性があるためである。

　重要な手続法の問題に関しても当該グループでは取り扱ったが，ミニマムスタンダードの内容とはならなかった。というのは，たとえば，かつての公判で採用された資料のどの知見が採用されるべきか，——たとえば，刑事訴訟法126条aによる収容の際の治療状況に関する——被告人の供述を鑑定医がどこまで信用してよいのか，もしくは，作成された資料のうちどの部分についてが，守秘義務が守られる部分で，どの部分が鑑定の一部と見なされるのかというような問題に関しては，一概に線引きするのは難しいからである。

　さらに当該グループがまだ解決していないと考える問題は，刑法20，21条の条件があるか否かには関係なく，再犯リスクの高い被告人の扱いについてである。このことが問題となるのは，改善と保安の処分が言渡されず，通常の刑期の中で連邦行刑法9条の規定により，社会治療施設で処遇を受けることが多い再犯リスクの高い者である。このような者に対する鑑定の際，通常，鑑定医は，責任能力に関してのみ鑑定を依頼され，リスク予測や社会治療施設内での治療可能性については，尋ねられることはない。しかし，専門家による治療可能性と治療の再犯の蓋然性に対する効果を知ることは意味のあることである。というのは，このようなことを調べることで，執行の早い時点で被告人に相応しい治療を決定することができるからである。これらの調査内容も刑事訴訟法246条a（精神病院収容，禁絶処分収容，保安監置の言渡しの前提として行われる鑑定）で考慮されるだけにとどまらず，すべての公判で必要なものとされ，執

行の基礎となる判決においても再び言及されるものでなければならない。

2）責任能力鑑定の形式的及び内容的なミニマムスタンダード

責任能力鑑定の質を保証するには，第一に鑑定書が作成されることが必要である。本質的な部分の見落としを避けるためだけでなく，どこにどの情報が載っているか分かっていれば，読者が鑑定内容を把握することもたやすくなるため，ある程度鑑定形式が統一されている必要があるからである。従って，ミニマムスタンダードでは，構成，区分，鑑定の範囲に関して，一定の形式が求められているだけでなく，ICD-10やDSM-IV-TRを用いて診断をするというような内容面の統一も図られている。

以下のカタログは，刑法20, 21条で問題となる法的条件があるか否かを調べる必要があるとされるすべての障害を鑑定する場合に合わせて作られている。とりわけ鑑定の質の保証が要求されるのは，――実務で重要となる――人格障害やパラフィリアが疑われる被告人による暴力犯罪や性犯罪における責任能力判定のための鑑定である。従って，当該グループは，これらの者に対する鑑定に関して，詳細な提案を行った。ここで，ミニマムスタンダードの内容を考慮しただけでは，教科書や最新の学術書について学んだことにはならないことを強調しておく。このような勉強は，学問的に裏付けられた鑑定の構成要件として必要不可欠である。当該グループは，診断基準や教科書に関しては，鑑定書内で引用という形を取らなくてもよいという意見である。

a．形式的なミニマムスタンダード
①依頼主と依頼内容の記載すること
②場所，時間および診察環境を記述すること
③解明のために使った証拠を示すこと
④特筆すべき診察および証拠方法（例：ビデオ撮影，録音，他の人物による観察，通訳の介入）について記述すること
⑤明確な課題と情報源の再現を示すこと
⑤-1　資料
⑤-2　被診察者の主観的な記述
⑤-3　観察と診察

⑤-4 追加で行われた診察（例：投影法，追加の心理テスト）
⑥解釈と意見に関する記述を明らかにし，情報の再現と所見とは別にすること
⑦確実な医学的な（精神医学的な，精神病理学的な，心理学的な）知識と鑑定人の主観的な意見や推定を分けること
⑧不明確で難しい部分を示し，そこから導き出される結論について言及すること。場合によっては依頼者にさらなる解明の必要性があることを適時に通達すること
⑨当鑑定人と鑑定補助者の課題と責任の範囲について明確にすること
⑩学術的な文献を使用した場合は，通常の引用方法を用いること
⑪明確で見通しのよい構成にすること
⑫書面による鑑定が暫定的なものであると伝えること

b．内容的なミニマムスタンダード

①とりわけ犯行と診断に関する分野の調査に関し完全に記述すること（例：性的倒錯者や性犯罪における詳しい性的な行動異常に関する病歴，犯行の詳細な記述）
②診察手段を挙げること。各手段によって得られる知見を挙げること。一般的に浸透していない手段や道具を使用する場合は，得られる知見とその限界について記述すること
③診断基準（原則的に ICD-10 か DSM-IV-TR）を基にした診断。これ以外のシステムの場合は，なぜこれ以外を使用したのかを記述すること
④別の診断の可能性を記述すること
⑤鑑定の依頼内容に関連する限りで，診断された障害の影響で通常どのような機能障害が起こるかを記述すること
⑥診察時における機能障害が犯行時にあったか，もしくはどの程度影響したかを記述すること
⑦精神科診断を法律的な第一メルクマールに具体的に当てはめること
⑧障害の程度の評価を分かりやすく記述すること
⑨犯行に関連する機能障害を弁識能力と制御能力を区別した上で書くこと
⑩他の鑑定結果が導かれる可能性について記述すること

3）人格障害の鑑定の際のミニマムスタンダード

　人格障害者や性的倒錯者の鑑定の際も，原則的には，他の障害を有する人を鑑定する場合と同じ手段的要請がなされる。しかし，当該グループは，これら2つの障害の鑑定は困難を伴うことが多いため，とくに注意すべき点を別にまとめた。以下に述べる要請はすべての責任能力鑑定に対する一般原則を類推的に適用したものである。人格，場合によっては人格障害を詳細に診断することは，司法精神医学／心理療法的及び心理学的分野の慎重な司法精神医学の鑑定で求められていることである。以下に述べる点は，特徴的な人格のメルクマールや異常が，その他の重い精神的偏倚に当てはまるということが診察で分かった際には，必ず考慮されなければならない点である。同様のことは，性犯罪者を鑑定する際にもいえる。性犯罪の多くの場合で，性的心理の発達の障害は人格異常に関連するものだからである。

ａ．人格障害の鑑定

①適正な診断

①-1　鑑定は，ICD-10 や DSM-IV-TR の人格障害の診断基準を考慮してなされるべきである。とりわけ，両診断基準において人格障害について一般的に定義されたメルクマールを考慮することが大事である。さらに，どの事例においても，個々の人格障害の診断基準を用いて診断を特定化する必要がある。

①-2　人格障害のコンセプトは，症状の時間的な恒常性と情動性，認識，人間関係の分野における恒常的な異常形態を表すものなので，時間的に限定された適応障害だけでは，診断の理由付けをすることはできない。症状の恒常性を適正に理由付けるためには，鑑定が重要データの紹介のみにとどまらず，心理的負荷のある状況や成熟や老齢や治療処遇による変化による個人間の相互作用様式，反応形式も記述すべきである。生育学上の挫折やもめごとやストレス状況下でのステレオタイプ化された行動様式の傾向は，診断の際に特に重要となる事項であるため，鑑定書内でも強調しておく必要がある。

①-3　精神病再発による社会的に逸脱した行動形式は，慎重に人格障害という精神病理の兆候から切り離さないといけない。人格障害の影響は，刑法

的な文脈のみで示されるものではないからである。

①-4　人格障害という臨床診断だけで，直ちにその他の重い精神的偏倚という法律概念と同視されることがあってはならない。

②適正な障害の程度の判定

②-1　診断された人格障害の重さの程度を決める際は，犯行状況の分析と密接に関連する弁識，もしくは制御能力の問題とは切り離さなければならない。

②-2　すべての鑑定において，どのような基準から人格障害の重さの程度を推定したか述べなければならない。

②-3　その他の重い精神的偏倚とみなされるのは，人格障害に由来する心理社会的な機能障害が，司法精神医学の基準となる病的な精神状態のために現れる欠陥と比較可能である場合のみである。

②-4　人格障害をその他の重い精神的偏倚と見なすための根拠として挙げられるもの。
- 情動的な反応可能性や情動調節の著しい異常
- 生活態度の偏りや行動のステレオタイプ化
- 交流様式の恒常的なもしくは繰り返される侵害と情動的な異常性，問題行動ならびにフレキシブルではなく順応性のない思考様式による心理社会学的な性能
- 常に自尊心が欠落していること
- 防御および現実把握のメカニズムが極めて弱いこと

②-5　人格障害がその他の重い精神的偏倚とみなせない理由
- 対人関係や心理社会的機能を大きく損なわない程度の過剰な被刺激性
- 行動の選択の幅が広いこと
- 対人関係や心理社会的機能に一貫して影響を与えない程度の自己尊重感情の問題
- 現実への適応が健全な形で行われ，成熟した防衛機制
- 生育学的にみた年齢相応な発育

③心理（病理）的－規範的な段階：弁識能力と制御能力

③-1　人格障害の症状だけによって，弁識能力が欠損しているということは

導き出されない。

③-2 たとえ，その他の重い精神的偏倚に当てはまるとしても，犯行と人格障害に関連性があるかどうか調べないといけない。その際，犯行が症状によるものなのか，つまり②-4で挙げたその他の重い精神的偏倚の特徴の現れであるのか解明しないといけない。

③-3 制御能力を判断するには，犯行状況の詳細な分析（とりわけ，犯行前，犯行中および犯行後の態度，行為者と被害者の間柄，行為に至った動機）が必要である。

③-4 司法精神医学的に関連のある制御能力の欠損を表すものとして前に述べた点以外に以下の点が挙げられる。
・葛藤の高まりが先鋭化していることと犯行前の時期における感情易変性
・唐突で衝動的な犯行経緯
・重要な組み合わせ要素（例：アルコール中毒）
・（「総合的な」）人格障害の問題と犯行の密接な関連性

③-5 人格障害に基づく著しい制御能力の障害によるとは認められないが，他の障害（例：幻覚妄想）の影響は念頭におくべき行動様式
・犯行の準備
・反社会的な行動による犯行結果
・犯行における計画通りのやり方
・犯行の機を待つという能力が認められること，犯行の経過が長期に及んでいること
・複雑な手順を踏んだ犯行経過
・発覚を避けるための準備
・同じような状況下における他の行動選択の可能性

③-6 通常は，その他の重い精神的偏倚が認められると，おそらく著しく限定された制御能力が考慮されることになる。

5．鑑定手順・鑑定内容

さて，今まで責任能力鑑定の際の形式的・内容的ミニマムスタンダードについて見てきたが，これでは抽象的にまとめられた外枠を見たにすぎず，具体的

な鑑定方法が把握できない。そこで,以下では,ネドピル（Nedopil, N.）の教科書[注54]を参考に具体的な鑑定の流れ・内容について見ていく。

　はじめに,刑事裁判に関する鑑定の依頼についてであるが,職権主義により裁判所から依頼される場合と,検察官や弁護人から依頼される場合とがある。弁護人からの鑑定依頼を受けるべきか否かについて精神医学や心理学関係者の統一的見解はないが,受けた場合も,中立的で公平な鑑定内容となるよう心がけなければならない。ただし,弁護人が期待する鑑定は被告人（被鑑定人）にとって有利な鑑定で,鑑定結果が意に添わなかった場合は,証拠として採用されない可能性がある。

　鑑定依頼が来た際は,精神科医は,自己の専門的な権限や時間的なことを考慮し,鑑定が可能な場合にのみ引き受けるべきである[注55]。鑑定は以下のような手順でなされる。

1) 資料調査

　資料調査は,多量な情報量のせいで重要部分を見落すこともあり,経験のない者にとっては難しいものである。重要部分の例としては,医学的所見を含む,以前の医師によってなされた鑑定と過去の判決,犯行直後になされた医学的血液検査や血中アルコール濃度の結果などが挙げられる。最も注意して収集すべき情報は,捜査官,裁判所,裁判関係者や前の鑑定医が被鑑定人に関して答えている関連事実である。これらの情報は,刑事裁判では,処罰根拠となり,起訴状の法的根拠となるものである。

　加えて重大犯罪の場合,警察官は環境調査をしているので,鑑定医は,調査結果から,被鑑定人の社会的状況や被鑑定人と被害者の関係などの情報を収集しなければならない。動機の脈略や酩酊の兆候などの詳細についても警察官による捜査記録から得られる情報である。

　鑑定は,多くの場合,被鑑定人自らが,たとえば,頭部外傷やうつや自殺未遂について言及しているためになされる。従って,過去に何度も聴取されてい

注54) 注3) Nedopil, N.
注55) 注3) Nedopil, N., 335.

る被鑑定人の主観的な記述についても検討が必要である。

　被鑑定人の生育歴に関する重要情報は，通常，すでに資料の中に記載されており，診察や調査の助けとなる情報である。

　さらなる注意点として，ネドピルは，以下の３点を挙げている[注56]。①被鑑定人は，通常，鑑定医が資料内容のほとんどを把握しているものと思っているため，資料内容を把握していない場合，自らに関心を持たれていないと解釈する恐れがある。②先入観を持たないために，資料を読む際は，鑑定に必要な内容だけを集中して読み，資料を読んでから鑑定するまでの間にある程度の時間を設けることが必要である。③鑑定医は，資料を読んだ際の自らの感情的な反応について意図的に記載するべきである。

２）調査と診察

　被鑑定人の診察は，精神医学の調査技術を守ってなされるべきである。つまり，経験則による関心に則って偏見のない質問をし，被鑑定人に深く立ち入りすぎることなく聞き，誘導することが必要である。どの被鑑定人も確実な保護を必要とする私的領域を有している。従って，鑑定に必要がないことまで質問してはならないが，時として，重要でないと思われる質問事項から障害や精神力動的な関連性に関する情報が得られることもある。

　慎重な鑑定には，ある程度の時間と邪魔の入らない環境が必要であるので，電話などで中断すべきでない。ネドピルは，１～２時間の鑑定で，初対面の人間の鑑定を済ませるのはほぼ不可能であると述べている[注57]。

　診察は，外来か入院（刑事訴訟法81条，非訟事件手続法（FGG）68条ｂ第４項）によるが，入院の場合は，入院の必要性を肯定する過去の精神科の診断が必要であり，期間は最長６週間と定められている。

　鑑定医側の研修生や被鑑定人側の親族などの第三者の同席は，ある特定の状況では制限しなければならない。刑事裁判では，被鑑定人が第三者の同席を求める権利はないので[注58]，鑑定医と被鑑定人のみの空間を作るよう努めるべき

注56）注３）Nedopil, N., 336.
注57）注３）Nedopil, N., 337.
注58）BGH 8. 8. 2002.

である。

3）被鑑定人に対する説明

被鑑定人が自由意思で鑑定医を訪ねることはほとんどない。自らが呼ばれた意味も，何が待ち受けているのかも理解していない被鑑定人が少なくないので，被鑑定人に対して，権利や鑑定医の課題などを説明する必要がある。

4）診察の手順
a．調査

診察は，2つの構造から成り立っている。第一に，一般的な診察として本質的な生育学及び病歴に関するデータを収集しなければならない。これはすべての被鑑定人において類似のもので，被鑑定人の基礎データ及び精神科の診察で収集されるすべての所見から成る。この「スクリーニング診察」を基に第二段階で明確に調査される仮説が立てられる。

b．身体的，神経学的診察

根本的な身体的，神経学的診察は，まれに麻薬常用者の注射針を刺した痕，入れ墨，肝臓の肥大化，高血圧などがわかるほか，身体的診察においては，被鑑定人に捜査官の調査を受けているのではなく，医者の診察を受けているという感覚を与えることができる。多くの被鑑定人は，身体の健康状態に問題を抱えているため，身体的診察を受けるべきである。

c．追加の診察

脳波（EEG），CT，MRI，ポジトロン放出断層撮影法，血液生化学検査などの臨床検査，心理テストなどの追加の調査は，臨床的な必要性や学術的な関心から行われるのではない。これらが行われるのは，鑑定で問われていることに答えるのに役立つ場合だけである。

5）刑事鑑定のための診察
a．犯行に関する調査

刑事鑑定のための診察では，犯行経緯等の精神科医の通常の診察とは異なる情報を収集する必要がある。集めるべき本質的情報は，犯行の背景，犯行その

ものの経緯，犯行後の態度である。鑑定医は事実に沿った記述をする必要があるが，その際，被鑑定人の主観的な感覚及び周囲の状況を知覚する能力を調査すべきである。肝心なのは，犯行時の精神状態で，上記のように犯行の背景，犯行そのものの経緯，犯行後の態度に分けて捉えることである。犯行の背景としては，被鑑定人と被害者の関係，共犯者の役割や自らの役割についての認識などが挙げられる。犯行そのものの経緯の情報で重要なのは，一つは，被鑑定人自身は外面的な出来事（犯行）をどう供述するかを確認することである。しかし，これよりも大事なのは，とりわけ犯行に至った動機や自己や他人の行動に対する記憶，犯行中の思考経緯，周りの状況や詳細を知覚する能力及びこの能力の主観的な解釈，ならびに場合によっては被鑑定人がどのように自ら知覚したかという被鑑定人の内面に関する情報である。その際鑑定医は，頻繁に，まるで被鑑定人が自らを観察していたかのような説明や，自らがロボットのように勝手に行動したということや，自分がもう一人の自分の隣に立っていたというような説明を耳にすることになる。

　動機に関する情報は，被鑑定人の供述からは何も得られないことが多い。重大な暴力犯罪を引き起こした被鑑定人に限って，本当は犯行を望んでいなかったという告白をすることが多いからである。しかし，動機に関しては，犯行後の態度を調査する際に逆推論することが可能である。

　犯行後の態度としては，犯行直後の経緯や反応だけでなく，鑑定までの期間における犯行の受け止め方も必要である。

　b．自白

　自白を導き出すことは，鑑定医の課題ではない。検察官に通報するか等に関し，鑑定医は事案ごとに判断すべきであるが，鑑定医に守秘義務がないことは，被鑑定人に対して再度明確にすべきである。

　c．拒絶

　鑑定医は，どの被鑑定人にも鑑定を拒否する権利や黙秘権があることを認識しておかなければならない（刑事訴訟法 81 条 a，刑事訴訟法 81 条）。時として，被鑑定人は弁護人の戦略により，鑑定での黙秘を指示されることがあるので，鑑定医は，このような弁護人の推奨を個人に向けられた侮辱と捉えないように気をつけなければならない。

d．診察の中断

 時として，被鑑定人が，病気もしくは鑑定で思い通りの結果が出ないことから面接を中断させることがある。このような中断は精神障害の兆候であることが多く，鑑定医は，面接の続行を諦めてはならない。鑑定医は，接触方法を変えて，被鑑定人とコンタクトをとり会話を成立させるよう試みなければならない。柔軟な対応が必要である。鑑定医は，共感を与える存在や心理的援助を与える存在ではない。被鑑定人は，通常，司法上鑑定を受けるよう求められている。鑑定医は，被鑑定人がこれ以上の聴取を決定的に拒絶していると認識した時にはじめて面接をやめるべきである。

II　触法精神障害者の処遇

 ここからは，被鑑定人の確定裁判後の処遇内容・実態を収容先別に考察する。
 その前に，ドイツにおける起訴人数，責任無能力者，限定責任能力者や刑法63条の精神病院収容処分の言渡しを受けた者に関する統計を見ておく[注59]。
 ドイツでは，第4番目の第一メルクマールである「その他の重い精神的偏倚」が刑法上に追加されて以降，「堤防」[注60]の決壊が起き，責任無能力者の判定が簡単に出されすぎることが恐れられていたが，1975年以降の統計を見る限り，そのような現象は生じていない。シェヒ（Schöch）[注61]によると，この改正以前は，起訴された者に対する責任無能力の認定を受けた者の割合が0.8％から0.11％だったのに対し，改正以後はずっと0.05％前後である。筆者が調べたところ，2002年から2006年は0.08％から0.09％となっている（**表1**）。
 これに対し，限定責任能力の認定を受けた者の数は，シェヒが調査した同じ期間中に，1.1％から2.9％に増加している[注62]。この増加要因としては，アルコールや薬物や医薬品の濫用の増加と並んで，とりわけICD-10とDSM-IVによっ

注59）統計情報はすべてStatistisches Bundesamtによる。
注60）注13）Lenckner, T., 3 ff., 109 ff.
注61）Schöch, H.: Zum Verhältnis von Psychiatrie und Strafrecht aus juristischer Sicht. Nervenarzt 76 (2005) 1386.
注62）注61）Schöch, H. 同上。

表1 起訴された者と責任無能力の判定を受けた者の数

年	起訴された者（A）	刑法20条該当者（B）	%（B/A）
2002	893,005	816	0.09
2003	911.848	736	0.08
2004	958,259	906	0.09
2005	964,754	817	0.08
2006	932,352	770	0.08

出典：Statistisches Bundesamt. Rechtspflege (Fachserie 10 Reihe 3 - Strafverfolgung 2002-2006), 2003-2007.

表2 責任無能力者と限定責任能力者のうち刑法63条の精神病院収容命令を言渡された者の数

年	刑法20条該当者（C）	刑法63条該当者（D）	%（D/C）	刑法21条該当者（E）	刑法63条該当者（F）	%（F/E）
2002	816	557	68	20,576	307	1.5
2003	736	536	73	20,009	340	1.7
2004	906	666	74	20,234	299	1.5
2005	817	577	71	19,254	282	1.2
2006	770	579	75	18,493	218	1.2

出典：Statistisches Bundesamt. Rechtspflege (Fachserie 10 Reihe 3 - Strafverfolgung 2002-2006), 2003-2007.

　人格障害が広義に定義されたことによって「その他の重い精神的偏倚」が頻繁に適用されるようになったことが挙げられるという。さらに，理由の一つとしては，性的倒錯がこの診断基準のパラフィリアとして認定されることが増えたことも挙げられるという。ここ数年の限定責任能力の認定を受けた者の数は，**表2**の「刑法21条該当者（E）」の通りである。

　以上のことと**表1，2**からもわかるように，被告人の中の，責任無能力者や限定責任能力者の割合はかなり低い。さらに，そのうち司法精神病院に収容される者の数は，近年，収容命令数や被収容者数が増加しているとはいえ（**表3**），

表3 刑法63条に基づく被収容者数

年	収容命令数	被収容者数
1962	721	3,901
1965	669	4,413
1970	569	4,222
1975	714	3,494
1980	534	2,593
1985	563	2,472
1990	710	2,489
1995	881	2,902
1996	820	2,956
1997	921	3,216
1998	1,002	3,539
1999	930	3,838
2000	845	4,098
2001	891	4,297
2002	967	4,462
2003	929	5,118
2004	968	5,390
2005	991	5,640
2006	984	5,917
2007	/	6,061

出典：Heinz, W.： Mehr und härtere Strafen = mehr Innere Sicherheit! Stimmt die Gleichung? Strafrechtspolitik und Sanktionierungspraxis im Lichte kriminologischer Forschung. In : NOMOS (Institute of Legal Studies, Kansai University) 20, 2007, pp. 67-89.
Statistisches Bundesamt, Fachserie 10 Reihe 4. 1 (2007), Fachserie A Reihe 9 III (1962, 1965, 1970, 1975), Fachserie 10 Reihe 4 (1980, 1985), Fachserie 10 Reihe 4.2 (1990, 1995-2002), Fachserie 10 Reihe 1 (seit 2003).

被告人全体の数からすると格段に少ない。つまり，司法精神病院に収容されるのは，相対的に見ると稀なケースだということである。たいがいの被告人は，仮に精神疾患を有していても，刑法20，21条，もしくは，刑法63条の条件を満たすには至らず，刑事施設に収容されているようである。

1．刑法 63 条——精神病院収容——

1）精神病院収容とは

　刑法 63 条の精神病院収容は，自由剥奪を伴う保安処分の一形態であり，公共の安全を念頭に置いている[注63]。公共の安全という利益があってはじめて，人から精神状態の異常を理由に——責任の重さとは全く無関係に——，自由を剥奪することが許されるのである[注64]。収容は公共の安全という保護法益のみを理由に認められる。ただし，保安処分を言渡す理由と保安処分の重さを考慮する際には，被収容者を「改善」することも優先目的とされる[注65]。もっとも，被収容者の改善，つまり，完治，治療や看護は，目的を果たすための手段であり，保安処分の正当化事由ではない[注66]ことに注意しないといけない。第二次刑法改正法により刑法の章名が「改善と保安」になったことからもわかるように，被収容者の保安，つまり単なる監置は，これ以上の改善が望めないと思われる場合にのみ認められるということが刑法上強調されるようになった[注67]。

　保安処分は，刑法 63 条の条件を満たす場合には，必ず言渡される[注68]。刑法 63 条は，a．責任無能力又は限定責任能力の状態で，b．違法な行為を行った場合，c．その精神状態を理由に，d．将来新たな重大な違法行為が予想されるとき，精神病院への収容を命じている。続いて，これら 4 つの条件を順番に見ていく。

a．責任無能力と限定責任能力

　裁判所により責任無能力者，限定責任能力者の判定を受けた者とは，第一に，刑法 20, 21 条の意義の「病的な精神障害」の一つを有している者のことである。

注63) Schöch, H.: Vor §§ 61 ff., §§ 61-63. In: Laufhütte, W.; Rissing-van Saan, R.; Tiedemann, K. (Hg.): StGB. Leipziger Kommentar. Großkommentar. 12., Neubearbeitete Auflage. 2008, § 63 Rn. 2; BGHSt 33, 285; BGH NStZ 1986, 139; NStZ-RR 1999, 44 および通説．

注64) 注63) Schöch, H., § 63 Rn. 1.

注65) 注63) Schöch, H.

注66) 注11) Schreiber, H. -L./Rosenau, H., 110.

注67) 注11) Schreiber, H. -L./Rosenau, H., 同上。

注68) BGH NJW 1992, 1570.

その他にも，刑法で定義された「重い精神的偏倚」に当てはまる，神経症や人格障害が問題となる者のように，精神病院における「典型的な」患者に当てはまらない者も含まれる。

収容命令が認められるには，そのような精神状態，もしくは精神障害が，一時的なものではなくある程度持続していることが必要である[注69]。しかしながら，この欠損状態が必ずしも「急性状態」であることまでは求められていない[注70]。

違法な行為が「責任無能力や限定責任能力の状態で」行われたとするためには，少なくとも責任能力の著しい軽減が認定されることが必要である[注71]。つまり，責任無能力に関しては，もしかしたら責任無能力であるかもしれないという程度の認定でよいが，限定責任能力であることは確実に認定されなければならない[注72]。要するに，裁判所は刑法21条の条件が満たされる場合は，刑法20条の条件を満たされるか否か定かでなくても，精神病院収容が言渡すことができるのである。

b．違法行為

「違法行為」の意義は，刑法11条1項5号に定義されている[注73]。これによると，違法な行為とは，「刑法典の構成要件を実現する行為のみ」のことで，未遂も含まれる[注74]。

c．行為者の状態

重要なのは，犯行時に刑法20，21条の条件に当てはまる状態であったということである[注75]。さらに判例では，収容の原因となった違法行為も将来行わ

注69) BGHSt 34, 22 (27)；BGH NStZ 2002, 142等の判例；注11) Schreiber, H. -L./Rosenau, H., 111；人格障害者の責任能力に関しては，Best, D./Rössner, D. : Die Maßregeln der Besserung und Sicherung. In : Kröber, H. -L. ; Dölling, D. ; Leygraf, N. ; Sass, H. (Hg.) : Handbuch der Forensischen Psychiatrie, Band 1, Strafrechtliche Grundlagen der Forensischen Psychiatrie, Steinkopff Verlag, 2007, 262 f. 参照。
注70) 注63) Schöch, H., § 63 Rn. 8；さらに注68) Best, D./Rössner, D., 263.
注71) 注63) Schöch, H., 同上。
注72) BGH NStZ 1999, 612 f.；2004, 197.
注73) 詳細は，Meier, B. -D. : Strafrechtliche Sanktionen, Zweite Auflage, Springer-Verlag, 2006, 255 f.
注74) 注63) Schöch, H., § 63 Rn. 53 ff.

れうる違法行為も，責任無能力や著しく限定された責任能力に至った精神状態のために行われたものであるという，行為者の精神状態と行為者の危険性の間に症状の関連があることが求められている[注76]。

d．行為者の将来の危険性

連邦裁判所によって求められている「蓋然性」の基準は，統一化されていない。「ある程度の蓋然性」[注77]や「特定の蓋然性」[注78]でよいとする判例もあるが，別の事案では，「高程度の蓋然性」[注79]が求められている。最近は，「より高度な蓋然性」[注80]が求められることが多くなっている。単なる再犯の可能性や漠然とした危険性では不十分であるとされる[注81]。学説では，さまざまな表現が用いられているが，本質的には判例と同意見のようである[注82]。

さて，ドイツ刑法の精神病院収容処分の特徴で特筆すべきは，最長収容期間を含め，刑法上に収容期間の規定がないことである。そのため，収容命令と収容期間は，危険性のみに基づいて決定される[注83]。ここで，注意しなければならないのは，犯罪防止という公共の利益が，処分命令を受けた者に対する自由の制限よりも優先されるべきだとされる事例においてのみ，精神病院収容の言渡しが可能だということである。このような原則のことを比例原則というが，保安処分においても考慮される[注84]。

刑法62条は，収容命令に伴う侵害と行われた違法行為[注85]，将来行われう

注75）注63）Schöch, H., § 63 Rn. 60.
注76）BGHSt 27, 246, 249 ; 34, 22, 27 ; 44, 338 f ; 注63）Schöch, H., § 63 Rn. 69.
注77）BGH NStZ 1986, 572 ; NStZ-RR 2001, 238.
注78）BGH § 63 Gefährlichkeit 4.
注79）BGH bei Holtz MDR 1979, 280.
注80）BGH NStZ 1993, 78 ; BGH bei Detter NStZ 1989, 465, 472 ; NStZ 1992, 477, 480 ; 詳細は，注63）Schöch, H., § 63 Rn. 72.
注81）注9）Schönke, A./Schröder, H., § 63 Rn. 14.
注82）注6）Fischer, T., § 63 Rn. 15 ; Horn, E. : § 63. In : Rudolphi, H. -L./Horn, E./Günther, H. -L. : Systematischer Kommentar zum Strafgesetzbuch, Leuchterhand, eine Marke von Wolters Kluwer Deutschland, 2007, § 63 Rn. 12 ; 注7）Lackner, K./Kühl, K., § 63 Rn. 5.
注83）注11）Schreiber, H. -L./Rosenau, H., 110.
注84）詳細は，注63）Schöch, H., § 62 Rn. 6 ff.

る違法行為[注86]ならびに危険の程度[注87]を比較するよう求めている[注88]。すべての状況の総合判断が必要であるが，中でも，将来起こりうる違法行為の意味内容が通常，最大の重点となる[注89]。これに対し，収容命令や収容継続の判断のために62条を確認する際に，処分の改善目的は考慮されるのか，考慮されるとすればどの程度考慮されるのかに関しては争われている[注90]。結局のところ，刑法62条の比例原則は，保安処分が特別予防目的で執行されることを，個々の事例において法国家として認容できる程度[注91]にまで制限するための，もしくはその境界線を明らかにするための規定であるといえる。刑法62条の文言は，収容命令の際のみを指しているが，主に処分執行の停止のような収容された後の決定事項でも考慮されなければならない[注92]。

2）司法精神病院での処遇内容

続いて，精神病院収容後の処遇内容について述べる。処遇経過，すなわち保安処分の内容に関する記載は刑法にはない。連邦行刑法も精神病院収容の目的を定めるにとどまり，個々の内容に関しては州の収容法[注93]を見るように指示している（連邦行刑法138条1項）。各州は，収容法の中に設けられた保安処分に関する規定や独立に設けられた保安処分執行法を基に保安処分を執行しているのである。

保安処分の細々とした内容は，各州によって異なるが，共通する大枠を見ていく[注94]。ミュラー・イスベルナー（Müller-Isberner）[注95]によると，保安処分の処遇内容は，①診断と処遇計画，②処遇，③社会復帰，④社会復帰後の支援の4つから成り立つが，これらは内容的に明確に区別できないこともあると

注85）注63）Schöch, H., § 62 Rn. 20 参照。
注86）注63）Schöch, H., § 62 Rn. 21 参照。
注87）注63）Schöch, H., § 62 Rn. 22 参照。
注88）注73）Meier, B. -D., 224.
注89）注63）Schöch, H., § 62 Rn. 27 f.
注90）注73）Meier, B. -D., 同上。
注91）注63）Schöch, H., § 62 Rn. 2.
注92）注73）Meier, B. -D., 224 f.
注93）強制医療入院などを規定した法律である。

いう。

　通常，被収容者をはじめに診断することになるが，保安処分においては，精神科診断だけでなく，犯罪に関連しうるすべてのメルクマールを見つけ出す必要がある。後の犯罪対策では，これらのメルクマールが減少，もしくは排除されるよう努められることになる。診断が確定した後は，被収容者を「治療可能な状態」にすることから始まる。とりわけ，スタッフや他の患者に危険を及ぼす行為を取り除くこと，収容病院との治療契約の成立，グループ生活を営む能力を培うこと，急性症状を緩和することなどである[注96]。第一段階で，その他に重要なのは，患者に自分の内面を変えたいと動機付けさせることである。保安処分では，注意深く選出された，やる気と経験のある選りすぐりの多職種専門家チームによって，行動療法や環境療法の枠組みの中で，実用的で多種多様な治療が実施される。

　収容中に，危険要因が徐々に減退すれば，その減退に合わせて，患者に自由を与える「緩和措置」を実施する。緩和措置の濫用，アクシデントを避けるためには，経験によって安全の確認された危険判断の基準に基づいて実施する必要がある。

　被収容者は，次のようなプロセスを経て退院（すなわち収容処分執行の停止）を認められる。退院後のふさわしい生活地の決定，退院後の環境に関する被収容者の同意，退院後の受け入れ環境の調整，生活予定地での生活の予行練習，そして退院。退院後も，処遇の効果を継続させるために，以下の点を守るべきである：適格な支援，本人が退院後も通院することに同意していること，ある程度の生活レベルの保障，十分な生活費の保障，結束の固い担当者の存在，生活状況に満足していること，薬物検出検査を受けること[注97]。

注94) 以下の記述では，主に，Müller-Isberner, R. : Therapie im psychiatrischen Maßregelvollzug (§ 63 StGB). In : Venzlaff, U. ; Foerster, K. (Hg.) : Psychiatrische Begutachtung, 4. Auflage, Urban & Fischer Verlag, 2004 を参照したが，他には，Leygraf, N. : 4. Maßregelvollzug und Strafvollzug. In : Kröber, H. -L. ; Dölling, D. ; Leygraf, N. ; Sass, H. : Handbuch der Forensischen Psychiatrie. Band 3. Psychiatrische Kriminalprognose und Kriminaltherapie, Steinkopff Verlag, 2006 が詳しい。
注95) 注94) Müller-Isberner, R., 423.
注96) ミュラー・イスベルナーの見解による，注94) Müller-Isberner, R., 424.

退院後に通院治療を受けさせる第一目的は，犯罪防止のためである。ドイツでは，行状監督制度により支援・監視される[注98]。再犯リスクが高まった時には，即反応しなければならないので，通院しているかどうかをコントロールする必要がある。患者の精神状態の安定のために必要だとされるのは，個人的な面会によって直接ケアすること，個人心理療法，グループ心理療法，社会治療的な活動，電話による助言や援助である[注99]。

3）司法精神病院に収容されている人格障害者

バイエルン州を例に見てみると，司法精神病院の中には，人格障害者を他の被収容者とは別の病棟で処遇しているところもある[注100]。たとえば，ミュンヘンのイザー・アンパー・クリニクム，クリニクム・ミュンヘン-オスト（Isar-Amper-Klinikum, Klinikum München-Ostで一病院の名称である）では，性犯罪者対策法が施行されたのと同じ1998年以降，人格障害を有する性犯罪者部門と人格障害者部門の2部門を設立し，人格障害者を他の被収容者と隔てて処遇している。これは，司法精神病院の被収容者の中で，人格障害者の割合が非常に高いことを受けての対策である。

刑法63条の収容命令を受け，当病院に収容されている患者246名の診断別の割合は，**表4**である[注101]。筆者は，かつて当病院の性犯罪者部門に研修生として約2月滞在したことがあるので，以下，その時の資料[注102]を基に報告する。

注97）注94）Müller-Isberner, R., 426.
注98）行状監督制度に関する詳細は，町野朔・山中友理：ドイツにおける行状監督制度の改革――わが国の更生保護と医療観察制度の行方を見据え――．刑事法ジャーナル，10．：37-46, 2008.
注99）注94）Müller-Isberner, 同上．
注100）たとえば，筆者が視察・研修した際に得た情報によると，エアランゲンにあるクリニクム・アム・オイローパカナル（Klinikum am Europakanal）では，F3病棟という人格障害者のための病棟が存在する。反対に，とりわけ障害の重い者や処遇困難な者をまとめて収容しているシュトラウビング地区精神病院（Bezirkskrankenhaus Straubing）では，被収容者のうちの約半数（2004年は49％，2005年は51.2％）が人格障害者であるが，人格障害者のみで構成されている病棟は存在しない。
注101）筆者がイザー・アンパー・クリニクムの司法精神科部門の長であるSteinböckから直接もらった2005年6月6日の講演資料による。Steinböck, H.：Der Fachbereich Forensik des BKH Haar.

表4　刑法63条の収容命令を受けた被収容者246名の診断別の割合

診断名	％
統合失調症，統合失調症型障害および妄想性障害（ICD-10, F2）	約56％
成人の人格および行動の障害（ICD-10, F6）	約28％
精神作用物質による精神および行動の障害（ICD-10, F1）	約8％

出典：Steinböckの2005年6月6日の講演資料[注101]

　性犯罪者部門に収容されるのは，人格障害を有している者で，性犯罪が原因で刑法63条により収容命令を受けた者である。原則的に，統合失調症，統合失調感情障害，頭部外傷性精神障害及び重度の精神発達遅滞を患っている者は対象者から外される。

　当部門では，性犯罪を行った人格障害者に対し，セラピー中心の処遇を行っている。建物は，閉鎖病棟で，入院病棟や他の閉鎖病棟ですでにある程度の収容期間を経た患者が収容されている。セラピー内容は主として，2名のセラピストと看護師指導による精神分析に基づくグループディスカッション，各専門家が提供する個人セラピー，1名のセラピストと看護師による相互作用グループセラピー，芸術療法や音楽療法のように言語を用いないセラピー，作業療法などである。治療方針は，医師か心理士かソーシャルワーカーのいずれか1名と看護師1名の2名が主な担当者となる担当制システムをとっている。スタッフは，性犯罪者部門の長である心理士1名（もう一つの人格障害者部門とのかけもち），医師2名（それぞれ半日の計算で担当），心理士1名（全日担当），社会福祉士1名（半日），看護師15,25人（勤務時間数から割り出した合計人数。このうち半分が女性である），教員，芸術セラピスト，音楽セラピスト，牧師が各1名ずつ（週数時間の勤務）である。当部門のベッド数は，18で，2005年7月22日付の被収容者数は，定員数ちょうどであった[注103]。ちなみに，当病院全体の性犯罪者の数は，1996年以降，**表5**のようになっている[注104]。具

注102）18o病棟のコンセプト（Stationskonzept Stat. 18o）；18o病棟の看護コンセプト（Stationspflegekonzept Haus 18/o），回診用の患者リスト（Patientenerfassung Forensik 18/o）。
注103）2005年7月22日付の患者リストによる。

表5 イザー・アンパー・クリニクムにおける性犯罪者の数の推移

年	患者数
1996	19
1997	28
1998	41
1999	54
2000	59
2001	63
2002	61
2003	59
2004	61
2005	62

出典：Steinböck の 2005 年 6 月 6 日の講演資料[注101]

体的な統計はないが，他の部門に比べて患者の収容期間が長いと言われている。

　すでに繰り返し述べてきたように，ドイツでは，人格障害という診断名や障害の程度のみでは，刑法 63 条による精神病院収容処分は決定されない。しかしながら，司法精神病院に収容される人格障害者と刑事施設等の別の施設に収容される人格障害者とは，診断名，もしくは障害の程度が異なるのか否か，非常に気になる点である。また，司法精神病院に収容されている人格障害者の診断名は，どの人格障害なら刑法 20，21 条や刑法 63 条の条件を満たす蓋然性が高いのかを現す指標のうちの一つでもある。そこで，筆者が研修生として滞在していた 2005 年 10 月にイザー・アンパー・クリニクムの性犯罪者部門に収容されていた患者数名[注105]の ICD-10 による診断名を参考までに挙げておく（**表6**）。

注 104）注 101）Steinböck, H.
注 105）各患者の収容の継続の審議のために裁判所に提出する資料や，鑑定書などに記載されている診断名である。プライバシー保護のため，仮名を使った。

表6　性犯罪者部門被収容患者の ICD-10 による診断名

患者	ICD-10 診断名
患者A	人格障害，主に境界型（F60.31），反社会性人格障害も合併，サドマゾヒズム（F65.5），アルコール使用による精神および行動の障害，有害な使用（F10.1）
患者B	人格に障害あり，主に演技性人格障害（F60.8），露出症（F65.2），窃視症（F65.4），小児性愛（F65.4）
患者C	自己愛性，統合失調症質性，演技性の特徴のある演技性人格障害（F60.4），性嗜好の多重障害，詳細不明（F65.6），性発達障害
患者D	強迫性，演技性，自己愛性の特徴のある人格（F65.9），性嗜好の障害，詳細不明（F65.9）
患者E	自己愛性，情緒不安定性，反社会性の特徴のある人格障害（F60.8），性嗜好の障害（F65.9）
患者F	不安定人格障害（F60.6），情緒不安定性人格障害（F60.3），小児愛（対象は同性）（F65.4）

出典：筆者の独自調査による

2．刑事施設における精神障害者の処遇

さまざまな調査を基にした推定によると，ドイツの刑事施設被収容者のうち3～5％が統合失調症，10～20％が拘禁反応や適応障害，そして30～50％が人格障害，とりわけ反社会性人格障害を患っているという[注106]。このうち約半数の者の精神障害は，深刻な薬物依存に起因するものである[注107]。このように，刑事施設において精神障害を患う者が多い理由としては，被収容者が収容中に患う場合が考えうる。しかし，多くの場合では，収容前から患っていたが，「著しい」限定責任能力を認定するまでには至っていなかったため，精神病院収容

注106）注3）Nedopil, N., 328 ; Konrad, N. : Die Versorgungssituation psychiasch Kranker im Justizvollzug, R & P 21, 2003, 5 ; Foerster, K. : Psychisch Kranke im Strafvollzug. In : Hillenkamp, T., Tag, B. (Hg.) : Intramurale Medizin—Gesundheitsfürsorge zwischen Heilauftrag und Strafvollzug, Springer, 2005, 146 ; シェヒの2007年10月27日のLWL-Klinik für Forensische Psychiatrie Dortmundの講演原稿P. 1による。同内容は，Schöch, H. : Psychisch kranke Gefangene im Strafvollzug. In : Ute, F. (Hg.) : Zwischen Straf-und Maßregelvollzug, Pabst Verlag, 2008で発表されている。

注107）注106）Schöch, H. 同上。

処分を言渡されなかったことが原因である。その他に，公判中に精神障害を患っていることが分からなかったケースや，もともと（任意の）医療入院処遇を受けていた者が，退院後犯罪に至り，刑事施設に収容されたというケースが考えられる[注108]。さらに，シェヒ[注109]によると，ここ10年から15年，刑事施設に多くの精神障害者が収容されている理由として，司法精神病院が満床ゆえに，多くの判定が微妙な事例において，限定責任能力又は責任無能力が鑑定で認められることが減少したことも原因であるという。この傾向が顕著に見られるのが，治療不可能とされる反社会性人格障害者の場合であるという。

続いて，刑事施設内での医療について述べる[注110]。刑事施設内の医療は，主として薬物療法である。しかし，刑事施設の勤務医は内科医であることが多いので，十分な精神科医療が施されているとは言い難い状況にある。多くの刑事施設は外部の非常勤の精神科医を雇っているが，これが唯一の専門的な医療である。被収容者の症状が重い場合は，医療刑務所か医療刑事部門，又は，監視付きで一般の精神科施設に移送される。ただし，後者は，著しいリスクとコストを伴うものである[注111]。これに対して，司法精神病院への移送は，原則認められていない。

時として[注112]，司法精神病院への移送が認められるケースもあるが，これは刑法にも連邦行刑法にも規定されていない対処方法であるため，法的に許容しうるものであるのか，かなり疑わしい。刑事施設と司法精神病院間の移送は，両者の合意によって成立するが，法的根拠に欠けた移送である。さらに，刑法67条aが刑事施設被収容者を司法精神病院に移送することを明確に禁じていることも忘れてはならない。目下のところ，医療刑務所や医療刑事部門の増加や，刑事施設内での精神科医療を充実させるという改善が早急に望まれる。

注108）注106）Konrad, N. 同上。
注109）注106）Schöch, H., P. 2.
注110）注106）Schöch, H., P. 2, 3参照。
注111）注106）Schöch, H., P. 4.
注112）バイエルン州，バーデン・ヴュルテンブルグ州，ザクセン州，ノルドライン・ヴェストファーレン州の一部の刑事施設には，精神科医療部門が存在するため，症状悪化などの際は，主としてここに移送されることになる．他の州において，一般精神病院に移送するのが困難な場合に司法精神病院に一時的に移送されることが考えうる。

3）社会治療施設収容——実現しなかった保安処分——

社会治療施設収容[注113]は，1969年の第二次刑法改正法（2. Strafrechtreformgesetz）によって刑法65条に導入された保安処分である。しかしながら，この処分は，刑事政策的に異論のあるものであったため，立法者により施行が度々先延ばしにされ，ついには，1984年12月20日の法律によって刑法から削除され，実現することなく終わった。

この処分は，「通常の刑事施設では社会復帰の結果を導くことが難しく，しかも，医療的な援助やケアを要しない，頻繁に再犯を繰り返す者を対象とした，特別予防を目的とする処分」であると考えられていた[注114]。対象者として挙げられたのは，以下の4グループ：①重い人格障害を有している常習犯，②性犯罪者，③28歳未満の習癖犯，④責任無能力者や限定責任能力者のうち，社会復帰のためには，精神病院に収容されるよりも社会治療施設に収容される方が適している者である。施設内の処遇としては，個人的支援，個人療法，グループ教育，グループセラピー，累進処遇ならびに被収容者の社会復帰対策への自発的な参加が予定されていた。

この処分が実現に至らなかった第一の理由は，州の予算にこのような制度を実現する施設を作る余裕がなかったという経済的理由である。この他，刑法65条の収容のための基準への疑問が呈されたことや，「治療イデオロギーからの方向転換」[注115]というスローガンにも見られるように，70年代，80年代に特別予防の効果に対する熱が冷めたことが挙げられる。さらに，すでにモデルプロジェクトとして実施されていた社会治療施設の効果も，芳しくないと評価されたためである[注116]。

社会治療という保安処分は実現しなかったが，1984年に刑法から削除されて以降，刑事施設内における社会治療として形態を変えて実施されることに

注113）詳細は，注73）Meier, B. -D., 227 f. 参照。
注114）Baumann, J., u. a.：Alternativ-Entwurf eines Strafgesetzbuches, Allgemeiner Teil, 2. Aufl., J. C. B. Mohr, 1969.
注115）注73）Meier, B. -D., 30 ff., 228.
注116）NStZ 1981, 121 ff.；ZRP 1982, 198 ff.；ならびに Schöch, H. の反対意見 ZRP 1982, 209 ff. 参照．

なった。すなわち，自由刑を科され刑事施設に収容された者が，（刑事施設内の）社会治療施設に移送されるようになったのである。今日の社会治療は，刑罰の執行という枠組みの中での特別な治療処遇であるとみなされている。

　対象者は，執行目的を実現するためには，通常の刑事施設で治療処遇を受けるよりも社会治療施設における特別な治療手段や社会的な支援を受けた方がよいと考えられるすべての被収容者である（連邦行刑法 9 条 2 項）。その際，被収容者自身が移送に同意している必要がある（同 9 条 2 項）。さらに，1998 年 1 月 26 日の性犯罪者対策法によって，刑法 174 条から 180 条，もしくは 182 条の罪で 2 年以上の自由刑を言渡された性犯罪者のうち，社会治療施設に処遇されることが執行の目的に適っていると考えられる者が新たな対象者となった（連邦行刑法 9 条 1 項，199 条 3 項）。さらに，2003 年以降，連邦行刑法 9 条の文言が「……者は，社会治療施設に移送された方がよい（旧規定）」から「……者は，社会治療施設に移送されるべきである」に改まった。目下のところ，この性犯罪者対策としての一面がクローズアップされ，社会治療処遇とは性犯罪者に対する処遇であると一般的に認識されているようであるが，上記で見たように，性犯罪者以外の刑事施設被収容者の場合も，本人及び受け入れ先の社会治療施設の長が同意している場合は，収容を認められることを忘れてはならない。

　ここで，重要事項として，2006 年 8 月 28 日の基本法（憲法）改正（BGBl I S. 2034）に伴い，行刑法の立法権が連邦から州に移行したことについて言及しておく。これにより，各州は独自の行刑法を制定しなければならなくなった[注117]。ただし，制定までの期限は定められておらず，基本法 125 条 a に，各州で独自の行刑法が施行されるまでは連邦法が有効であると規定されているため，今のところ，ほとんどの州で引き続き連邦行刑法が適用されている。現時点で，独自の行刑法を有しているのは，バイエルン（BayGVBl. Nr. 28/2007, S. 866），ハンブルグ（HmbGVBl. Nr. 47/2007, S. 471），ニーダーザクセン（Nds.

注117）Arloth, F. : Strafvollzugsgesetz, Kommentar zum StVollzG, BayStVollzG, HmbStVollzG, NJVollzG, 2. neu bearbeitete und erweiterte Auflage, Verlag C. H. Beck München, 2008, Einleitung Rn. 3 ; Laubenthal, K. : Strafvollzug, 5. Aufl., Springer-Verlag, 2008, S. 11 f.

GVBl Nr. 41/2007, S. 720) の 3 州のみである。これら州法における社会治療施設の対象者の基準は，性犯罪者を主な対象者とするところなど，連邦行刑法の内容を踏襲しているようである。

さて，社会治療施設にどの程度，人格障害者が収容されているかについてであるが，被収容者の診断名別の統計は取られていないので明確には分からない。ここでは，上記の連邦行刑法を例に見てみる。連邦行刑法 9 条 1 項が定義する性犯罪者の中には，人格障害を有している者が含まれていると思われる。同じく，同 9 条 2 項の条件を満たし，自らも社会治療施設における処遇を望んでいるために社会治療施設に収容されている人格障害者もいると思われる。

2008 年 3 月 31 日付[注118]で，ドイツには，47 の社会治療施設が存在している。そのうち 6 施設は，独立した施設として，39 施設は，（刑事施設内の）部門として，残り 2 施設は，刑事施設管轄の外部施設として存在している。以後，これらすべてをまとめて社会治療施設と総称する。社会治療施設の過去 12 年間の定員と被収容者数は図 1 の通りである。

続いて，2007 年と 2008 年の統計を見ていく[注119]。全施設の定員は，2007 年が 1952 人，2008 年は 1895 人であった（図 1）。実際の被収容者数は，2007 年が 1807 人，2008 年が 1729 人となっており（図 1），すべての社会治療施設における平均的な収容率は，予定収容数 ± 1 ～ 10%（2007），予定収容数 ± 1 ～ 12%（2008）となっている。

被収容者の主な国籍は，ドイツが多く，2008 年は，24 施設においてドイツ人のみが収容されている（2007 年は 25 施設）。他の国籍の被収容者率は，2008 年は，1.4% ～ 33.3% となっている（2007 年は 1.4% ～ 27.3%）。女性の予

注118) 以後の統計は，すべて Egg, R./Ellrich, K. : Sozialtherapie im Strafvollzug, Ergebnisübersicht zur Stichtagerhebung zum 31. 03. 2008, Kriminologische Zentralstelle e. V., 2008 による（2008 年度）。

注119) 注118) の統計ならびに Spöhr, M. : Sozialtherapie im Strafvollzug, Ergebnisübersicht zur Stichtagerhebung zum 31. 03. 2007, Kriminologische Zentralstelle e. V., 2007 による（2007 年度）。

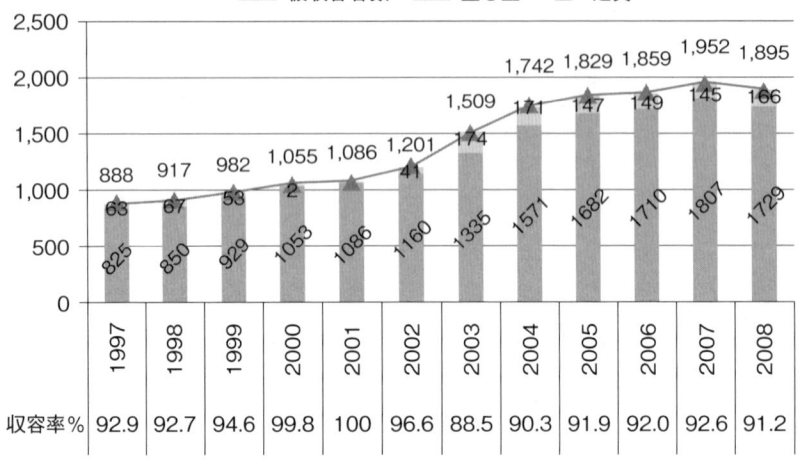

図1 社会治療施設の定員と被収容者数（1997-2008）
出典：Egg, R./Ellrich, K. : Sozialtherapie im Strafvollzug, Ergebnisübersicht zur Stichtagerhebung zum 31. 03. 2008, Kriminologische Zentralstelle e. V., 2008

定収容数は，2007年は37人，2008年は38人で，実際の収容人数は，2007年が32人，2008年が26人である。従って，男性に対する女性の割合は，1.5％（2007）～1.8％（2008）となっている。スタッフは，心理士が最も多く，2007年は，48.9％，2008年は，48.1％である。その他のスタッフも主として，心理士以外の社会福祉職で，割合は，2007年が45.5％で，2008年は47.4％となっている。社会治療施設内の理想の被収容者とスタッフの対比は，1：5であると言われているが，2007年は1：7.4，2008年は1：7.2であった。

　以上のように，2007年と2008年を比較してみると，結果がほぼ同じであることが分かったため，以後，2008年のみに的を絞りたい。先にも述べたように，社会処遇は，連邦行刑法9条1項又は2項の要件を満たすことで命じられるものであるが，58.6％の者が1項，35.7％の者が2項を理由に収容されている。人数的には，1,013人（1項），617人（2項）となっており，1項による収容の方が多くなっている。やはり，1998年以降，性犯罪者を優先的に収容していることが数字からも読み取れる。

　図2は，過去12年間の被収容者を25歳未満，25～40歳未満，40歳以上の

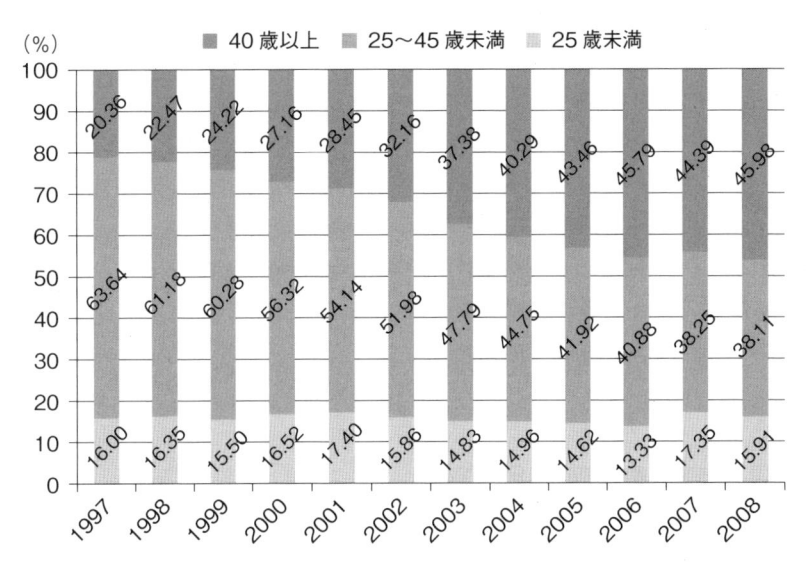

図2 被収容者の年齢層別区分（1997-2008）
出典：Egg, R./Ellrich, K.：Sozialtherapie im Strafvollzug, Ergebnisübersicht zur Stichtagerhebung zum 31. 03. 2008, Kriminologische Zentralstelle e. V., 2008

年齢層別に示したものである。25〜40歳未満の割合が年々減少しているのに対し，40歳以上の割合は，1997年とここ数年を比較してみると，著しく増加していることが分かる。

そして，刑期別区分は，**図3**の通りである。3年以上7年未満の者が最も多くなっている（54.7％）。7年以上の刑期の者は，30.5％である。

全体のうち約43％が前科のない者である。その他，前科数が1件から4件までが36.9％，10件以上は，6％である。

犯罪内容は，性犯罪（62.5％），殺人（17.6％），財産犯（11.6％），その他（8.3％）である。**図4**から，性犯罪者対策法が施行された1998年以降，財産犯は減少し，性犯罪が増加していることが見て取れる。

これからも，社会治療施設での処遇を続けていくには，社会治療施設の被収容者の再犯率などを基に，処遇の効果を実証する必要があるだろう。

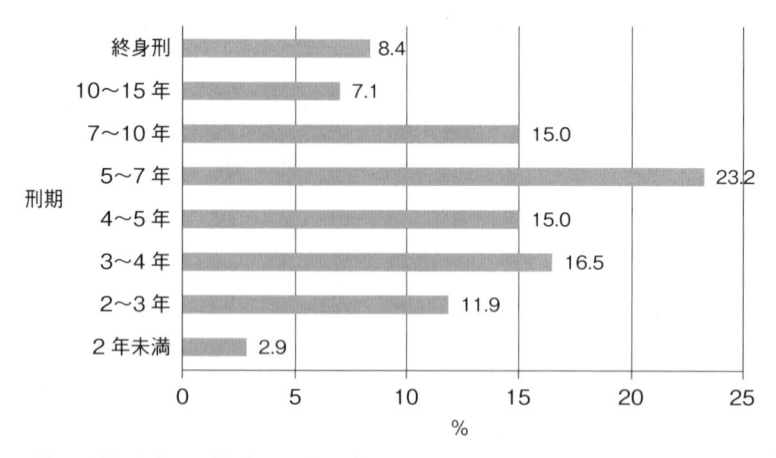

刑期
- 終身刑: 8.4
- 10〜15年: 7.1
- 7〜10年: 15.0
- 5〜7年: 23.2
- 4〜5年: 15.0
- 3〜4年: 16.5
- 2〜3年: 11.9
- 2年未満: 2.9

図3 被収容者の刑期別区分（2008）
出典：Egg, R./Ellrich, K. : Sozialtherapie im Strafvollzug, Ergebnisübersicht zur Stichtagerhebung zum 31. 03. 2008, Kriminologische Zentralstelle e. V., 2008

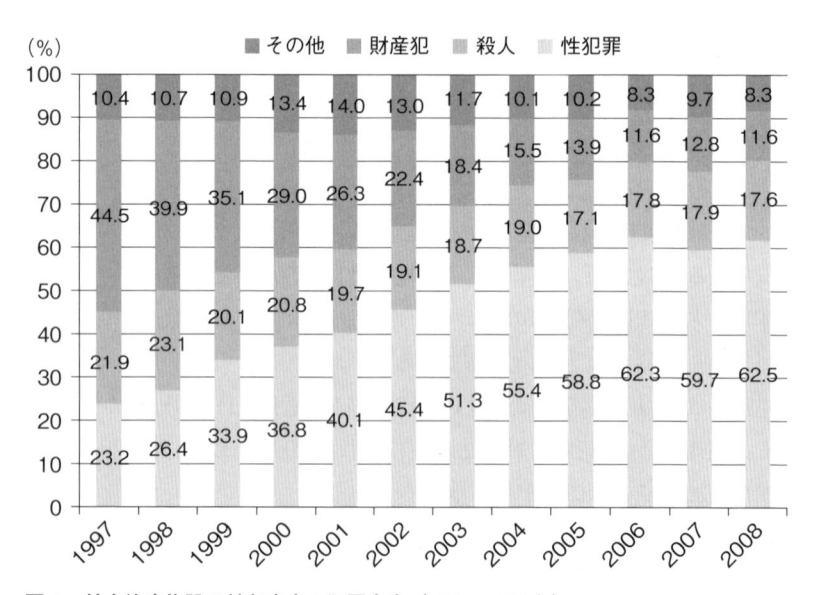

凡例：■その他　■財産犯　■殺人　■性犯罪

年	その他	財産犯	殺人	性犯罪
1997	10.4	44.5	21.9	23.2
1998	10.7	39.9	23.1	26.4
1999	10.9	35.1	20.1	33.9
2000	13.4	29.0	20.8	36.8
2001	14.0	26.3	19.7	40.1
2002	13.0	22.4	19.1	45.4
2003	11.7	18.4	18.7	51.3
2004	10.1	15.5	19.0	55.4
2005	10.2	13.9	17.1	58.8
2006	8.3	11.6	17.8	62.3
2007	9.7	12.8	17.9	59.7
2008	8.3	11.6	17.6	62.5

図4 社会治療施設の被収容者の犯罪内容（1997-2008年）
出典：Egg, R./Ellrich, K. : Sozialtherapie im Strafvollzug, Ergebnisübersicht zur Stichtagerhebung zum 31. 03. 2008, Kriminologische Zentralstelle e. V., 2008

III 小括——今後の日独の課題——

　以上で見てきたように，ドイツでは，刑事鑑定によって人格障害者を細かく区分し，治療を施す者と施さない者に分けて対応している。人格障害者の大半は，刑事施設に収容されているようだが，刑事施設内の人格障害者は，他の被収容者と同じプログラムで処遇されているだけである。一方，刑法20，21条及び刑法63条の条件を満たした人格障害者に対しては，司法精神病院において精神科医療に則った手厚い処遇が施されている。さらに，刑事施設に収容された者の中でも，一定の条件を満たした者に対しては，刑事施設管轄の社会治療施設・部門において，特別な処遇が施されている。

　各施設における処遇の現状を見てみると，司法精神病院においては，人格障害者は，処遇困難者として，収容期間の長期化や過剰収容の主原因であるとみなされている[注120]。このため，ここ10年から15年，司法精神病院が満床であることを理由に，判定が微妙な反社会性人格障害者の事例の多くにおいて，限定責任能力又は責任無能力が認められることが減少し，刑事施設に優先的に収容されているようである（第II節２．刑事施設における精神障害者の処遇）。このような，場当たり的な対応をしないために，そして，治療を必要とする者を見落とさないためにも，刑事鑑定における正しい振り分けが必須である。つまり，大事なのは，それぞれの人格障害者に見合った処遇を施すことである。ドイツでは，おそらくこのことも考慮し，鑑定の質を保障するための指針として，ミニマムスタンダードが提案された。今後，鑑定医がミニマムスタンダードを考慮して鑑定した結果，各施設において，どのような人格障害者が収容されることになるのかを調査し，各施設の対象者に見合った処遇を検討する必要があるだろう。

　社会治療施設に関しては，世間からの要望の高い性犯罪者や，自主的に改善を望む被収容者に対して，セラピーを施しているようであるが，スタッフ数の不足など，改善を要する点が見受けられる。さらに，社会治療施設で処遇した

注120）注１）山中友理，201-202．

者と刑事施設で処遇した者の社会復帰後の再犯率調査をして，コストのかかる社会治療施設での処遇が本当に有意義であるのか確認することも忘れてはならない。

　現在，日本では，人格障害者は完全責任能力者として刑事施設に収容されることがほとんどである。しかし，刑期中に何の対策も取らず，高度な再犯の危険性を有したまま被収容者を出所させることは，今後許容され続けないだろう。刑期中にきちんと処遇を施し，再犯率を極力下げた状態で社会復帰させることは，刑事施設に課された当然の課題である。
　今後，日本で人格障害者対策を行うことになるならば，具体的には，①医療観察法を改正し，人格障害者も医療観察制度下で処遇する方法と②完全責任能力者として刑事施設に収容することには変わりはないが，新たに刑事施設内で処遇を施すという方法が考えられる。
　医療観察制度の対象者とするのならば，他の対象者とは別の人格障害者独自のプログラムを作成し，そのためのスタッフの確保はもちろんのこと，ドイツの経験から，入院が長期化することが見込まれるため，長期入院患者を念頭に置いたベッド数を備えておく必要がある。さらに，現行の医療観察法における理念，すなわち対象者の回復と社会復帰を一番の目的としている所と，長期入院により対象者の人権が著しく制限されることの調整が必要となることを忘れてはならない。
　刑事施設で処遇する場合も，医療観察制度下で処遇する際と同様に，専門プログラムの設置や専門スタッフの確保が一番の課題となることに変わりはない。教育課程から専門科目を設置したり，資格を設けたりして，専門家の育成に努めなければならない。さらには，出所後の治療の確保も忘れてはならない。
　新しい試みが，実現に至らなかったドイツ刑法65条のように予算面から失敗しないためには，既存の刑事施設の中で，人格障害者部門を作って対処していくのが得策であると思われる。この際，常勤のスタッフの確保が難しいのな

注121）この処遇に対する詳細は，Baechtold, A.：Strafvollzug, Straf - und Massnahmenvollzug an Erwachsenen in der Schweiz, Stämpfli Verlag AG, 2005, 276-283.
注122）注106）Schöch, H., P. 3.

ら，スイス[注121]やドイツの一部[注122]で取り入れられている，大学病院のスタッフなど，外部のスタッフに刑事施設に通ってもらい，セラピーや治療を施してもらうという方法も検討すべきである。

　一度犯罪に至った者の再犯を防止するには，その対策を念頭においた処遇が欠かせない。日本は一刻も早く具体的な対策を決め，実行に移すべきである。

あとがき

　本書は『精神障害者の責任能力——法と精神医学の対話』（1993年，金剛出版）の後を受けて，陣容を一新して編集されている。この15年余の間，責任能力と精神鑑定を取り巻く情況はまさに激変した。連続幼女誘拐殺人事件，児童殺傷事件など，精神医学を俎上に載せる事件が相次いだ。2005年の心神喪失者等医療観察法は触法精神障害者医療を机上から実践の場へと移した。そして新たにスタートした裁判員制度は刑事司法制度の面から精神鑑定の枠組みを変えようとしている。

　責任能力は法律概念であり，鑑定人の立場から言及するには慎重さが求められるであろう。しかし法廷の外では司法精神医学の基本課題として大いに議論されなければならない。他方，法律家が独自の視点で精神障害の概念や治療のあり方に踏み込むことも歓迎される。従来，精神医学と法律の関係は円滑とは言い難く，相互不信さえ存在した。今後は両者が誤解を恐れず意見を述べ合うことで生産的交流の端緒が得られるであろう。

　本書の目的は，責任能力とその周辺の諸問題を〈現在〉に定位しつつ一望することにある。触法精神障害者の鑑定と治療に携わる医師，刑事法の研究者，さらには司法の実務家まで，理論と実践の両面にわたる第一線の執筆者が持論を展開している。責任能力の本質，裁判員制度と医療観察法から派生する問題はもちろんのこと，鑑定の倫理，医療と人権，重要でありながら見過ごされやすい訴訟能力，死刑適応能力，少年犯罪など，いずれも今日的なテーマが選ばれている。ドイツとアメリカの詳細な情報は日本の制度をグローバルな視点から捉え直す上で貴重である。

　本書が，精神障害者の法的問題に関心を持つ多くの読者を得て，法と精神医学が重なる豊かな土壌を耕す機縁となれば幸いである。発案，企画から編集までご尽力いただいた金剛出版の立石正信氏，中村奈々氏に厚く感謝したい。

2009年5月
新緑の筑波にて　中谷陽二

【執筆者一覧 (掲載順, *は編者)】

中谷陽二*（筑波大学）
安田拓人（京都大学大学院）
井原裕（獨協医科大学越谷病院）
吉川和男（国立精神・神経センター精神保健研究所）
平田豊明（静岡県立こころの医療センター）
五十嵐禎人（千葉大学社会精神保健教育研究センター）
岡田幸之（国立精神・神経センター精神保健研究所）
鈴木秀行（東京地方裁判所）
前田雅英（首都大学東京）
川本哲郎（京都産業大学大学院）
奥村雄介（府中刑務所医務部）
北潟谷仁（北潟谷法律事務所）
中島直（多摩あおば病院）
横藤田誠（広島大学大学院）
山中友理（摂南大学）

【略　　歴】

中谷　陽二（なかたに　ようじ）

　1947年東京に生まれる。1972年東京医科歯科大学医学部卒業。同大学精神神経科研修医，法務技官，栗田病院医師を経て，1983年より東京都精神医学総合研究所に勤務。1999年より筑波大学社会医学系教授。2004年より筑波大学大学院人間総合科学研究科教授。専門は司法精神医学・精神病理学・精神医学史。

　編著書に『分裂病犯罪研究』（金剛出版, 1996）『司法精神医学と犯罪病理』（金剛出版, 2005）『精神鑑定の事件史』（中央公論社, 1997）『精神障害者の責任能力』（金剛出版, 1993）『精神科医療と法』（弘文堂, 2008）『触法精神障害者の処遇』（共編，信山社, 2005）などがある。

せきにんのうりょく　　げんざい
責任能力の現在
法と精神医学の交錯

2009年5月20日印刷
2009年5月30日発行

編　者─中谷陽二
発行人─立石正信
発行所─株式会社　金剛出版
　　〒112-0005　東京都文京区水道1-5-16
　　電話 03-3815-6661　振替 00120-6-34848
印刷─あづま堂印刷　製本─あづま堂印刷
ISBN978-4-7724-1078-6　Printed in Japan©2009

精神障害者の責任能力
法と精神医学の対話1
中谷陽二編

Ａ５判　320頁　定価6,090円

　心を病んだ人の責任能力は，近代精神医学の前史にまでさかのぼる古いテーマであり，疾病概念の変遷や刑事政策あるいは世論の動向を敏感に映し出すという点で，すぐれてアクチュアルな課題である。そして精神鑑定は具体的な事例をめぐって法と精神医学の接する機会である。本書は，法学と精神医学の第一線の研究者が行ったワークショップをもとに生まれたものである。責任能力をめぐる今日的争点を理解するための待望の書。

司法精神医学と犯罪病理
中谷陽二著

Ａ５判　272頁　定価3,780円

　本書は，司法精神医学をライフワークとしてきた著者が，豊富な経験を踏まえて，犯罪病理，責任能力，触法精神障害者の治療，成年後見，薬物乱用，人格障害など多岐にわたるテーマを論じた集大成である。著者は，さまざまな施策に対して〈批判しつつコミットする〉という一貫した姿勢から，〈精神障害と犯罪〉に真正面から向き合うことを原点に据え，本質を問う議論と実態に即した現実的対策を提案している。

死刑囚と無期囚の心理
加賀乙彦著

Ａ５判　310頁　定価6,090円

　本名小木貞孝名義で刊行された名著が，読者の要望に応え，新装版として加賀乙彦名義で復刊！
　人が人を裁くとはどういうことか。拘禁反応を克明に論述し，裁判員制度の時代に改めて死刑制度の是非を問う。

価格は消費税込み（5％）です

自傷の文化精神医学
A・R・ファヴァッツァ著／松本俊彦監訳
自傷行為という現象を，膨大な資料と症例を用い，多次元的な視点から，徹底的に検討する。　　　　　　　7,140円

変化の第一歩
ビル・オハンロン著／串崎真志監訳
人に"変化"がもたらされる過程を鮮やかに描きだす本書は，"変化の感触"を学ぶ絶好の入門書。　　　2,730円

子ども用トラウマ症状チェックリスト（TSCC）専門家のためのマニュアル
ジョン・ブリア著／西澤　哲訳
トラウマ性体験の影響をより正確にもれなく評価できる最新の心理検査。　2,100円

TSCC-A用紙セット（男の子用・女の子用）
ジョン・ブリア著／西澤　哲訳
TSCC-Aプロフィール用紙が25組入ってすぐに実施できる便利なセット。　各3,150円

統合的アプローチによる心理援助
杉原保史著　学派間の相違点と共通性を見極めながらその境界を越え，新たな理論的枠組を切り拓く統合的アプローチ。その実践の方途を示す。　　2,940円

ロールシャッハ・テスト形態水準表
高橋雅春，高橋依子，西尾博行著　前著『ロールシャッハ形態水準表』から対象を大幅に増やし，基準の変更などをも踏まえて全面改訂された新版。　2,940円

軽度発達障害
田中康雄著　「軽度発達障害」という深刻な「生きづらさ」に，ともに繋がりあって生きることを目指してきた児童精神科医の中間報告。　　　　3,990円

解決指向フォーカシング療法
B・ジェイソン著　日笠摩子監訳
フォーカシング指向心理療法に解決指向アプローチ」を統合，時代が求める，短く，そして深いセラピーを提示する。3,570円

臨床実践としてのコミュニティ・アプローチ
窪田由紀著　コミュニティ心理学の発展とともに求められてきた臨床への応用が，学校臨床など，現場での実践を中心に事例とともに描かれる。　3,570円

統合失調症を持つ人への援助論
向谷地生良著　真に当事者の利益につながる面接の仕方，支援の方法をわかりやすく解説し，精神障害者への援助の心得を詳述する。　　　　　　2,520円

ストレングスモデル
C・A・ラップ，R・J・ゴスチャ著／田中英樹監訳　「本物の」地域支援を志向し，精神障害者のリカバリーの旅に同行するすべての支援者必携の実践書。　4,620円

子ども相談・資源活用のワザ
衣斐哲臣著　「テクニック」とそこにある「考え方」を，初学者でもわかりやすいように，子どもと家族が直面する事例を通じて考える。　　　　2,940円

精神分析の変遷
M・M・ギル著／成田善弘監訳／杉村共英，加藤洋子訳　卓抜した論理的な思考力を持ち，誠実な臨床家であったギルを理解するための優れた臨床書。　3,570円

スキーマ療法
J・ヤング，J・クロスコ，M・ウェイシャー著／伊藤絵美監訳　パーソナリティの問題をケアしていく統合的な認知行動療法アプローチの全貌を述べる。6,930円

価格は消費税込み（5%）です